Ulrich C. Kleyser

Lazare Carnot

"Le Grand Carnot"

Französischer Patriot aus Burgund, Ingenieuroffizier und Festungsbaumeister, Mathematiker wie Physiker, Enthusiast und Pragmatiker, Revolutionär und „Königsmörder", Mitglied des Wohlfahrtsausschusses und „Organisator des Sieges", Mitglied des Direktoriums, Gegner Napoleons und doch sein Kriegsminister, Verteidiger von Antwerpen, Innenminister während der „100 Tage", Exil und Tod in Magdeburg, Überführung in das Pantheon.

Denkender Soldat, Wissenschaftler, Staatsmann, Bildungsreformer, Dichter und Schriftsteller.

Ein Charakterbild

Lazare Carnot

"Le Grand Carnot"

Französischer Patriot aus Burgund, Ingenieuroffizier und Festungsbaumeister, Mathematiker wie Physiker, Enthusiast und Pragmatiker, Revolutionär und „Königsmörder", Mitglied des Wohlfahrtsausschusses und „Organisator des Sieges", Mitglied des Direktoriums, Gegner Napoleons und doch sein Kriegsminister, Verteidiger von Antwerpen, Innenminister während der „100 Tage", Exil und Tod in Magdeburg, Überführung in das Pantheon.

Denkender Soldat, Wissenschaftler, Staatsmann, Bildungsreformer, Dichter und Schriftsteller.

Ein Charakterbild

Ulrich C. Kleyser

2016
Carola Hartmann Miles-Verlag

CIP-Kurztitelaufnahme der Deutschen Nationalbibliothek:

Ulrich C. Kleyser, Lazare Carnot. "Le Grand Carnot".

Ein Charakterbild, Berlin 2016.

Carola Hartmann Miles-Verlag, Berlin 2016

ISBN 978-3-945861-22-6

© Carola Hartmann Miles-Verlag,
George-Caylay-Str. 38, 14089 Berlin
(email: Miles-Verlag@t-online.de;
www.miles-verlag.jimdo.com)

Titelbild: Autor
Herstellung: Books on Demand, Norderstedt

Alle Rechte, insbesondere das Recht der Vervielfältigung und Verbreitung sowie der Übersetzung, vorbehalten. Kein Teil des Werkes darf in irgendeiner Form (durch Fotokopie, Mikrofilm oder ein anderes Verfahren) ohne schriftliche Genehmigung des Verlages reproduziert oder unter Verwendung elektronischer Systeme gespeichert, verarbeitet, vervielfältigt oder verbreitet werden.
Printed in Germany

Inhalt

I.	Vorbemerkungen	11
II.	Einführung	19
III.	**Carnots Leben, Denken und Handeln**	24
	1. Lehrjahre	24
	2. Republikanischer Politiker und Soldat	49
	3. Exil in Magdeburg	69
IV.	**Carnots Handeln, seine Werke und Denkschriften**	81
	1. Theorie des Festungsbaus und der Kampf um Festungen	82
	2. „Le Pouvoir de L'Habitude" von 1787 und die Bürgerrechtserklärung von 1793	98
	3. Carnot als „organisateur de la victoire"	108
	4. Die „Réponse" von 1798, das „Mémoire au Roi" von 1814 mit der folgenden Rechtfertigung über seine „Conduite Politique" nach dem 01. Juli 1814	132
	5. Carnot und Napoleon	148
V.	**Abschließende Bewertung**	162
VI.	**Anlagen**	
	1. Chronologischer Lebenslauf von Lazare Nicolas Marguerite Carnot	177

| | 2. | Carnots Schema über die Strukturen der Wissenschaften | 181 |
| | 3. | Carnots Notiz an Julius Schmidt vom 04. Juli 1816 | 182 |

VII. Literaturverzeichnis
1. Quellen — 184
2. Literatur — 186

E. Guillon, Les Généraux de la Republique, Paris o. J., 38

Vorwort

Warum einen zumal in Deutschland weitgehend unbekannten und auch im kollektiven Gedächtnis Frankreichs fast vergessenen Lazare Carnot? Vielleicht war es die durch Straßen und Plätze dennoch vermittelte Allgegenwart Carnots in Frankreich, die allerdings in krassem Widerspruch zu der allgemeinen historischen Kenntnis über diesen zu stehen scheint. Oder auch eine dienstliche wie persönliche langjährige Nähe zu Frankreich und Magdeburg, oder einfach die Faszination einer großen Persönlichkeit und eine 1889 verpasste Gelegenheit für eine deutsch-französische Annäherung.

Dem Takt des Urteils selbstreflektierend folgend und moralische Größen in Denken und Handeln verkörpernd stellt Carnot eine Persönlichkeit dar, die aus dem alten vorrevolutionären kulturellen Europa in eine neue Zeit wechselt, ein unerschütterlicher Patriot, trotz Widrigkeiten seinem Vaterland, der Nation, treu, unbestechlich und loyal ergeben. Mit seinem human unterlegten politischen wie militärischen Führungsstil verkörpert er geradezu preußische Tugenden.

Dazu kam der Reiz, in unbekannte oder bislang wenig rezipierte und nicht im Zusammenhang gesehene Texte einzusteigen. Damit erlaube ich mir, auch aus bisher teilweise unbekannten oder schwer zugänglichen Texten meinen „point de vue" über diese Persönlichkeit darzustellen, ganz im Verständnis von Leibniz, wenn dieser in seiner Monadologie hervorhebt, dass die Betrachtung einer bestimmten Gegebenheit jeweils von der Perspektive, also von dem Gesichtspunkt des Beobachtenden abhängt.

Carnot gibt das Beispiel eines Mannes, der frühzeitig seinen „Standpunkt" im Sinne der späteren Forderung von Clausewitz für sich ermittelt und sein Leben lang an diesem festgehalten hat – diese These konnte mit dieser Arbeit überprüft werden. Nicht unerheblich ist hierbei, dass seine Haltung, ausserhalb des Zeitbezuges, auch für heutige Politiker beispielgebend sein könnte. Darüberhinaus zeigt sein Leben eine letztlich selten gelungene Symbiose von Humanität, Wissenschaft, Militär und Politik.

Dank gilt Frankreich und meinen französischen Freunden, die mir mit großer Gastfreundschaft die Augen für die Geschichte und Kultur dieses schönen Landes geöffnet haben, ebenso wie der Stadt Magdeburg und ihren Bürgern, die mich Carnot näher brachten.

Mein Dank geht an meine Professoren der Leibniz-Universität Hannover, Hans-Georg Aschoff und Karl-Heinz Schneider, für gezielte Anregungen sowie für die großzügige Gewährung von Freiräumen nach Zeit und Gestaltung der Arbeit.

Mein Dank geht besonders an meine Frau, die in engelsgleicher Geduld meine Arbeit begleitet und Verzicht auf Reisen oder arbeitsbedingte Unordnung in Kauf genommen hat. Mein Dank gilt auch meiner Schwägerin Anne Dumas, die mit vielen Anregungen und Verbesserungen meine Übersetzungen aus dem Französischen überprüfte.

Schließlich danke ich der Clausewitzgesellschaft für den Zugang zum Miles-Verlag und insbesondere Frau Carola Hartmann für die Übernahme der Veröffentlichung mit guten Ratschlägen zur Ausgestaltung.

Ulrich C. Kleyser

Vorbemerkungen
„Magistrat intègre, citoyen zélé, ingenieur habile"[d].

Kaum eine Stadt gibt es in Frankreich, in der nicht eine Straße oder ein Platz auf Lazare Carnot hinweisen; sein Name steht unter den 558 zumeist Generalen der Revolution und Napoleon im „Arc de Triomphe" und wurde zudem von Gustave Eiffel in seinem Turm zur Weltausstellung in Paris zum „centenaire" der Französischen Revolution verewigt[2].

Dennoch scheint er im allgemeinen Bewusstsein und in der historischen Einordnung selbst in Frankreich nur eine Randfigur darzustellen, die augenscheinlich sich erst durch seinen Enkel Sadi Carnot[3], den 1894 ermordeten Präsidenten der Republik, einer gewissen Publikumswirksamkeit erfreut. Was also hat es mit dieser historischen Persönlichkeit, die oftmals allein auf seine wissenschaftlichen Leistungen reduziert wird, auf sich?

Lazare Nicolas Marguerite Carnot, im weiteren Verlauf der Studie kurz Carnot genannt, wurde am Sonntag, den 13. Mai 1753 in Nolay, einem kleinen burgundischen Verwaltungsflecken, geboren und starb im Exil in Magdeburg am 02. August 1823, von wo seine sterblichen Überreste am 02. August 1889 in das Pantheon unter dessen Frontispiz „Aux Grands Hommes La Patrie Reconnaissante" überführt wurden. Er gehört damit zu den französischen „Unsterblichen".

Aus seinen drei Hauptwirkungskreisen als Soldat, Wissenschaftler und Politiker lassen sich zahlreiche zum Teil divergierende, aber oft gleichzeitig ablaufende Persönlichkeitsbilder entwickeln wie bür-

---

[1] S. J. Watson, Carnot, London 1954, Titelblatt. Watson zitiert Jomini, dessen für einen Gegner Carnots durchaus bemerkenswert sachliche Wertung mit „ integrem Beamten, der Pflicht hingegebenem Bürger und befähigtem Ingenieur" wesentliche Grundeigenschaften Carnots umfasst.
[2] Carnot ist einer von 72 berühmten französischen Wissenschaftlern, u.a. Coulomb, Foucault oder Monge, deren Namenszüge Eiffel auf der ersten Plattform seines Turmes in Paris eingravieren ließ.
[3] Sadi Carnot (Limoges 11. 08. 1837 – Lyon 25. 06. 1894, ermordet), Sohn von Hippolyte Carnot, Ingenieur, Polytechnicien, Minister für Öffentliche Bauten, dann Finanzen, seit 03. 12. 1887 Präsident der Republik.

gerlicher Ingenieuroffizier bis zum Grad eines Hauptmanns, Revolutionär und stets republikanischer Patriot, Festungsbautheoretiker, Moralist, Deputierter der Nationalversammlung, Emissär („Commissaire aux Armées") zu verschiedenen Armeen mit prokonsularischer Gewalt, Gründer und auch Mitglied unterschiedlicher „Comités", Erarbeiter eines Verfassungsentwurfs, Führer im Gefecht und „l´Organisateur de la Victoire", Mitglied der Akademien von Dijon und Arras, Enzyklopädist, Angehöriger des Konvents und als „Citoyen Stratège" auch des Wohlfahrtsausschusses während des „Terreur", Begründer der „levée en masse" und militärtechnischer Innovator, „Régicide", Mitglied des Direktoriums, zweimaliger Exilant, Kriegsminister Napoleons und doch als Tribun gegen dessen lebenslanges Direktorium und die Kaiserkrönung votierend, Divisionsgeneral und Verteidiger von Antwerpen, Graf, Pair und Innenminister während der „100 Tage", publizierender Wissenschaftler in Geometrie, Thermodynamik und Mechanik, aber auch in Philosophie und Militärtechnik, Mitglied des „Institut de France" und aus diesem zwei Mal gestrichen, Reformer im Erziehungswesen und Mitbegründer der „École Polytechnique", der „École Normale" und anderer Schulen, sowie Verfasser zahlreicher leichter, anakreontischer aber auch moralischer Gedichte und schließlich liebevoller Familienmensch.

Was also reizt, sich mit einer derart vielfältigen Persönlichkeit der französischen Revolution auseinander zu setzen? Einem Mann, der wissenschaftlich von seinem Sohn Sadi[4] überragt wird, politisch u.a. im Schatten von Danton[5], Robespierre[6] und später Fouché[7] steht,

---

[4] Sadi Carnot (Paris 01. 06. 1796 – Paris 24. 08. 1832), Sohn Carnots, Ingenieuroffizier und Physiker, Begründer der Thermodynamik. Der "Carnot-Prozess" als Krafterzeugung durch Temperaturwechsel ist nach ihm benannt.
[5] Georges Jacques Danton (Arcis-sur-Aube, 26. 10. 1759, Paris, guillotiniert in Paris, 05. 04. 1794), wortgewaltiger Führer der „Bergpartei" als „"L´idole pourrie" [Verdorbenes Idol], Führer des Clubs der Cordeliers.
[6] Maximilien Robespierre (Arras, 06. Mai 1758, Paris, hingerichtet am 28. Juli 1794), der moralisch fanatische „Unbestechliche" im Wohlfahrtsausschuss, Advokat aus Arras, Moralist bis zum Exzess einschließlich des damit verbundenen Terrors, Führer des Clubs der Jakobiner.
[7] Joseph Fouché (Pellerin, 21. Mai 1759, Triest, 26. Dezember 1820), systemübergreifender und -überlebender Polizeiminister, liefert Carnot, obgleich selbst régicide, der bourbonischen Verfolgung aus.

im Festungsbau durch Montalembert[8] und General von Aster[9] in der Praxis weitgehend in Vergessenheit geriet und als Soldat durch charismatische Heerführer wie zuerst Hoche[10] und später Napoleon[11] augenscheinlich übertroffen wurde und dessen persönliches Schicksal

---

[8] Marc-René de Montalembert (Angoulême, 16. 07. 1714 – Paris, 20. 03. 1800), französischer Ingenieurgeneral, Festungsbaumeister mit großem Einfluss auf die preußische Befestigungsmethode durch sein „système polygone" (Breite statt Tiefe und größere Bedeutung der Festungsartillerie) nach 1810. Sein Hauptwerk lautet „La Fortification perpendiculaire ou l´art défensif supérieur à l´art offensif" (Paris 1776 – 1784) in 5 Bänden [Senkrechte Befestigungen oder die Überlegenheit der Verteidigung über den Angriff], dazu zahlreiche Folgeschriften. Anhänger der Revolution.

[9] Ernst Ludwig von Aster (Dresden, 05. 10. 1778 – Berlin, 10. 02. 1855), General, Festungsbaumeister (Ehrenbreitstein) und Chef des preußischen Ingenieurkorps. Vertritt 1810 in Paris Napoleon gegenüber seinen Entwurf zur Befestigung von Torgau etwa gleichzeitig zu der Erarbeitung und Veröffentlichung von Carnots „De la Défense des Places Fortes". Trotz intensiver Recherchen (September 2010) durch das Landesmuseum und im Landeshauptarchiv in Koblenz zu General von Aster und der Festung Ehrenbreitstein kann eine persönliche Beziehung hierbei zu Carnot nicht nachgewiesen werden; ebenso wenig wie eine daraus resultierende Übernahme Carnot´scher Ideen, auch wenn beides realistisch erscheint.

[10] Louis Lazare Hoche (Versailles, 24. Juni 1768, Wetzlar – 19. September 1797 gest. an Tuberkulose), einer der bemerkenswertesten und charismatischsten Generale der Revolutionskriege. Von Carnot besonders geschätzt und von diesem im Juli 1794 vor der Hinrichtung bewahrt, von Carnot selbst (Réponse, 151), Gustav Landauer (Briefe aus der FR. Revolution, Frankfurt/M. 1919, II., 456 f.), Edmonf Bonnal de Ganges, Carnot: D´Apres les Archives Nationales, le Depot de la Guerre et les Séances de la Convention, Paris 1888, 194 f., u.a. besonders heraus gehoben. Befriedet anschließend mit Gewalt, aber auch mit Toleranz die Vendée und verfasst 1794 eine bemerkenswerte – an Carnot geschickte, aber erst 1902 veröffentlichte - „Anweisung zur Bekämpfung der Chouans" im Verständnis des „Kleinen Krieges". Scheitert, jedoch ohne persönliche Fehler, in der versuchten Invasion Irlands. Nach Napoleon „ der einzige, der mir hätte das Wasser reichen können". Sein Tod wird häufig mit Vergiftung in Verbindung gebracht, eine Vermutung, der Carnot in seinem „Seconde Mémoire", Hamburg 1999, 8 nicht widerspricht.

[11] Napoléon Bonaparte (Ajaccio. 15. 08. 1769 – St. Helena 21. 05. 1821), nach der Rückeroberung von Toulon Revolutionsgeneral, lebenslanger Konsul, Kaiser 1804 bis 1814/15. So findet sich z. B. in dem Standardwerk von Freytag-Loringhoven (Die Heerführung Napoleons in ihrer Bedeutung für unsere Zeit, Berlin 1910) kein einziger Hinweis auf Carnot, obwohl die Revolutionskriege den Ausgangspunkt für die Betrachtung bilden.

durch Tragödien wie bei dem volkstümlichen Ney[12] oder dem glamourösen Murat[13] in den Hintergrund tritt. Daher ist es durchaus symptomatisch für diesen Sachverhalt, dass trotz der Initiative des Präsidenten Carnot 1889 zum „Centenaire" der Revolution Danton im Mittelpunkt des Interesses stand und zum „Bicentenaire" 1989 Carnot außerhalb einiger weniger militärischer Betrachtungen keine Aufmerksamkeit erfuhr[14]. Und selbst dort ist ein direkter Einfluss auf die Festungsbaukunst des 19. Jahrhunderts kaum nachweisbar und seine Vorstellungen über die Wehrorganisation werden nur einmal, durch Jean Jaurès am Vorabend des ersten Weltkrieges, als nachahmenswertes Beispiel herangezogen[15]. Es geht dennoch eine Faszination von dieser historischen Persönlichkeit aus, die in einer Epoche der Umbrüche gelebt hat, aufgewachsen ist im Ancien Régime, geprägt wurde von den Gedanken der Aufklärung, sich mit Enthusiasmus aktiv der Revolution als Soldat und Politiker zur Verfügung stellte, dem innerlich abgelehnten Napoleon aus Patriotismus dennoch drei-

---

[12] Michel Ney (Saarlouis, 10. 01.1769 – Paris, 07. 12. 1815), volkstümlichster Marschall Napoleons, „le Brave des Braves", wollte Napoleon 1815 in einem Eisenkäfig nach Paris bringen, dort dann selbst füsiliert.

[13] Joachim Murat (Labastide-Fortunière [heute Murat], 25. 03. 1767 – Pizzo, 13. 10. 1815), Marschall und Schwager – Caroline – Napoleons, brachte als Großherzog von Berg den "code civil" und die französische Verwaltung indirekt nach Deutschland, König von Neapel, in dessen Nähe füsiliert.

[14] Jean-Noel Jeanneney, Célébrer la Révolution In: magazine litteraire. La Révolution Française, No. 258, Paris 1988, 28 zu Danton. Die zentrale Ausstellung " La Révolution Française Et L´Europe, 1789-1799" vom 16. März bis 26. Juni 1989 in Paris hatte keinen Platz für Carnot, auch die zahlreichen begleitenden Publikationen wie u. a. das angesprochene „magazine litteraire" vom Oktober 1988 oder „le Courrier de l`UNESCO" (1789 Une Idée qui a changé le Monde) von Juni 1989 brachten keinen besonderen Hinweis. Am 07. 01. 1978 zeigte das französische Fernsehen einen Spielfilm unter dem Titel: „Lazare Carnot ou le glaive de la révolution", [Lazare Carnot oder das Schwert der Revolution] allerdings ohne besondere Resonanz. 2015 beschäftigt sich immerhin das „Laboratoire interdisciplinaire Carnot de Bougogne" in Dijon im Rahmen von Veranstaltungen zum 300jährigen Gedenken an den Beginn des „siècle des lumières" mit Carnots wissenschaftlichen Leistungen.

[15] Jean Jaurès, Die neue Armee, Jena 1913. Jaurès schlägt hier eine neue Heeresorganisation vor, die abgesehen von der sozial-politischen Idee des Proletariats sich im Milizgedanken oder den Triebkräften von Vaterland und Enthusiasmus an Carnot orientiert, bzw. diesen auch verfremdend als Beleg heranzieht.

mal diente, als „Lichtgestalt" der französischen Wissenschaften[16] des 19. Jahrhunderts gilt und schließlich im preußischen Exil unter der beginnenden, nicht nur geistig einengenden Restauration gestorben ist. Sein historisches Bild wird in erster Linie durch seine wissenschaftlichen Arbeiten und Leistungen als einer der „savants" der Revolution sowie durch seine militärischen wie politischen Taten und Erfolge bestimmt, aber auch durch den historisch unzulässigen Begriff des „régicide"[17] überlagert. Daher werden seine tatsächlichen historischen Leistungen in den übergreifenden Werken zu der Französischen Revolution meist nur eingeschränkt dargestellt und bewertet, insbesondere aber seine Charakter- und Moralhaltungen einseitig, dabei häufig negativ, oder ungenügend berücksichtigt.

Insbesondere in Deutschland hat Carnot trotz einer geistigen Nähe zu Leibniz und der fachlichen Nähe zu den preußischen Reformern und ihren Vorläufern, insbesondere zu dem europaweit berühmten Graf Wilhelm von Schaumburg-Lippe[18], zu Scharnhorst

---

[16] Jean et Nicole Dhombres, Lazare Carnot, Paris 1997, 7.
[17] Der Begriff „régicide" (Königsmörder) wurde während der Restauration der Bourbonen unter Ludwig XIII. für die Deputierten, die am 17. Januar 1793 für den Tod des Königs stimmten, festgelegt. Nach der „Juli-Ordonnance" vom 24. Juli 1815 billigte ein Gesetz vom 21. 08. 1815 der „chambre introuvable"[geheime Kammer] nachträglich den seit dem 18. Juni (Waterloo) ablaufenden „Terreur Blanche" [Weißer Terror], der nicht nur in den klassischen royalistischen Regionen wie der Vendée, sondern in ganz Frankreich zu Massakern (Vgl. Septembermorde von 1792 und den Terror Robespierres), willkürlichen Verhaftungen und zu ca. 6 000 Verurteilungen führte. Dieser Terror endete offiziell erst mit einem Gesetz vom 05. 09. 1816.
Die Juli-Ordonnanz und die Folgeweisungen belegten die Königsmörder und die Verräter der „100 Tage" neben dem Verlust der Ehrenrechte (indignité) mit der Verbannung, Letztere teilweise auch mit der Hinrichtung (u.a. Ney). Die Rechtlichkeit eines solchen historisch rückdatierten Gesetzes ist zumindest heute fragwürdig. Allgemein muss man die Republik nach dem 10. 08. 1792 bzw. nach den Tagen vom 21. bis 25. („*La Convention nationale déclare que la République française est une et indivisible*", Der Nationalkonvent erklärt *die französische Republik als eins und unteilbar*) September 1792 als völkerrechtlich und staatsrechtlich verbindlich anerkennen.
[18] Graf Wilhelm von Schaumburg-Lippe (London, 09. 01. 1724 - bei Bückeburg, 10. 09. 1777), hannoversch –britischer General, führte erfolgreich die Artillerie in der Schlacht bei Minden am 01. 08. 1759 [auf der Gegenseite u.a. der spätere Revolutionsgeneral Dumouriez], Reformator der portugiesischen Armee 162 – 1764, Begründer der Militärschule auf dem Wilhelmstein, Lehrer Scharnhorsts. Wehrverfas-

oder Gneisenau, dabei denktheoretisch zu Clausewitz[19], und trotz der erstaunlichen Überführung seines Leichnams von Magdeburg nach Paris während der deutsch-französischen Krisenjahre nach 1871, von wenigen Ausnahmen abgesehen[20], kein besonderes Interesse erfahren. Erst in jüngster Zeit wurde er in der DDR noch 1989 zum „Bicentenaire" der Revolution, nach langer verdienstvoller Vorarbeit durch Ernst-J. Giessmann[21], durch eine internationale Tagung herausgestellt, allerdings mit einem *„durch die Geschichte der revolutionären deutschen Arbeiterbewegung fest begründeten Anspruch in* [der Betonung] *der Kontinuität des progressiven bürgerlichen Erbes in der Sozialistischen Einheitspartei Deutschlands und der Regierung der DDR"*[22]. Hierbei liegt Giessmann ganz auf der

---

sung in Bückeburg vom 19. 04. 1751 mit Schaffung einer Mobilmachungsmiliz unter dem Grundgedanken, wonach jeder Untertan zur Landesverteidigung verpflichtet ist. Ein direkter Einfluss auf Carnot ist quellenbezogen nicht nachzuweisen, kann aber im Verständnis einer für das 18. Jahrhundert geltenden übergreifenden europäischen „Denkgemeinschaft" in den Kriegswissenschaften als sicher angenommen werden, zumal Graf Wilhelm 1767 durch Frankreich nach Portugal reisend sich höchster Aufmerksamkeit erfreute (siehe Christa Banaschik-Ehl, Scharnhorsts Lehrer, Graf Wilhelm von Schaumburg-Lippe in Portugal,, Osnabrück 1974, 153.

[19] Georg-Johann David (von) Scharnhorst (Bordenau, 12. 11. 1755 – Prag, 28. 06. 1813, an den Folgen der Verwundung bei Großgörschen am 02. 05. 1813), General und Reformer des preußischen Heeres.   Neithardt von Gneisenau (Schilda, 27. 10. 1750 – Posen 23. 08. 1831 an der Cholera), preußischer Generalfeldmarschall, Verteidiger von Kolberg 1807, Mitreformer, „Überwinder" Napoleons als Blüchers Generalstabschef bei Leipzig (Oktober 1814) und Waterloo (18. 06. 1815) Carl (von) Clausewitz (Burg, 01. 07. 1780 – Breslau 16. 11. 1831 an der Cholera), preußischer General und Militärphilosoph, sein posthum erschienenes Hauptwerk „Vom Kriege" gilt richtungsweisend für die Auseinandersetzung mit dem Krieg an sich.

[20] Siehe Literaturverzeichnis; auch über die Zeitachse seit 1820 lässt sich deutschsprachige Literatur über Carnot fast an einer Hand aufzählen.

[21] Ernst-Joachim Giessmann - in der Literatur unterschiedlich mit ß oder mit ss geschrieben - (Berlin, 12. 02. 1919 – 17. 10. 2004), bislang einziger deutscher Carnot-Forscher, initiierte die „Carnot-Ehrung der DDR" 1989 in Magdeburg. Prof. für Mathematik und Physik, Rektor der Technischen Hochschule Magdeburg 1956 – 1962, 1967 – 1970 Minister für Hoch- und Fachschulwesen der DDR.

[22] Stadt Magdeburg, 200 Jahre Große Französische Revolution. Carnot-Ehrung der DDR, Festkolloquium Teil 1, Magdeburg 1990, 27. Zitiert aus Klaus Kinner, Die Französische Revolution von 1789 und das progressive Erbe des deutschen Bürgertums im Geschichtsdenken der deutschen Kommunisten.

Linie von Franz Mehring, der 1913 fast zeitgleich und mit ähnlichem Tenor wie Jean Jaurès sich in Deutschland in der Diskussion um die Heeresverfassung (eine – demokratische und defensive – Miliz des Staates einer Arbeiterbewegung oder ein – machtkorrumpiertes und aggressives – stehendes Heer des Klassenstaates) Carnot als historischen Zeugen heranzieht und ihn gleichzeitig neben Scharnhorst stellt[23]. Auf einer anderen Ebene versucht das Schiller-Institut[24], Carnot aktuell politisch zu instrumentalisieren und ihn in Verbindung mit einer amerikanischen Bewegung des mehrmaligen US-Präsidentschaftskanditaten Lyndon LaRouche[25] in einen Zusammenhang von globaler Wissenschaft und Moral zu stellen.

---

[23]Franz Mehring, Miliz und stehendes Heer (Juli/August 1913, in: Zur Kriegsgeschichte und Militärfrage, Gesammelte Schriften Band 8, hrsg. von Prof. Dr. Thomas Höhle u. a., Berlin (Ost) [2. durchges. Aufl.] 1973, 223 – 262. Hier: 231 – 233, 247, 254. Franz Mehring (Schlawe/Pommern 27. 02. 1846 – Berlin 28. 01. 1919), Publizist, Politiker und Historiker, der über den Weg der Arbeiterbewegung zur SPD stieß und von 1891 bis 1913 für deren Wochenblatt „Die Neue Zeit" schrieb. Als Verfechter des Klassenkampfes setzte er die Methode des historischen Materialismus und damit die marxistische Theorie in seiner Geschichtswissenschaft um.

[24] Schiller-Institut, Vereinigung für Staatskunst e.V., 1984 gegründeter Verein als Ableger aus den USA, der unter einer bürgerrechtlichen Idee eine Verbindung von Poesie, Wissenschaft und Staatskunst auf internationaler Ebene verfolgt. U.a. aufbauend auf Schillers Gedankengut sollen republikanische politische Freiheit und Unabhängigkeit gefördert werden. Hier verbinden sich moralisierende Vorstellungen mit Interpretationen u.a. über Leibniz und Franklin wie auch über Carnot, dem seit 2002 eine Reihe Artikel im Instituts-Magazin „Ibykos" galten. Hinsichtlich einiger politischer und historischer Aussagen sowie Verfahren der Mitgliederbetreuung kann die Organisation spätestens seit einer Bundestagsanfrage vom 14. 05. 2007 als eine Art „Politsekte" gesehen werden.
(bundestag.de/dip21/btd/16/053/1605364.pdf, zuletzt abgerufen am 15. 12. 2010). Gleichwohl hat der Verfasser in „Ibykos",24. Jahrgang, Heft 92, Wiesbaden 2005, 16-27 einen Artikel über Carnot veröffentlicht.

[25] Das Schiller-Institut in Deutschland wurde von Helga Zepp-LaRouche (geb. Trier 25. 08. 1948), der zweiten Frau von Lyndon LaRouche (geb. USA, 08. 09. 1922) gegründet. Seit 1976 achtmaliger vergeblicher Bewerber in US-Präsidentschaftswahlen kann Lyndon LaRouche mit seiner kultähnlichen Bewegung den zahlreichen Gruppen von Verschwörungstheoretikern in den USA zugerechnet werden, die wie auch diese unterschiedliche soziale Theorien vereinnahmen und sich, der besseren Akzeptanz halber, einen international übergreifenden und pseudophilosophischen Überbau schaffen.

Zusammengefasst erscheinen diese nur ansatzweise dargelegten Punkte Anreiz genug, sich mit Lazare Carnot zu befassen, der trotz zahlreicher äußerer Einschnitte und innerer Brüche das Zeitalter der Revolution mitgestaltete und überlebte. Darüber hinaus berechtigen auch der gemeinsame europäische geistige Ursprung, trotz des gleichzeitigen Endes eines intellektuellen „l`Europe Française", sowie die Langlebigkeit seiner politisch-militärischen Ideen und seiner wissenschaftlichen Arbeiten, die mit seiner Sprache und aus seiner Zeit immer noch in unsere Welt hereinreichen, eine diskursive Auseinandersetzung. In diesem Verständnis sah Ernst Jünger die Französische Revolution, wenn er sie mit ihren Folgen eben auch als „die Schmiede noch unseres Zeitalters" benannte. Wer also war dieser faszinierende und doch im Schatten anderer stehende Mann mit der „Römerseele", als ein französischer Cincinnatus, der „arbeitete, wo andere redeten"[26]?

---

[26] Dieses schöne und treffende Bild wurde während einer Tagung in Magdeburg am 21. 02. 2004 zum 250. Geburtstag Carnots in der mündlichen Diskussion verwandt und entnommen aus F. A. Wolter, Geschichte der Stadt Magdeburg, Magdeburg 1901, Nachdruck Magdeburg 1996, 304.
Cincinnatus (um 519 v. C – 430 v. C.), legendenbehafteter römischer Konsul (430) und zwei Mal Diktator (458, 439), legte nach Ablauf seines Mandats seine Macht sofort wieder in die Hand der Volkes, und zog sich auf seinen Landbesitz zurück.

II. Einführung

„Wenn es bei Lebzeiten noch einmal zu einer Revolution im alten romantischen Stil gekommen wäre, hätten wir in Engels unseren Carnot…gehabt – den Organisator der Armeen und der Siege"[27].

Die angedeutete Vielseitigkeit, ja auch Vielschichtigkeit der Persönlichkeit Carnots erzwingt für eine Arbeit über diesen auch in Anerkenntnis aller Breite des historischen und politischen Gesamtzusammenhanges der Französischen Revolution dennoch eine nicht angemessene Einschränkung und damit Reduzierung in der Darstellung. Ein sicherlich ambitioniertes Unterfangen. Allein die Erfassung und insbesondere die Auswertung der vorhandenen Archive, Quellen und der doch zahlreichen Folgeliteratur, mehrheitlich in französischer Sprache, von der Zeit Carnots bis zum aktuellen Forschungsstand, müssen den vorgegebenen Rahmen sprengen. Andererseits soll trotz der damit verbundenen zwangsläufigen Verkürzung, einer sicherlich subjektiven Auswahl, Sezierung und Interpretation dennoch ein historisch nachvollziehbares und in seiner Aussage der Persönlichkeit Carnots und seiner Zeit gerecht werdendes Gesamtbild entstehen. Daher hat sich der Verfasser entschlossen, sich im Sinne Plutarchs[28], wenn auch ohne dessen Vergleiche, weitgehend auf eine Charakterstudie zu konzentrieren, wenn dieser in seiner Einleitung zu Alexander sagt: *„ Denn ich bin nicht Geschichtsschreiber, sondern Biograph, und es sind durchaus nicht immer die großen Heldentaten, in denen sich die Tüchtigkeit oder die Ver-*

---

[27] Ernst-Joachim Giessmann, Lazare Carnot und die preußischen Armeereformer, in: Militärgeschichte 4/86, 25. Jahrgang, Berlin (Ost) 1986, 310 – 319. Giessmann zitiert auf Seite 319 Wilhelm Liebknecht [Neue Welt, Kalender für das Jahr 1897, Hamburg 1897, 60.]. Dessen Bewertung zeigt als ein Beispiel die Gefahr historischer Analogien auf, wenn auf der Basis vermeintlicher Ähnlichkeiten eine historische Persönlichkeit einer aktuellen Ideologie zugeordnet, parteipolitisch vereinnahmt und politisch instrumentalisiert wird.

[28] Plutarch (Chaironeia, 46 – dort um 122), griechischer Schriftsteller, verfasste biographische und philosophische Schriften. Versuchte in „Parallelbiographien" neben der Herausarbeitung einer Gleichwertigkeit griechischer und römischer Kultur vor allem die moralischen Qualitäten und die Charaktereigenschaften seiner ausgewählten historischen Personen herauszustellen.

worfenheit offenbart"[29]. Unter dieser Methodik, die ein Lebensbild weitgehend nach den „kennzeichnenden seelischen Zügen"[30] und den vorherrschenden „moralischen Größen"[31] nach Clausewitz bestimmt, kann damit, soweit vertretbar, das historische Umfeld im Detail vernachlässigt bzw. nur begründet selektiv zur Stützung bestimmter Lebensaspekte oder Charakterzüge herangezogen werden. Hierzu muss freilich bei dem Leser eine ausreichend fundierte Kenntnis der Französischen Revolution auch mit ihrem militärischen wie kulturellen Zusammenhang vorausgesetzt werden. Dies gilt vor allem dann, wenn politische oder militärische Ereignisse sowie Persönlichkeiten in Bezug zu bestimmten Bewertungen von Carnots Handeln oder Aussagen nur ansatzweise oder exemplarisch dargestellt werden. Ein umfangreiches Fußnotenverfahren soll dieses Verständnis erleichtern, als integrale Ergänzung des Textes sowie zur Darstellung von Zusammenhängen. Trotz der Gefahr, einen durchgehenden Lesefluss des Textes zu erschweren, werden die Anmerkungen daher nicht an den Schluss des Textes gestellt.

Im Schwerpunk dieser Studie werden die Darstellung und die Interpretation seiner Briefe und bestimmter ausgewählter Schriften wie auch seiner Poesie behandelt und zu seinem geschilderten Handeln in Bezug gesetzt, um in eine Bewertung im persönlichen, politisch-militärischen und übergreifend historischen Zusammenhang zu münden. Ein Ziel der Untersuchung besteht damit in der Beantwortung der Frage, ob und wie sich bestimmte Eigenschaften und Haltungen wie „moralischer Anspruch" und Patriotismus, aber auch erst durch die Revolution freiwerdende und gleichzeitig missbrauchte Kräfte wie republikanisch-demokratische Einstellungen, Enthusiasmus oder Vorstellungen über das Kriegsbild und die kriegerische, über eine Verteidigung hinausgehende Verbreitung der Revolution

---

[29] Plutarch, aus seiner Einleitung zu der Doppelbiographie von Alexander und Caesar in: Plutarch, Alexander Caesar, übersetzt und herausgegeben von Marion Giebel, Stuttgart 2004, 3.

[30] Plutarch, ebd., 3.

[31] Carl von Clausewitz, Vom Kriege, herausgegeben von Werner Hahlweg, Bonn[18] 1973. Nicht nur im Zusammenhang mit der Darstellung seiner „wunderlichen Dreifaltigkeit" hebt Clausewitz die Bedeutung der „moralischen Größen" als Maximen für den Politiker wie für den Feldherrn hervor, die eng mit dem Enthusiasmus verbunden sind.

sich entwickelten und durchgängig oder in Brüchen sein Leben bestimmt haben. Hierzu werden, wie angesprochen, neben der umfangreichen biographischen, also schon interpretierten Literatur, seine bedeutenden Schriften, Reden und ein Teil seiner Korrespondenz und seiner Gedichte herangezogen.

Sein mathematisch-physikalisches Werk wird weitgehend ausgeklammert, da dieses nicht im Fokus dieser Studie stehen soll und dem Verfasser zudem die zu einer Einordnung und Bewertung erforderlichen Grundkenntnisse fehlen, auch wenn die Bedeutung der Entwicklung von Wissenschaft allgemein und die hohe und engagierte Beteiligung von Wissenschaftlern in der Französischen Revolution und in deren Kriegen als ein Phänomen durchaus gesehen wird und immer wieder angesprochen werden muss[32]. Ein hier liegender engerer geistiger Bezug auf Leibniz – über militärische Fragen hinausgehend [33] – wird dennoch in diesem Zusammenhang genauer dargestellt.

Zur leichteren zeitlichen Einordnung und zum besseren Verständnis der Zusammenhänge beginnt die Studie mit einer Lebensdarstellung Carnots, die dabei zu bestimmten Handlungen Abhängigkeiten, Hintergründe und Motive aufzeigen will und damit über eine rein chronologische Datenabfolge hinausgeht. Diese Darstellung endet mit

---

[32] Der Zusammenhang von Wissenschaften, insbesondere der mathematischen und technischen, und der Französischen Revolution ist in seiner Bedeutung erst in neuerer Zeit hervorgehoben und vor allem durch die Studien von Charnay, Patrice Bret, Gillispie und Barthélemy (siehe Literaturverzeichnis) vertieft und umfassend dargestellt worden, kann hier jedoch nicht weiter untersucht werden. Gillispie arbeitet hier heraus, dass die Wissenschaftsentwicklung als eine der *„fundamental shifts"* nicht nur die Revolution entscheidend mitprägte, irreversibel war und damit auch die Restauration überlebte (Charles Coulston Gillispie, Science And Polity In France: The Revolutionary And Napoleonic Years, Princeton 2004, 4).

[33] Elisabeth Hellenbroich weist in ihrem Aufsatz „Aus Leibniz' Sozietätsplänen" (in: Ibykus, 92/ 2005, Wiesbaden 2005, 28-32) auf zwei Schriften von Leibniz hin, die Carnot inspiriert haben sollen. Es sind dies „Securitas interna et externa" (1670) und „Gedanken, so zum Entwurf einer teutschen Kriegsverfassung gehören" (1681). Weder in der Sekundärliteratur, noch bei Carnot oder seinen Biographen findet sich hierzu ein Indiz. Der Hannoveraner Leibniz-Forscher, Professor Breger, hält eine Kenntnis Carnots dieser Schriften für unwahrscheinlich, da diese erst im 19. Jahrhundert der allgemeinen Öffentlichkeit zugänglich gemacht wurden (Mail vom 26. 11. 2010 an den Verfasser).

der Schilderung des Exils in Magdeburg unter den Auspizien einer tatsächlich schon durchgreifenden Restauration. Auf diesem Wege kann auch die Entwicklung seines geistigen, moralischen und politischen Gedankengebäudes erläutert und nachvollzogen werden. Besonders herausgestellt werden anschließend seine Vorstellungen über das Kriegsbild an Hand seiner 1784 veröffentlichten „Éloge de M. le maréchal de Vauban" in Verbindung mit seiner militärischen Tätigkeit zwischen 1793 und 1797, seinen Arbeiten über den Kampf um Festungen sowie der Verteidigung von Antwerpen 1814. Es folgt eine Darstellung und Interpretation seiner erst 1971 wiederentdeckten, in Arras 1787 gehaltenen Rede über „Le Pouvoir de l´Habitude", die in ihrem moralischen Anspruch in Beziehung gesetzt wird zu seinen Vorschlägen für eine Verfassung der Republik von 1793, zu seinem politischen Verhalten als Mitglied des Wohlfahrtsausschusses und des Direktoriums, seiner Ablehnung von lebenslangem Konsulat und Kaisertum Napoleons von 1804 und zu seinem „Mémoire Adressé au Roi" von 1814. Anschließend wird Carnots Rolle als Organisator der Armeen, technischer Innovator und strategisch-operativer Planer während der Revolutionskriege herausgestellt. Ein eigener Abschnitt widmet sich der ambivalenten Beziehung zu Napoleon. Insgesamt lässt sich auf Grund der für das Leseverständnis zweckmäßigen, aber letztlich künstlichen Aufteilung die ein oder andere Wiederholung oder Überschneidung nicht vermeiden. Die Studie schließt mit dem Versuch einer Gesamtbewertung Carnots. Insgesamt soll eine historisch fundierte Betrachtung vorgenommen werden, die auf Tatsachen basiert und insbesondere bei ethisch-moralischen Urteilen behutsam vorgeht. Damit soll dem klassischen historischen Grundsatz gefolgt werden, den Handelnden aus den Bedingungen und Kenntnissen seiner Zeit zu betrachten und äußeren Druck wie innere Zwiespälte zu berücksichtigen, Aspekte, die mit den Verwerfungen und der Komplexität einer sich vielfach wandelnden Französischen Revolution einen hohen Stellenwert besitzen.

Die in der allgemeinen Literatur erfassten und in der Studie verarbeiteten Beiträge befassen sich im Wesentlichen mit Einzelheiten in unterschiedlicher Würdigung von Carnots Handeln im Zusammenhang mit der Revolution, sei es im wissenschaftlichen, militärischen oder politischen Bereich. Die Biographien dagegen lassen sich grob in vier Ansätze aufgliedern. Zuerst die mit persönlicher Empathie und Kenntnis über Carnot geschriebenen allgemeinen Werke wie die von Koerte (1821), Cramer (1823) oder Hippolyte Carnot (1861-1863), sodann die sich auf seine mathematische Wissenschaft beziehenden Bücher wie die von Fink (1894), Barthélemy (1988) oder Gillispie (1971, 2004), daneben die Studien, die eine politisch-militärische Betrachtung der Jahre 1791-1797 in den Mittelpunkt stellen, wie bei Mathiot (1916), Watson (1954), Dupre (1975), Moreau (1988), Charnay (1985, 1990) oder Amson (1992) und schließlich die übergreifenden Biographien von Reinhard (1950-1952) und den Dhombres (1997) als dem aktuellen Forschungsstand entsprechende umfangreiche, umfassende und kritische Würdigungen. Einen Sonderfall bildet Rioust (1816), dessen Buch 1817 in der französischen Restauration verboten wurde[34].

Hierbei muss insgesamt einschränkend auf die Besonderheit hingewiesen werden, dass die Quellen, über die genutzte Literatur hinaus, nur schwer zugänglich oder äußerst begrenzt sind, nicht nur auf Grund der zahlreichen untereinander nicht vernetzten Archive in Frankreich, sondern vor allem durch den Kriegsverlust der deutschen Archive in Potsdam.

Die mehrheitliche Literaturlage in französischer Sprache bedingt eine überwiegende Zitierweise in der Originalsprache, welche zudem den Lesefluss erleichtert und vor allem bei Zitaten von Carnot selbst auch die persönliche Nähe zu diesem entwickelt und erhält[35].

---

[34] Eine detaillierte Darstellung dieses Verbots findet sich bei Charles Mathiot, Pour Vaincre, Paris 1916, 333 f.
[35] Je nach diesem Lesefluss werden Übersetzungen in Klammern beigefügt oder in einer Anmerkung gesondert aufgeführt.

III. Carnots Leben, Denken und Handeln[36]

„*On n'est pas révolutionnaire, on le devient* – man ist nicht Revolutinär, man wird es"[37].

1. Lehrjahre

„*S'exercer au travail, et tâcher d'éviter / Le commerce des grands; se suffire à soi-même; / Restreindre ses besoins, et sans rien convoiter, / D'un coeur indépendant faire son bien suprême* - Sich der Arbeit hingeben, versuchen. sich dem Handel der Großen zu entziehen, sich selbst zu genügen, seine Bedürfnisse einzuschränken, nichts zu begehren, mit einem unabhängigen Gemüt selbst sein höchstes Wohl zu gestalten"[38].

Carnot wurde, wie eingangs angesprochen, am 13. Mai 1753 in Nolay, in der Bourgogne in der Nähe von Dijon als achtes von 19 Kindern, von denen allerdings zehn das Kindesalter nicht überlebten, in eine alteingesessene, etablierte, bürgerlich renommierte und wohlhabende, wenn auch nicht reiche Juristenfamilie geboren. Damit gehört Carnot in den Kreis eines zwar herausgehobenen Bürgertums, war aber durch die fehlende Nobilitierung für höhere Stellen in der Administration oder dem Militär doch nur eingeschränkt zugangsfähig. Mit 12 Jahren tritt Carnot in das damals noch von den Jesuiten[39] geleitete spätere Collège der Oratorianer[40] von Autun[41] ein, in dem später auch Lucien

---

[36] Die Lebensdarstellung fasst die sich deckenden Aussagen der im Literaturverzeichnis aufgeführten Biographien zusammen. Daher werden nur Abweichungen bzw. Besonderheiten und unterschiedliche Interpretationen speziell durch Fußnoten hervorgehoben.

[37] Hippolyte Carnot, Mémoires sur Lazare Carnot, 2 Bände, Paris 1907, I., 30.

[38] Carnot, Opuscules, a. a. O., 45. Der letzte Vers aus seinem Gedicht "L'Envie", das Vverlantgen, hebt Schlüsselworte hervor, die Carnots Lernen und Leben bestimmen: Arbeit, Selbstbezogenheit, Genügsamkeit und Verzicht sowie geistige Unabhängigkeit mit dem Ziel des höchsten – philosophischen – Glücks.

[39] Der 1540 durch Papst Paul III. genehmigte Orden von Ignatius von Loyola wurde 1764 in Frankreich verboten und 1773 von Papst Klemens XIV. aufgelöst, durch Papst Pius VII. 1814 wieder zugelassen.

[40] Kongregation der Oratorianer, gegründet 1575 in Rom durch Philippo Neri (1515-1595), 1612 durch Papst Paul V. genehmigt. Neben der Erziehung steht ein lebendiger, musikalisch ausgestalteter und seelsorgerischer Gottesdienst im Vordergrund.

und Joseph Bonaparte ausgebildet werden sollen, und von dem er, als Elfter klassifiziert, 1768 in das dortige weiterführende Seminar überwechselt. Diese ersten Jahre werden geprägt durch einen hohen moralischen Anspruch in der elterlichen Erziehung, der sich bis zur Vaterlandsliebe erstreckt, durch eine innige und damit später auch nachhaltig gepflegte Familienbeziehung sowie durch eine intensive Beschäftigung mit griechisch-römischer Literatur. Dadurch wurde Carnot zu einem nicht nur gelehrten, sondern auch bis in das hohe Alter affektionierten Kenner vor allem der römischen Klassiker, wie Gedichte in Anlehnung an Horaz oder die Auswertung seiner Bibliothek in Magdeburg erweisen[42]. Diese Erziehung wird ergänzt durch eine bürgerlich-aufklärerische Tradition, die in diesem ländlichen Raum von der Akademie in Dijon ausgeht, deren Mitglied u.a. Jean-Jacques Rousseau[43] ist. Dazu tritt eine tiefe, dem aufklärerischen Gedankengut dennoch nicht widersprechende Gläubigkeit, die fest in der Region verwurzelt ist, aber auch, durch die burgundischen Landschaft angeregt, eine durchaus bukolische Lebensfreude. Letzterer, wie auch einem hohen Naturverständnis, gibt Carnot in zahlreichen seiner Gedichte entsprechenden Ausdruck wie in einigen Versen aus *„Une Journée du mois de Mai"*[44]:

---

[41] Mit der berühmten Madonna von Autun, neben u. a. Vezélay – ebenfalls in Burgund, eines der großen kirchlichen Bildungs- und Glaubenszentren Frankreichs. Bis 1767 unter Leitung der Jesuiten. Den Vornamen Lazare wird Carnot auf Grund der Nähe zu Autun erhalten haben. In der dortigen Kathedrale St. Lazare werden die Reliquien des Heiligen Lazarus verehrt, der als Bischof von Marseille unter Kaiser Domitian 94 n. C. den Märtyrertod erlitt. Nach seiner Ordination wurde Carles Maurice de Talleyrand-Périgord (Paris, 02. 02. 1754 – 17. 05. 1838) von 1788 bis 1791 Bischof von Autun.
[42] Marcel Reinhard, Le Grand Carnot, Paris [1952] 1994, I. 16.
[43] Jean – Jacques Rousseau (Genf, 28. 06. 1712 – Ermenonville, 03. 07. 1778), Philosoph der Französischen Aufklärung, auch wenn teilweise im Gegensatz zu ihren Ideen stehend. Erhielt 1750 den Ehrenpreis in Dijon für seinen" Discours sur les Sciences et les Arts". Hauptwerke sind seine Erziehungsromane „Emile" und „La nouvelle Héloise" wie seine staatstheoretische Schrift „Du Contrat Social".
[44] Lazare Carnot, Opuscules Poétiques du Général L.-N.-M. Carnot, Paris 1810, Nachdruck, LaVergne (USA) 2010, 7, hier die Verse 7 bis 10 eines Gedichts mit 34 Versen, das als ein Lob des idyllischen Landlebens, aber mit durchaus praktischem Bezug, gesehen werden kann. Eine genaue zeitliche Zuordnung indes ist nicht möglich.

„*Devant moi se déploie au pied d'un long coteau / D'un vignoble soigné la plaine verdoyante:/ A peine l'oeil embrasse en ce vaste tableau, / De cet heureux climat la contrée opulente.*

De ce coteau fleuri, coupé par des vallons, / On voit mille vergers remplir les intervalles; /

Des sentiers tortueux, des cloches, des maisons, / Couvrent de ces glacis les pentes inégales.

Du plus profond d'entre eux sort un large ruisseau, / Qui court en serpentant fertiliser la plaine;/

Fait mouvoir une usine, et dans chaque hameau / Va du cultivateur embellir le domaine. /

Suivons de ce vallon les sinuosités: / J'aime à me recueuillir en ces lieux solitaires: /

J'admire en cheminant ces agrestes Beautés, / Et m'y crois protégé par des dieux tutélaires."

[„Ein Tag im Monat Mai: Vor mir breitet sich am Fuße eines langgezogenen und sorgsam gepflegten Weinberges die begrünte Ebene aus. — Kaum erfasst das Auge dieses vielfältige Bild der glückseeligen Stimmung dieser üppigen Landschaft. – Von diesem blühenden Hügel, von Mulden durchschnitten, sieht man tausend Obstgärten deren Zwischenräume erfüllen; verschlungene Pfade, Glockentürme und Häuser bedecken das ungleiche Gefälle dieser Abhänge. – Aus der tiefsten dieser Mulden entspringt ein breiter Bach, der die Ufer bewässernd sich in die Ebene hinab schlängelt, einen kleinen Betrieb antreibt und sodann in jedem Weiler die Hofstelle des Landwirts verschönt. – Folgen wir den Windungen dieses kleinen Tales: Ich liebe es, mich in diesen abgelegen Stellen zu besinnen, dahinwandernd bewundere ich deren ländliche Schönheit, und ich fühle mich behütet von göttlichem Schutz"].

Diese enge und emotionale Beziehung zu seiner Heimatregion wird sich Carnot bis an sein Lebensende erhalten, auch aus dem Exil heraus weiter pflegen und wiederum und erneut poetisch verarbeiten. Gerade diese Fähigkeit zur Betrachtung der Natur mit Freude an und Demut vor der – göttlichen – Schöpfung ermöglichte ihm eine aristotelische „Aequanimitas", wenn Würde und Verstand einen möglicherweise zur Ausuferung neigenden Enthousiasmus kanalisierten und ihn auch Schicksalsschläge ertragen ließ.

In diesem Zusammenhang ist erstmals sein zwei Jahre jüngerer Bruder Claude-Marie Carnot zu erwähnen, der später zur einfacheren Unterscheidung den Namen Carnot-Feulint[45] annahm, unter welchem er in dieser Studie weiter erwähnt wird. Er folgte Carnot im Seminar von Autun, und von dieser Zeit an glichen oder kreuzten sich die Wege der Brüder teilweise auch wegbegleitend und sich gegenseitig unterstützend, zumindest aber in der zusätzlichen Beziehung als Schwager.

Als Folge der von seinem Vater erkannten und geförderten mathematisch-technischen Begabung entscheidet sich die Familie mit der Unterstützung des Grundherrn von Nolay, des Herzogs von Aumont – im Übrigen aus einer, wie sich besonders während der Revolution beweisen wird, äußerst königstreuen Familie[46] – für den Berufsweg des Ingenieuroffiziers. Diese Förderung des späteren „régicide" kann als eine Ironie der Geschichte angesehen werden. Gleichzeitig versucht der Vater Claude Carnot, allerdings vergeblich, aus der Familiengeschichte der Carnots Ansprüche auf adlige Titel her zu leiten. Marine, Artillerie und Geniewesen, letzteres für die Konstruktion von Festungen, aber auch für den Kampf um diese stehend, galten als die „armes savantes" [gelehrte Waffengattungen] und standen in geringer Anzahl auch Bürgerlichen offen, aber für diese nur selten über den Subalterndienstgrad des Hauptmanns hinausgehend. Noch 1750 wurde in einer königlichen Ordonnanz der Nachweis von vier Adelsgenerationen gefordert, diese allerdings später derart aufgeweicht, dass auch ein „*vivre noblement*", also eine adlige Lebensführung im Ausnahmefall gelten konnte. So waren beispielsweise 1768 sechs von zwanzig Kandidaten für die Aufnahme in der „École de Génie" in Mézières

---

[45] Claude-Marie Carnot (Nolay 15. 07. 1755 – Autun 16. 10. 1836), folgte Carnot auf die Schule von Mézières, 1791 vor diesem Deputierter der Nationalversammlung, kehrte später wieder in das Militär zurück, 1814 General, in der Restauration kurzzeitig Generalinspekteur des Festungswesens.

[46] Dhombres, Lazare Carnot, a. a. O., 35. Louis duc D´Aumont (Paris 1709 – 1782), Pair von Frankreich, bedeutender Kunstmäzen und Sammler. Ein Neffe verhilft Ludwig XVI. zur vergeblichen Flucht, ein Teil der Familie emigriert und kämpft auf Seiten der Koalition.

bürgerlicher Herkunft⁴⁷. In einer neuen Ordonnanz vom 22. März 1781 wurde die alte Ordnung jedoch wiederhergestellt und durch ein Dekret noch vom 17. März 1788 sogar verschärft⁴⁸.

Nachdem er eine erste Aufnahmeprüfung nicht besteht, verbringt Carnot die kommenden zwei Jahre von 1769 bis 1771 in der privaten Schule eines Monsieur de Langpré in Vorbereitung auf das militärische Geniewesen in Paris⁴⁹ im gehobenen Viertel des Marais. Trotz der Ablenkungsmöglichkeiten einer damals ca. 600 000 Einwohner⁵⁰ zählenden Hauptstadt scheint sich Carnot intensiv in die Studienarbeit vertieft zu haben. Auf Grund einer Scheu vor persönlichen Aussagen über sein Privatleben und innerer Beweggründe seiner Handlungen, wie schon sein erster Biograph Körte bemerkt⁵¹, sind nicht nur die Kenntnisse darüber spärlich, sondern unterliegen damit auch einer gewissen Spekulations- oder Interpretationsmöglichkeit. Körtes Aussage „*Ihm selbst ist aus jener Zeit* [den Jugendjahren, der Verf.] *umso weniger erinnerlich geblieben, da er überhaupt nur wenig oder gar keinen Sinn für die Einzelheiten des Privatlebens hat*" gilt im Übrigen für das ganze Leben Carnots. Er folgt hierin auch einem der zahlreichen Ratschläge, die ihm sein Vater auf dem Weg nach Paris mitgibt: „*Ne rien dire que d´obligeant de tout le monder; et rien du tout de soi, de sa famille ni de sa situation, de ses connaissances qu´avec bien de la modestie et un peu de mots lorsqu´on y est obligé* - Nichts sagen, außer allen gefällig zu sein; absolut nichts über sich, seine Familie oder seine Verhältnisse oder seine Bekanntschaften, außer in

---

⁴⁷ Dhombres, a.a.O., 28

⁴⁸ Jean Paul Charnay, Lazare Carnot. Révolution et Mathématique, Paris 1985, 82.Bei aller Bevorzugung des Adels muss jedoch angemerkt werden, dass traditionell im Deutschen Reich 16 Grade des Adelsnachweises erforderlich waren. So auch Reinhard, a. a. O., 141.

⁴⁹ Diese zweijährige, teilweise dreijährige vorbereitende Ausbildung in zumeist privaten Eliteschulen für die Aufnahmeprüfung in eine der „Grandes Écoles" hat sich bis heute erhalten. Zur Zeit Carnots gab es in Paris drei solcher Schulen (Reinhard, a. a. O., 23-24).

⁵⁰ Nach dem Portal der Stadt Paris (www.Paris.fr.) 1785 ca. 613 000 Einwohner, nach anderen Quellen ca. 550 000 bzw. ca. 700 000 nach der Enzyklopädie von 1765.

⁵¹ Wilhelm Körte, Das Leben L. N. M. Carnots, Leipzig 1820. 3. Körte (1776-1846) aus Halberstadt, ein Neffe des patriotischen Halberstädter Dichters Ludwig Gleim (1719 -1803), erhielt Kontakt zu Carnot in Magdeburg und nutzte die persönlichen Gespräche für seine freundliche Biographie, die allerdings der Zensur unterlag.

aller Bescheidenheit und nur in wenigen Worten, wenn man denn dazu gezwungen wird"[52]. Die damit verbundene private Öffentlichkeitsscheu ist ein Charakterzug, der ihn einerseits im Urteil seines Umfeldes als abweisend erscheinen lässt, ihn andererseits später auch vor Skandalen bewahren oder öffentlicher Kritik an der Lebensweise wie bei Danton, Barras[53] oder anderen entziehen soll und seine moralische Haltung als glaubhaft oder sogar als unangreifbar hinstellt. Dies erschwert die Aufgabe des Biographen und aus diesem Grund können zu einer möglichen Teilnahme in den berühmten philosophischen Salons von Paris, wie z.B. dem von d´Holbach[54], einschließlich dessen „Côterie holbachique" keine Aussagen getroffen werden. Zahlreiche Aussagen in seiner „Pouvoir de L´Habitude" können dennoch auf Holbach zurückgeführt werden. Dessen Salon – wie zahlreiche andere auch – war der Mittelpunkt eines allgemein wissenschaftlichen, kritisch-philosophischen und literarischen Gesprächskreises, der auch zur Vorbereitung politisch-ästhetischer Schriften diente. Es kann davon ausgegangen werden, dass der junge Carnot unter der geistigen Protektion d`Alemberts[55] und seines Mentors Bossut[56] hier Zugang erhielt und damit auch frühe Kontakte u. a. zu Benjamin Franklin[57] oder

---

[52] Reinhard, a. a. O., 20.
[53] Paul François Vicomte de Barras (Foix-Amphoux, 30. 06. 1755 – Paris, 29. 01. 1829), aus niederem Adel, verlässt 1783 als Hauptmann die Armee, schließt sich als Lebemann und Frauenheld Ende 1792 der Revolution an. Förderer Napoleons, Präsident des Konvents, dann einflussreichster der Direktoren, Exgeliebter von Joséphine de Beauharnais, unter Napoleon im Exil.
[54] Paul Henri Thiry d´Holbach (08. 12. 1723 Edelsheim – Paris 21. 01. 1789), religionskritischer Philosoph und Enzyklopädist, veröffentlicht 1770 den „Essai sur les préjugés" und anonym das „Système de la nature". Neben dem Salon war die „Côterie" (Bezeichnung durch Rousseau) vor allem ein Treffpunkt ausländischer „Freigeister".
[55] Jean LeRond d´Alembert (Paris 27. 22. 1717 – 29. 20. 1783), aus der Mathematik und der Physik herkommender Philosoph der Aufklärung. Mitherausgeber der 35-bändigen „Encyclopédie" von 1750-1780.
[56] Charles Bossut (Tarare 1730 – Paris 14. 01. 1814), Enzyklopädist, Wissenschaftler auf den Gebieten der Mechanik und Hydrodynamik. Lehrer an der „École de Génie" und für diese in Paris verantwortlich für die Aufnahmeprüfungen. Gleichzeitig Lehrer und wissenschaftlicher Mentor Carnots.
[57] Benjamin Franklin (Boston 17$^{greg.}$. 01. 1706 – Philadelphia 17. 04. 1790), amerikanischer Verleger, Wissenschaftler (Blitzableiter) und Politiker, Mitarbeiter an der

polnischen Exilanten knüpfen konnte. Insbesondere durch Bossut wird Carnot über dessen eigene Forschungen in diesen Jahren Anregungen für die Bedeutung technischer Experimente und auch einen Zugang zu Leibniz erhalten haben, auf den er später in seinen mathematischen Werken hinweist.

Während dieser Studienjahre, in deren thematischem Schwerpunkt die Mathematik steht, sowohl mit der Arithmetik als rationellem Zusammenhang alles Seienden als auch mit der Algebra als analytische Methode, erregt er die Aufmerksamkeit und das Interesse von d´Alembert, der eine wissenschaftliche Beziehung zu der Schule Longprés hatte. Es erscheint nicht abwegig festzustellen, dass Carnots spätere Arbeiten über Dynamik und Statik sowie über die Infinitesimalrechnung sich auf d´Alembert bezogen und von diesem beeinflusst waren. Hervorzuheben ist der mutige und selbstbewusste Versuch dieses erst achtzehnjährigen Schülers, eine "Systematische Ordnung der menschlichen Wissenschaften" zu entwickeln und vorzustellen und sich so mit Francis Bacon[58] und d´Alembert zu messen; im Übrigen mit einem Ansatz, den später nur noch Auguste Comte[59] mit seiner synoptischen Tafel verfolgen wird. Diese unter dem Oberbegriff der Philosophie stehende „*Idée d´un classement méthodique des sciences et des arts ou aperçu d´un tableau systematique des connaissances humaines*"[Idee einer methodischen Darstellung der Wissenschaften und der Künste oder Überblick einer systematischen Tabelle der menschlichen Kenntnisse] kann als eine radikale Vereinigung von wissenschaftlicher Erkenntnis und daraus folgender Umsetzung in handwerkliche Kunst gesehen werden (siehe Anlage 2.). Der Text dieses Versuchs einer Wissensstruktur wurde erst 1971 wieder aufgefunden

---

Unabhängigkeitserklärung, 1776 erster Botschafter in Frankreich bis 1786, 1783 Friedens- Unabhängigkeitsvertrag von Paris.
[58] Francis Bacon (London 22. 01. 1561 . 09. 04. 1626), englischer Staatsmann und Philosoph, Wegbereiter des Empirismus, erdachte ein philosophisches Wissensschema „de dignitate et augmentis scientiarum", welches d´Alembert für die Enzyklopädie weiterentwickelte und in seiner Einleitung für diese 1763 darstellte. Siehe hierzu: Jean LeRond d´Alembert, Einleitung zur Enzyklopädie, durchges. und mit einer Einleitung hrsg. von Günther Mensching, Hamburg 1997, ,5-6, 112- 113, 116.
[59] Auguste Comte (Montpellier 19. 01. 1798 – Paris 05. 09. 1857), Französischer Philosoph und Mathematiker, ging aus der „École Polytechnique" hervor.

und dann durch Charnay[60] und Dhombres[61] in der Carnotforschung berücksichtigt. Bemerkenswert in diesem Tableau ist der duale, ja binär mathematische Ansatz mit wissenschaftlicher Erkenntnis *(connaissance de la nature)* und deren praktische Umsetzung zum Nutzen und zur Freude des Menschen *(son usage ou application aux besoins et aux plaisirs des hommes)*, der sich damit von der reinen Philosophie löst auch im Vergleich zu d´Alembert, der die menschlichen Tätigkeiten auf drei Hauptgrundlagen des Geistes zurückführt: das Gedächtnis *(mémoire)*, die Vernunft *(raison)* und die Einbildungskraft *(imagination)*[62]. Während d´Alembert es mit der Frage nach dem Ursprung der Erkenntnis bei einer Zuordnung belässt, geht Carnot einen Schritt weiter und entwickelt die erforderlichen Wege zu der wissenschaftlichen Erkenntnis durch Empirie und Beobachtung, durch Diskurs und Analyse sowie durch Vergleich der Ergebnisse in Verbindung mit der Suche nach Kausalitätsbeziehungen durch Gesetzmäßigkeiten. Mit dieser didaktischen Methode reduziert er pragmatisch d`Alemberts Gedankengebäude und simplifiziert es gleichzeitig mit dem Ziel einer einfachen praktischen Anwendung. Auf dieser Grundlage entwickelt er ein sein weiteres Lebenswerk bestimmendes Grundthema – „le perfectionnement de l´homme" [Die Vervollkommnung des Menschen] – durch Erziehung, in dem auch die Sprache und die Sprachausbildung für die eigene Identitätsfindung eine herausragende Rolle spielen. Ergänzend treten körperliche Ertüchtigung und Moral hinzu. Hierbei ist es unerheblich, dass ein Thema wie die Erziehung aus der Idee der Aufklärung insbesondere durch Rousseau neu entwickelt wurde und u.a. durch Pestalozzi[63] auch ein Thema des damaligen Zeitgeistes geworden ist. Allerdings scheint die von Charnay[64] für Carnot herausgestellte Verbindung zu freiheitlichem (republikanischem) Denken und damit auch zu einem nationalen Bildungssystem

---

[60] Charnay, Lazare Carnot. Révolution et…, II. 496 - 497.
[61] Dhombres, a. a, O., 70 ff.
[62] D´Alembert, a. a. O., 112 -113.
[63] Johann Heinrich Pestalozzi (Zürich 12. 01. 1746 – Brugg 17. 02. 1827), Schweizer Pädagoge, Begründer einer auf Elementar- und Volksbildung beruhenden Reformpädagogik. 1792 französischer Ehrenbürger. Ähnlich ist auch Fichte mit seiner Hervorhebung der Sprache als Kulturträger zu sehen.
[64] Jean-Paul Charnay, Wissenschaft und Revolution bei Lazare Carnot in: Universität Magdeburg (Hrsg.), Wissenschaftliche Zeitung 34 (1990), Heft 3, 88 ff.

als Erziehung für alle in den Jahren um 1770 bis 1775 als verfrüht, auch wenn sich hier schon der für sein persönliches Verhalten wichtige grundlegende Zusammenhang von Erziehung, Moral und Politik abzeichnet. So erweitert Carnot, nicht zuletzt auch durch eine Beschäftigung mit der Theologie und damit auch der Religionskritik nach Watson[65], sein Weltbild ganz im Sinne der Aufklärung in einer individuellen Autonomie des Denkens, der Abkehr von Vorurteilen, der Suche nach Wahrheit als der Verbindung von der Struktur der Sachen mit dem menschlichem Interesse zum Ziel des Fortschritts. Gedanken, die sich teilweise, wenn auch mit anderem Ziel, später in Fichtes „Reden an die Deutsche Nation" ähnlich wiederfinden. Aber der christliche Grundgedanke bleibt erhalten, wenn Carnot selbst formuliert: *„Un peu de philosophie mène á l'athéisme; beaucoup de philosophie ramène á l'existence de la divinité - Etwas Philosophie führt zum Atheismus, viel Philosophie führt zurück zur Existenz des Göttlichen"*[66]. Ebenso lässt sich aus dieser geistigen Auseinandersetzung zumindest eine Abnegation gegenüber jedem Fanatismus ableiten, die mit einem ausgeprägten Willen zur Toleranz auch in Glaubensfragen verbunden ist und die

---

[65] S. J. Watson, Carnot, London 1954, 18-19. Die von Watson, Tissot und anderen hervorgehobene Beschäftigung mit Theologie in Ausschließlichkeit muss zurückgewiesen werden. Sie widerspricht einerseits dem Ausbildungsziel der Schule Longprés und kann andererseits nur ein Teil der übergreifenden philosophischen Auseinandersetzung sein. Trotz einer antikirchlichen Entwicklung hat sich Carnot einen eher dem aristotelischen Ansatz entlehnten Deismus im Verständnis eines „être suprême", jedoch ohne den Ansatz von Danton 1794 mit einer „Göttin der Vernunft", bewahrt. Diese grundsätzlich christlich orientierte und als solche auch bewahrte und durch philosophisches Studium bestärkte Gewissenshaltung als Transformation des Kinderglaubens in eine moralische Kraft (nach Hippolyte Carnot, a. a. O., I., 91, 500), so auch von Dhombres bewertet (Dhombres, Carnot, a.a. O., 84), kann mit einem Vers aus einem seiner zahlreichen späten Gedichte, in denen er seine Religiosität in Poesie umsetzt, (Carnot, Opuscules, a.a.O., 19) untermauert werden.
Aus : „Sonnet Sur Le Bonheur":
„*Ce présent du Très-Haut, cette céleste flamme,*
Ne peut se définir, ç`est la santé de l'âme
On n'en connaît le prix que quand on l'a perdu".
[« Sonnet über das Glück: Die Allgegenwart des Allerhöchsten, diese göttliche Flamme, lässt sich nicht beschreiben, sie ist die Gesundheit der Seele, man erkennt ihren Wert erst dann, wenn man sie verloren hat»].
[66] Hippolyte Carnot,, a. a. O., I., 503.

Carnots Leben begleiten wird und von der er selber sagt: "*La tolerance universelle est le seul dogme dont je fasse profession. J´abhore le fanatisme* – Die allgemeine Toleranz ist das einzige Dogma, zu dem ich mich bekenne. Ich verabscheue den Fanatismus"[67].

Insgesamt kann Carnots hier vorgestellte Systematik als eine Zusammenfassung, aber auch als eine Lösung von der mehr philosophischen Sicht gesehen werden, wenn Simplizität und Praktikabilität im Vordergrund stehen und die Fragen nach dem Ursprung der Erkenntnis oder nach Subjektivität und Objektivität gar nicht gestellt werden. Einen Schritt weiter geht Nicole Dhombres, wenn sie aus dieser systematischen Übersicht, sozusagen in einer Art vorgezogener Lebensbilanz, die wesentliche Merkmale in Carnots Denken überhaupt ableitet und unter dem Begriff des Enzyklopädisten zu folgender Zusammenführung gelangt: Theologie, Moral und Politik der Toleranz[68], welche mit folgendem Vers aus seinem Gedicht „*La Religion*"[69] gestützt werden kann:

„*L´espoir en un dieu juste est d´un peuple moral*
Le trésor le plus pur, le lien social,
La consolation et le frein salutaire".
[„Die Religion: Die Hoffnung auf einen gerechten Gott ist für ein moralisches Volk der makellose Schatz, das soziale Bindeglied, der Trost und die heilsame Zügelung"].

Auch wenn sich diese Geisteshaltungen tatsächlich später ausweisen, muss hierfür dennoch ein längerer Reifeprozess durch Lernen wie auch durch persönliche Erfahrung zu Grunde gelegt werden. Gleichzeitig bestätigt Carnot mit seinem Beispiel das Selbstbewusstsein und die wirtschaftlich-politisch orientierte Bedeutung des Bürgertums zu Ende des „Ancien Régime". Schließlich reiht sich schon der

---

[67] Zitiert nach Guy Barthélemy, Les Savants sous la Révolution, Le Mans 1988, 235.
[68] Nicole Dhombres, Lazare Carnot l´encyclopédiste: théologie, morale et politique de tolerance, in: Études littéraires: theories, analyses, débats, 32, 1-2/2000, Québec 2000, 211 – 220.
[69] Carnot, Opuscules, a. a. O., 35. Auch zahlreiche weitere Gedichte behandeln religiöse Themen.

junge Carnot in die vielgepriesene, über Frankreich hinausgehende und sich knapp über die Revolution rettende „société de gens de lettres"[70] ein, eine europäische Wissensgesellschaft, in der insbesondere Frankreich und Preußen eine sich gegenseitig befruchtende Beziehung bildeten[71], von der später auch Carnot selbst profitieren sollte.

Am 01. Januar 1771 wird Carnot mit dem Grad eines Unterleutnants als Dritter von zwölf Aspiranten unter neunzig Kandidaten an der „École royale du Génie" in Mézières aufgenommen. Er hat damit die erste und entscheidende Hürde erfolgreich genommen. Diese nach Ende des österreichischen Erbfolgekrieges 1748 gegründete Akademie für „Militäringenieure" sollte unter anderem dank Carnot die geistige Geburtsstätte der École Polytechnique werden. Auf der Grundlage der in Paris erworbenen mathematischen Kenntnisse liegt der Schwerpunkt der Lehre nunmehr in der Vertiefung der Naturwissenschaften allgemein, der Mechanik, vor allem aber dem topographischen Vermessungswesen, der Theorie des Festungsbaus im Erbe Vaubans[72], aber auch im Studium der klassischen Militärschriftsteller, beginnend mit Caesars „de bello gallico", selbstverständlich im Originaltext. Rein militärische Themen wie die Führung von Truppen auf taktischer oder operativer Ebene werden neben der Theorie durch simulierte „Kriegsspiele" gelehrt. Im Vergleich zu

---

[70] D´Alembert, a. a. O., 7., bezeichnet ein europaumfassendes Selbstverständnis von Literaten.
[71] Zu dieser europaweiten und auch die jungen USA (Franklin, Adams u.a.) einschließenden „Geistesbewegung" zählt nicht nur die Beziehung Voltaire – Friedrich II., sondern auch der enge wissenschaftliche Austausch und die geistige wie organisatorische Befruchtung unter den nationalen Akademien, insbesondere der Preußischen Akademie der Wissenschaften, wie die zahlreichen Doppelmitgliedschaften wie z.B. Diderot, Bossut aber auch d`Alembert selbst zeigen.
[72] Sébastien Le Prestre, Marquis de Vauban (Saint-Léger-de Foucheret [Burgund] 04. 05. 1633 – Paris 30. 03. 1707), Marschall und Festungsbaumeister [ca. 160 Festungsanlagen], „Ingénieur de France", Reorganisator des Geniewesens; sah Befestigungs- und Belagerungskunst - in beidem ein Meister - als mathematische Wissenschaft, fiel durch seine Steuer- und Sozialvorschläge in seiner Schrift über den „Dîme Royale" 1707 in Ungnade. Zahlreiche militärwissenschaftliche und gesellschaftskritische, wie die später und nur in Teilen veröffentlichten „Mes Oisivités", [„Gedanken aus meinem Müßiggang" in 12 Bänden, darunter Gedanken zur Religionsfreiheit, Kriegskosten, Kolonisierung Kanadas, Flussschiffahrt], Schriften, die eines Staatsmannes würdig sind.

Lehrplänen anderer europäischer Militärakademien[73] kann auch hier, analog zu den Geisteswissenschaften, von einer zumindest europäischen Internationalität der Kriegswissenschaften gesprochen werden. Soweit überhaupt Informationen vorliegen, zeigt sich Carnot als Einzelgänger – hier Napoleon ähnelnd – unter insgesamt dreißig Offiziersschülern, begründet in Ehrgeiz, ausgeprägter Studienbeflissenheit sowie mangelnder finanzieller Unterstützung aus dem Elternhaus; und so erlaubt er sich auch keine Eskapaden. Einen großen Anteil an dem „psychischen Überleben" in Mézières hatte sein burgundischer Landsmann und Lehrer und später väterlicher Freund, der Wissenschaftler Gaspard Monge[74], dem er trotz mancher sachlicher Differenzen, z.B. über dessen Leistung als Marineminister 1792/93, bis zu seinem Tod verbunden blieb, eines der zahlreichen Beispiele über die Pflege eines persönlichen Vertrauens und Zuneigung auch in kritischen Zeiten. Zu seinem Leidwesen schließt Carnot wiederum (nur!) als Dritter aus seinem Jahrgang ab. Die hier erhaltene Beurteilung von Bossut ist zwar gut, aber nicht überragend und zieht sich in der inhaltlichen Tendenz durch alle Beurteilungen bis 1788, so dass folgendes Beispiel genügen kann: *„Cet officier, qui a de l'esprit et des talents, s'est*

---

[73] Nicht ohne Grund versuchte Friedrich II., letztlich vergeblich, die Instruktionen an seine Generale geheim zu halten, wie das Deckblatt seiner „General-Principia vom Kriege" vom 23. Januar 1753 ausweist (Friedrich der Große, Militärische Schriften, erläutert und mit Anmerkungen versehen durch v. Taysen, Berlin 1882, VII. Als aussagefähige, zeitgleiche Beispiele für einen solchen Lehrplan können das „Reglement, die Studia und Exercitia derer Schaumburg-Lippe-Bückeburgischen Ingenieurs und Artilleristen betreffend" von 1770 sowie die „Notizen zur Arbeit an der Militärschule" von 1770 bis 1777 des Grafen Wilhelm gelten. Neben Mathematik sind Sprachen, die Lehren von Vauban, Guibert u.a., allgemeine wirtschaftliche Themen sowie militärische theoretische und praktische Übungen vorgesehen (Schaumburg-Lippe, Wilhelm, Graf von, Schriften und Briefe II, Militärische Schriften, hrsg. von Curd Ochwadt, Frankfurt/Main 1977, 78 ff. und 96 ff.). Die Grundideen von Simulation und „Kriegsspiel" gelten auch noch heute, wenn auch unter anderen technischen Voraussetzungen.
[74] Gaspard Monge (Beaune 09. 05. 1746 – Paris 28. 07. 1818), Mathematiker (Beschreibende Geometrie, Infinitesimalrechnung), seit Beginn Anhänger der Revolution, Mitbegründer und Lehrer – „professeur enthousiaste" - der „École Polytechnique", Wissenschaftler im Stab Napoleons in Italien (1796/7) und Ägypten (1798/9), dann Senator und während der Restauration seiner Ämter enthoben. Gillispie bezeichnet die Gruppe von Wissenschaftlern um Monge als „Monge-Connection", dabei dessen Rolle wohl überzeichnend.

acquitté avec zèle et exactitude des détails pour le service dont il a été chargé pendant les absences de son chef comme y étant présent; il désire de rester employé à Béthune. Il est de caractère très doux et ses moeurs sont honnêtes" [„Dieser Offizier, der Geist und Begabungen besitzt, hat sich mit Eifer und präziser Genauigkeit der Aufgabe entledigt, mit der er während der Abwesenheit seines Vorgesetzten betraut worden war und diese so ausgeführt, als wäre selbiger anwesend gewesen; er wünscht, in Béthune stationiert zu bleiben. Er besitzt ein sehr sanftmütiges Wesen und sein Verhalten ist rechtschaffen"]. *(M. de Rozières)*[75]. Ein Jahr später schreibt de Rozières im Zusammenhang mit der anschließend geschilderten „Affaire Bouillet": *„Comme d'ailleurs on ne sait qui s'est passé de sa part à Dijon, on ne parlera de ses moeurs et de son caractère que pour dire qu'à son aspect on ne le croirait pas capable de ce dont il a été accusé"*, was als eine frühe Bestätigung eines geraden und zuverlässigen Charakters gelten kann [„Im Übrigen weiß man nicht, was seinerseits in Dijon geschehen ist, man spricht jedoch über seine Lebensart und seinen Charakter immer nur so, dass man was ihn betrifft ihn dessen nicht für fähig hält, wessen er beschuldigt wurde"].

Mit der Beförderung zum Leutnant am 01. Januar 1773 tritt Carnot in das Königliche Corps de Génie ein, welches ca. 350 Offiziere umfasste, darunter 240 „ingénieures ordinaires" wie er selbst[76]. Jetzt beginnt die militärische Laufbahn, allerdings zuvor noch in einer Lernphase. Erstmalig begegnet er in Calais der Praxis von Festungsbau, von Festungsergänzung sowie von Verteidigungsvorbereitungen neben ersten Erfahrungen im Alltäglichen des Garnisonsdienstes. Nacheinander in den Festungsgarnisonen Calais, der „porte de la France" als eine der großen Bauten Vaubans, Cherbourg, der „auberge de la France", und Béthune, einer „forteresse deuxième ligne" [Festung zweiten Ranges], im vierjährigen Rhythmus eingesetzt, wird er am 14. Dezember 1783 zum Hauptmann befördert und ein Jahr später nach Arras, der „belle inutile" [der überflüssigen Schönen] versetzt. Die Karriere, aber auch das Garnisonsleben des bürgerlichen

---

[75] Charnay, Carnot. Savant, a. a., O., 632, Beurteilung aus dem Jahre 1788. Auch die von Charnay an anderer Stelle aufgelisteten Gratifikationen beweisen eine zwar gute, aber nicht herausragende Leistungen, Charnay, Carnot. Révolution et..., a.a. O.,I. 12.

[76] Watson, a. a. O., 20.

Offiziers ähnelt hier in starkem Masse den Erfahrungen, wie sie Gneisenau oder Clausewitz in Preußen machen mussten. Die Einseitigkeit, ja auch die Stumpfsinnigkeit eines sich stets wiederholenden Gamaschendienstes ließ sich nur durch persönliches, autodidaktisches und intensives Studium ertragen, was Carnot in den ersten Jahren benutzt, sowohl um Englisch zu erlernen als auch um seinen Bruder Carnot-Feulint auf dessen erfolgreiche Aufnahmeprüfung in Mézières vorzubereiten. Neben, aus diesem Studium resultierenden, ersten Forschungen und Schriften zur Mechanik tritt eine bisher verborgene und bald wieder durch Ernsthaftigkeit überlagerte Charaktereigenschaft hervor, die sich in zahlreichen Gedichten äußert – die ausgeprägte Geselligkeit und Lebensfreude eines „Bonvivant" in jugendlich-intellektuellem Enthusiasmus. Diese wird durch die Mitgliedschaft in der „Compagnie de la gaie science", der anakreontischen Gesellschaft der „Rosati"[77] nach 1780 in Arras noch gestärkt und drückt sich auch in zahlreichen amourösen Gedichten sowie Trink- und Spottliedern aus, die teilweise auch vertont wurden[78] und die der Liebe, der Rose und dem Wein huldigen. Folgendes Gedicht Carnots

---

[77] 1778 in Arras gegründete unpolitische adlig-bürgerlich gemischte Vereinigung [Gesellschaft der fidelen Wissenschaft] von jugendlichen Freunden der Geselligkeit (keine Loge), die sich allerdings am Vorabend der Revolution auflöste. Rosati als Anagramm von A.R.T.O.I.S. mit ursprünglich 9 (Anzahl der Musen) Mitgliedern. Nach http://societedesrosati.free.fr und Hippolyte Carnot, a.a.O., 98 f. In diesem Zusammenhang tritt in der Literatur zu Carnot erstmalig der Begriff „enthousiasme" auf, wenn man diesen für seine Studien selbst zurückhaltend betrachten kann. Zeitweilig waren zeitgleich in dieser Gruppe Robespierre, Fouché und Carnot. Der Grad und die Art der persönlichen Beziehung zu Robespierre werden in der Literatur unterschiedlich bewertet, zumindest scheint sich keine Freundschaft entwickelt zu haben. Zudem scheint Robespierre eine ambivalente (fachliche Bewunderung – persönlicher Hass und Neid) Haltung gegenüber Soldaten gehabt zu haben. Vgl. Hierzu René Reiss, Kellermann, Paris 2009, 249.
1797, kurz vor Ende des Direktoriums, begründet Carnot in Paris mit ehemaligen Mitgliedern die „Société des Belles Lettres", heute (2010) die „Rosati de France".
[78] Neben später übertragenen Melodien des seit 1756 in Frankreich angestellten italienischen Kapellmeisters Eustachio Bambini (1697-1770) sind es vor allem Vertonungen des Salonkomponisten und an der „École Polytechnique" gescheiterten Antoine-Joseph Romagnési (1781-1850). Nach Körte, a. a. O., 7, sind einige dieser Lieder im „Almanach des Muses" um 1787 in Paris gedruckt und auch von Carnot selbst vertont worden.

ist ein ausdrucksstarkes Beispiel für diese bukolische Lebenseinstellung:

„Chanson Bachique"[79]
„Mes amis, le vrai sage est celui qui boit bien; La joie est son partage, il ne désire rien:
Dans la machine ronde seul il voit tout en beau; Il n'a dans ce bas monde D'autre ennemi, que l'eau.
Franchise et bonhomie sont les enfants du vin; Des peines de la vie il délivre soudain:
Par son divin prestige il sait nous rendre heureux; La vérité m'afflige, en dessillant mes yeux.
A la meilleure tête préférons un bon coeur; Qu'est-il de plus honnête que l'ame d'un buveur? Jamais la noire envie n'y verse son poison; Mensonge et perfidie sont fruits de la raison".
[„Bacchantisches Lied. Meine Freunde, der wahre Weise ist derjenige, der gut trinkt. Die Freude ist sein Begleiter, er wünscht weiter nichts, Allein er sieht in der runden Maschine (der Welt) alles in Schönheit. In dieser niederen Welt gibt es nur einen Feind: Das Wasser. – Freimut und Gutmütigkeit sind die Kinder des Weins; er erlöst alsbald von den Plagen des Lebens: Durch seinen göttlichen Einfluss vermag er uns glücklich zu machen; Die Wahrheit bekümmert mich, indem sie mir die Augen öffnet. – Dem besten Kopf ziehen wir ein gutes Herz vor; und was ist schon ehrlicher als das Gemüt eines Zechers? Niemals verspritzt der schwarze Neid sein Gift in dieses, Lüge und Hinterlist sind Früchte des Verstandes"].

Carnot wird die Devise dieser Gesellschaft – „*man stirbt nicht, wenn man ROSATI ist"* – zugeschrieben, und deren Einfluss ging immerhin soweit, dass Carnot aus der Beschäftigung mit persischer

---

[79] Lazare Carnot, Opuscules, a. a. O., 324. Nach Dhombres sind weitere Lieder in dieser Ausgabe gestrichen oder zumindest „entschärft". Dhombres, Lazare Carnot, a.a. O., 647, Fußnote 28.

Dichtung und dem „König der Poesie" Sa[a]di[80] für sich festlegt, dass der Erstgeborene jeder Generation den Namen Sadi tragen soll und sich dies noch bei dem Enkel 1837 fortsetzt.

Das gesellige Umfeld und Carnots Aktivitäten in diesem zeigen aber auch, dass der Alltagsdienst in der Garnison so frustrierend dann doch nicht gewesen sein kann[81]. Diese Lebensfreude, mit der sich auch eine gewisse Mondänität verbindet, endet einigermaßen abrupt. Nicht nur der Tod seiner geliebten und verehrten Mutter am 13. Mai 1788 bewegt ihn, sondern vor allem die Nachricht, als er Ende Februar 1789 erfahren muss, dass die geplante Hochzeit mit Ursule (Nanette) de Bouillet aus einer adligen und mit den Carnots befreundeten Familie von dem Brautvater aus Standesdünkel heraus nicht mehr gebilligt wird. Erzürnt schickt Carnot dem nun vorgesehenen Bräutigam, ebenfalls Offizier, jedoch adlig, kompromittierende Briefe seiner ehemaligen Verlobten und gleichzeitigen Geliebten, womit auch diese Ehe nicht zu Stande kommt. Eine Klage der Familie Bouillet hierüber an den Kriegsminister, sowie eine Duellforderung, verbunden mit unerlaubter Abwesenheit führen zu einem Verfahren. Carnot wird durch einen der berüchtigten „lettre de cachet" [82] zu Arrest verurteilt und zieht vom 03. April bis 29. Mai 1789, unter allerdings leichten Haftbedingungen, in die Zitadelle von Bethune ein. Neben seinen frühen „Offenen Briefen" wird ihm diese Haft eine gewisse vorrevolutionäre Reputation verschaffen; nach Fink wird seine Freilassung in Béthune sogar mit einem Volksfest gefeiert[83]. Mit dieser sozial begründeten Zurückweisung vollzieht Carnot einen Trennungsschritt zu seinem bisherigen Leben und löst sich auch innerlich von dem herrschenden hierarchisch strukturierten System, zusätzlich gestützt auf

---

[80] Saadi (Schiraz um 1190 – 1283), Kurzname des volkstümlichen und noch heute verehrten persischen Dichters und Mystikers Moscharraf od-Din Abdullah, der über Frankreich ab 1643 in Europa bekannt wurde.
[81] Charles Coulston Gillispie, Science and Polity in France: The Revolutionary and Napoleonic Years, Princeton 2004, 105.
[82] Von Ludwig XIV. eingeführte schriftliche und versiegelte königliche Weisungen. Hieraus wurden bald Haftbefehle – teilweise willkürlich im nachgeordneten Bereich – für missliebige Personen ohne richterliches Urteil. Durch Dekret der Nationalversammlung am 16. März 1790 aufgehoben.
[83] K. Fink, Lazare-Nicolas-Marguerite Carnot. Sein Leben und seine Werke, Tübingen 1894, 7 f., wahrscheinlich entnommen bei H. Carnot, Mémoires, a.a . O., 152.

im Geniewesen herrschende freisinnige Grundsätze, wie sie diesem Taine attestiert[84]. Von nun bestimmen mathematisch-wissenschaftliche Forschung und militärische Professionalität, zu der bald politische Aktivität treten wird, sein Leben, obgleich er erste zu veröffentlichende Aufzeichnungen schon ab 1778 vorbereitet[85].

Unter dem klassischen Verfahren von Denkschriften (mémoire), welches man später als Charakteristikum kritisch-mitdenkender Offiziere auch in der preußischen Armee seit Gneisenau wiederfindet, beginnt Carnot, zunächst anonym, seine wissenschaftlichen Forschungen vorzulegen. Fast zeitgleich bewegt er sich auf drei unterschiedlichen Ebenen, der Mechanik, der Aerostatik und der Kriegswissenschaft. 1783 übergibt er der Akademie der Wissenschaften in Paris seinen 1779 begonnenen, dann verbesserten *„Essai sur les machines en général"*, den er 1803 als weiterentwickeltes Werk unter dem Titel *„Principes fondamentaux de l'équilibre et du mouvement"* [Grundprinzipien von Ruhe und Bewegung] veröffentlicht. Mit der Feststellung *„la machine à feu fournit un moteur très puissant et l'on peut aussi facilement appliquer ce principe à mouvoir des rames et des roues que des balanciers et des pistons"* [Die „Verbrennungsmaschine" versorgt einen äußerst leistungsstarken Motor und man kann dieses Prinzip auch leicht dafür anwenden, Ruder oder Räder anzutreiben ebenso wie Hebel oder Kolben] steht er theoretisch und unabhängig von James Watt[86] auf dessen Stufe. Gleichzeitig legt er mit diesen Studien die Grundlagen für das weitgehend später in Magdeburg verfasste und 1824 veröffentliche Hauptwerk seines Sohnes Sadi, die *„Réflexions sur la puissance motrice du feu"* [Gedanken über die bewegende Kraft des Feuers]. Die Verbindung von Wärmekraft und Mechanik wird ihn auch weiterhin beschäftigen

---

[84] Hippolyte Taine, Die Entstehung des modernen Frankreichs, Berlin – Frankfurt/M. 1954, 105 -106. Dieser der Revolution und ihren Grundlagen aus der Aufklärung, aber auch Napoleon sehr kritisch gegenüberstehende französische Kulturphilosoph und Historiker (1818 - 1893) wird im Zusammenhang einer näheren Betrachtung des „Enthusiasmus" noch zu Wort kommen. Carnot wird als eine der wenigen Persönlichkeiten der Revolution positiv bewertet.
[85] Charles Coulston Gillispie, Lazare Carnot Savant, Princeton 1971, 11.
[86] James Watt (19. 01. 1736 – Greenock 25. 08. 1819), schottischer Erfinder, verbessert die Dampfmaschine durch einen selbständigen Kondensator und ein paralleles Gestänge zum wirtschaftlichen Einsatz.

bis hin zu dem vergeblichen Versuch, die Technik von Fulton[87] für Unterseeboote - „*d´anéantir la marine des Anglais... sans être aperçus;....si l´invention se perfectionne, les nouveaux artistes seront les mineurs de la marine*" [um die englische Marine zu vernichten, ohne selbst bemerkt zu werden;...wenn diese Erfindung perfektioniert wird, werden die Minenleger der Marine die neuen Meisterkünstler sein] für die französische Marine nutzbar zu machen. Allerdings, so Gillispie, schien ihm für die technische Umsetzung von eigenen Theorien eine eigene praktische und innovative Fertigkeit vollkommen zu fehlen[88]. Angeregt durch die Erfolge der Brüder Mongolfier[89] übergibt er im Januar 1784 eine Studie über die Nutzung von gesteuerten und bemannten Luftballons, den „*Aerostats*", eine Idee, die von ihm während der Revolutionskriege erfolgreich wieder aufgenommen wird. Es folgt eine 1783 als Wettbewerb[90] der Akademie von Dijon zum 150. Geburtstags Vaubans ausgeschriebene und am 02. August 1784 in Anwesenheit des Prinzen von Condé[91] und des preußischen Prinzen Heinrich[92] persönlich vor-

---

[87] Robert Fulton (Lancaster 14. 11. 1765 – New York 24. 01. 1815), amerikanischer Erfinder des nutzbaren Dampfbootes und des ersten U-Bootes, der „Nautilus" 1800 dann 1805 in Brest getestet, aber durch Napoleon abgelehnt. Mit den Auszügen aus einem Brief vom 27 prairial an VIII (Juni 1800) an Napoleon regt Carnot, als Kriegsminister, die Weiterführung der Versuche an unter dem Hauptziel, England zu schaden. Zitiert nach Charnay, Lazare Carnot, a.a. O., II, 365.

[88] Gillispie, Lazare Carnot Savant, a. a. O., 12.

[89] Joseph (26. 08. 1740 – 26. 06. 1810) und Etienne (06. 01. 1742 – 02. 08. 1799) Mongolfier, entwickelten den gasgefüllten und Tiere wie Menschen tragenden Ballon – Mongolfière - (gefesselt oder frei) aus Papier. Erstfahrt vor dem König am 19. 09. 1783 in Versailles.

[90] Die Ausschreibung wissenschaftlicher Wettbewerbe durch die Akademien, auch und gerade auch über die Landesgrenzen hinaus, war allgemein üblich. Vgl. hierzu Gillespie, Lazare Carnot Savant, a. a. O., 11.

[91] Louis V. Prince de Condé (Paris 09. 08. 1736 – 13. 05. 1818), Führer der Emigrantenarmee nach 1789, Großvater des von Napoleon 1804 entführten und hingerichteten Herzogs von Enghien.

[92] Heinrich von Preußen (Berlin 18. 01. 1726 – Rheinsberg 03. 08. 1802, jüngerer – ungeliebter – Bruder Friedrich II., erfolgreich auf dem westlichen Kriegsschauplatz (1756 . 1763) als „*der einzige General, der im Verlauf des Krieges keine Fehler gemacht habe*" [Fr. II.]. Der frankophile Heinrich besuchte auf Einladung des Prinzen Condé, unter dem offiziösen Pseudonym Graf von Oels, Frankreich, das „Land seiner Seele", u. a. auch aus Interesse für den Festungsbau. Vgl. für die Reisen hierzu Christian Graf Krockow, Die preußischen Brüder. Prinz Heinrich und Friedrich der Große. Ein Doppelportrait, München ⁴ 2001, 167 f. und 171 f., sowie C. Easum,

getragene Arbeit, die *„Éloge de Vauban"*. Erst mit dieser Abhandlung, die ihm die ersten Preise für zwei Jahreswettbewerbe und die Wahl in die Akademie von Dijon erringen lässt, wird Carnot über den regionalen Umkreis hinaus bekannt. Prinz Heinrich gratuliert ihm schriftlich, nachdem ihm Carnot seinen Vortrag noch übersandt hat, mit dem Hinweis, dass er diesen Vortrag *„relirai avec autant de plaisir que j'en ai eu à l'entender prononcer à l'académie"* [ich werde diesen (den Vortrag) mit ebenso großem Vergnügen wieder lesen, wie ich es hatte, als ich diesen in der Akademie hörte] und drückt ihm als *„très-affectionné ami Henri"* seine besondere Wertschätzung (*estime*) aus[93]. Im Rahmen des Vortrags soll sich auch eine Offerte des Prinzen an Carnot ergeben haben, in preußische Dienste zu treten. Auch wenn diese von Hippolyte Carnot[94] und anderen geschilderte Anbahnung eines Fahnenwechsels nicht nachweisbar ist, galt ein solcher Wechsel des Dienstherrn im 19. Jahrhundert durchaus nicht als ehrenrührig. Andererseits bestärkt die Ablehnung eines möglicherweise auch nur fiktiven Angebots Carnots Bild als patriotischer Franzose. Da für die zweite Reise des Prinzen nach Frankreich, diesmal nur nach Paris und Nordfrankreich, von Herbst 1788 bis Frühjahr 1789 kein weiterer Kontakt mit Carnot bezeugt ist[95], scheint diese Offerte eher unwahrscheinlich. Wie immer die historische Realität tatsächlich aussehen mag, Carnot erhält sich seitdem eine besondere Affinität zu deutscher Poesie[96] und zu Preußen, die er erstmals mit der Beteiligung an einem Wettbewerb der Berliner Akademie der Wissenschaften für das Jahr 1786 zeigt, als er seine *„Dissertation sur la théorie de l'infini mathématique"* im Oktober 1785

Prinz Heinrich von Preussen. Bruder Friedrichs des Großen [1942], Göttingen u. a. 1958, 453 – 459, 485 – 492.

[93] Schreiben vom 10. 09. 1784 aus Paris, in: P.-F. Tissot, Mémoires Historiques et Miltaires sur Carnot, Paris 1824, 202.

[94] H. Carnot, a. a. O., 101/2. Auch Körte, a. a. O., 12 schildert 1820 diese Offerte, die dann von fast allen Biographen übernommen wird. Jedoch lässt sich bislang kein Beleg dafür auffinden.

[95] Nach Huntley Dupre, Lazare Carnot. Republican Patriot, Philadelphia 1975, 37 war Carnot durch den Kriegsminister, M. de Puységur, ausersehen, den Prinzen nach Nordfrankreich zu begleiten, doch war er gerade in Béthune eingesperrt („embastillé").

[96] In seinen Opuscules, a.a O. sind zahlreiche frei übersetzte oder an deutschen Dichtern orientierte Gedichte aufgenommen, wie insbesondere Schiller (Der Handschuh) Gellert, Goethe oder Gleim.

übersendet[97]. Auch wenn Carnot keinen Preis für seine Arbeit bekam, erregte sie mit ihrer Veröffentlichung ab 1797 in Frankreich und, bald übersetzt, fast in ganz Europa Aufmerksamkeit und wurde 1813 von Carnot nochmals überarbeitet. Auch Hegel hat sich mit dieser Arbeit beschäftigt und wertet in seiner „Wissenschaft der Logik" in Verbindung mit dem „*Gesetz der Stätigkeit*" folgendermaßen: „*Die Erläuterungen, welche Carnot über die Methode der unendlichen Größen giebt ,enthalten das Geläutertste und aufs Klarste exponirt, was in den oben genannten Vorstellungen* [über die Infinitesimalrechnung, der Verf.] *vorkam*"[98]. In seiner Arbeit sieht sich Carnot ganz in der Weiterführung und Nachfolge von Leibniz, auf den er eingangs ausdrücklich hinweist, und nicht in der von dessen geistigem Widerpart Newton, wenn er schreibt: „*Je ne puis cependant m'empêcher de dire que je suis intimement persuadé que c'est à Leibniz seul, qu'on doit cette brillante découverte*"[99]. [Indessen komme ich nicht umhin, festzustellen, dass ich uneingeschränkt überzeugt bin, das es allein Leibniz ist, dem man diese brillante Entdeckung zu verdanken hat]. Auch in dem heute wissenschaftlich überholten Werk „*Géometrie de Position*" von 1803 baut Carnot auf Grundgedanken von Leibniz zu einer „geometrischen Charakteristik" auf und begründet eine Richtung, die später als „analytische" Geometrie im 19. Jahrhundert Bedeutung gewinnt[100]. Im Zusammenhang mit diesen technisch bzw. mathematisch orientierten Forschungen und Veröffentlichungen, deren Betrachtung hiermit auch abgeschlossen wird, ist auf eine aus Sicht des Verfassers allerdings kritisch zu sehende Zuordnung hinzuweisen. So wird eine künstliche Übereinstimmung von Geisteshaltung und militärischem wie politischem Denken mit den Prinzipien „des Gleichgewichts" oder „der Verhinderung des Verlusts an Kraft" in

---

[97] Abgedruckt und kommentiert bei Gillispie, Lazare Carnot, a.a. O. 149 ff.
[98] Georg Friedrich Wilhelm Hegel, Sämtliche Werke. Jubiläumsausgabe in zwanzig Bänden, neu hrsg. Von Hermann Glockner, Vierter Band, Wissenschaft der Logik, Stuttgart[4] 1965, 326.,
[99] Zitiert aus Carnots in Berlin vorgelegtem Manuskript in Dhombres, Lazare Carnot, a. a. O., 637, Fußnote 14. Diese Sicht teilt auch Gillispie, Lazare Carnot, a. a. O., 141 f. Auch Fink, Carnot, a. a. O., 95 führt den wissenschaftlichen Bezug auf Leibniz an.
[100] Assis Neto, „Géometrie de position". Eine Studie zum Werk von Lazare Carnot (1753 – 1823), Bielefeld 1992, 17. Auch in diesem Werk weist Carnot im Vorwort auf Leibniz hin, Carnot, Lazare, Géometrie de Position, Paris 1803, a.

der Mechanik aufgestellt. Ausgangspunkt hierzu ist eine Würdigung Carnots an der Akademie in Paris, in der François Arago[101] am 21. August 1837 diese Beziehung besonders herausgestellt und mit dem Bild der Festung als eine Maschine untermauert. Auch wenn der Einfluss von Geometrie und Prinzipien der Mechanik auf das systematische Denken Carnots nicht von der Hand zu weisen ist, würde diese Sicht bedeuten, dass Carnot automatisch Gesetze der Mechanik auf die politische Gesellschaft überträgt und für diese anwendet[102]. Dem widersprechen vor allem seine Vorstellungen über Erziehung, Moral und Begeisterungsfähigkeit, die eben nicht gesetzmäßig umgesetzt werden können, worauf in der abschließenden Bewertung nochmals eingegangen wird.

Mit seinem Lob über Vauban erzielte Carnot mehr als nur einen Achtungserfolg, zog sich aber gleichzeitig nicht nur den Neid, sondern auch den Zorn des pioniertechnischen und allgemein militärischen Establishments zu. Der Hintergrund hierfür lag in einer Auseinandersetzung, die heute in ihren Abläufen nicht mehr genau nachvollzogen werden kann[103]. Möglicherweise war es eine Mischung aus Übermut, gestiegenem Selbstbewusstsein nach der „Eloge", der Verfolgung seiner auf Vernunft begründeten Grundsätze[104] oder auch aus dem weiteren Ziel, sich bei der geringen Karriereaussicht eines Bürgerlichen dennoch einen Namen zu machen, die ihn dazu bewegte, sich mit diesem Establishment anzulegen. Auslöser war ein „Offener Brief" des ebenfalls illusionslosen, jedoch älteren und dazu amtsadligen (noblesse de robe) Hauptmanns, Pierre Choderlos de Laclos[105],

---

[101] François Arago (Estagel 26. 02. 1786 – Paris 02. 10. 1853), Polytechnicien, Physiker und nach 1830 Politiker. In einem Korrespondentenbericht aus Paris wird diese Rede besonders erwähnt. Blätter für literarische Unterhaltung, Brockhaus, Heinrich (Hrsg.), Leipzig 1837, 2. Band, Nr. 255, vom 12. September 1837, 1065 – 1066.
[102] Der Verfasser folgt hier Gillispie, Lazare Carnot, a. a. O., 13, 59, der Aragos Sicht ablehnt. Diese Auseinandersetzung über den Einfluss der Mechanik auf Carnots politisches Handeln findet sich auch bei Carnot, H, a. a. O., I. 120, sowie bei Reinhard, Le Grand Carnot, a. a. O., 103.
[103] Gillespie, Lazare Carnot, a. a. O., 14.
[104] Schreiben an Montalembert am 01. 05. 1791, bei Charnay, Lazare Carnot, a. a., O., I, 410.
[105] Pierre Choderlos de Laclos (Amiens 18. 10. 1741 – Tarent, an Malaria 05. 09. 1803), Artillerieoffizier, der sich frühzeitig als Schriftsteller ausweist. Nach Verlas-

der 1782 durch sein Werk „Les Liaisons Dangereuses" berühmt wie skandalumwittert wurde. Unter dem Titel „*Lettre à MM. de l'Académie française sur l'Éloge de M. le Maréchal de Vauban*" machte er 1786 Stil wie Inhalt und damit den Autor der Eloge selbst lächerlich und stellte zudem mit der Aussage „*l`art de la guerre n'est pas moins celui de conserver que celui de detruire*"[106] [Die Kriegskunst ist nichts weniger als Erhaltung denn Zerstörung] einen ganz entscheidenden Gegensatz zu Carnot auf. In einem ebenfalls „Offenen Brief" antwortet Carnot, stellt darin als „*beau secret*" [schönes Geheimnis] fest, dass Kanonen und Festungen eben nicht von selbst wirken, und lässt bei der Diskussionsfrage über die Kosten von Festungsbauten subtil einfließen, dass „*toutes les fortifications du royaume ensemble n'ont pas coûté,..., autant que le seul château de Versailles*"[107] [Die Gesamtheit der Festungen des Königreiches hat nicht so viel gekostet, wie allein das Schloss von Versailles], damit auch eine politische Kritik äußernd. Ungefähr zeitgleich veröffentlichte der Marquis de Montalembert[108] einen Raubdruck der Eloge, der allerdings mit nicht nur kritischen, sondern auch beleidigenden Anmerkungen versehen war, weil er glaubte, der junge Ingenieurkapitän wollte seine, Montalemberts eigene über Vauban hinausgehenden Vorstellungen auf diesem Wege in Misskredit bringen. Auch hier antwortet Carnot öffentlich und drückt in aller gebotenen Höflichkeit nicht nur sein Erstaunen über unbegründete Aussagen, sondern versteckt auch über eine mangelnde Ehrenhaftigkeit (*l'honnêteté*) eines Generals aus, auch wenn er zugibt, die Werke Montalemberts nur ungenügend gekannt zu haben[109]. Später lobt er aber dessen System

---

sen der Armee 1788 übernimmt er während der Revolution unterschiedliche zivilmilitärische Aufgaben und entwickelt aus der Geschützkugel die Granate. Von Napoleon reaktiviert. Sowohl mit Laclos als auch mit Montalembert wird Carnot wenig später während der Revolutionskriege dennoch vertrauensvoll zusammenarbeiten.
[106] Dhombres, Lazare Carnot, a. a. O., 223.
[107] Charnay, Carnot. Révolution et.., a. a. O., I. 407.
[108] Montalembert, siehe Anmerkung 8.
[109] Abgedruckt bei Charnay, Carnot. Révolution et.., I., 408-409 und u.a. kommentiert bei Gillispie, Lazare Carnot, a. a. O., 15. Allgemein waren öffentlich ausgetragene, zum Teil auch heftige fachliche Auseinandersetzungen durchaus nichts Ungewöhnliches. Vgl. auch Reinhard, a. a. O. 112 ff. Über die Bedeutung und den Einfluss der „Öffentlichen Meinung" in der Vorbereitung und auf die Verbreitung

der Kasematten als *"cette fortification va prendre une nouvelle face et devenir un art nouveau"* [Dieser Festungsbau wird eine neue Gestalt annehmen und eine neue Kunst werden] und bindet u. a. damit den General in eine grundsätzliche Diskussion über die Bedeutung des Pionierkorps (Génie) ein. Die Sache erhielt jedoch eine zusätzliche Brisanz, als sich andere Pionieroffiziere einschalteten und der Nestor der französischen Kriegswissenschaften, Guibert[110], angegriffen wurde, woraus sich eine Grundsatzdiskussion um den defensiven Festungsbau und den offensiven beweglichen Einsatz des Feldheeres entspann. Der Kriegsminister, der Marschall de Ségur, untersagte zwar am 26. August 1787 eine weitere öffentliche Diskussion ohne vorherige offizielle Genehmigung, aber der offene Briefaustausch ließ sich nicht mehr ganz unterbinden. Als der Inspekteur des Geniekorps, Fourcroy, im Sinne Guiberts und damit gegen Vauban, eine Denkschrift über die zu große Anzahl von Festungen intern zirkulieren lässt, antwortet Carnot auch hier im August 1788 mit einer Denkschrift, dem *"Mémoire à présenter au conseil de la guerre au sujet des places fortes qui doivent être démolies ou abandonnées"*[d111] [Denkschrift zur Vorlage an den Kriegsrat über die Festungen, die geschleift oder aufgegeben werden müssen], welche jedoch erst 1789 veröffentlicht wurde. Ob eine dieser öffentlichen Auseinandersetzung folgende versteckte Verbindung zu dem oben erwähnten „lettre de cachet", also zu Carnots Inhaftierung, führte, ist hierbei nicht auszuschließen[112]. Dies scheint auch Carnot so zu sehen, denn in seinem Protestschreiben an die Nationalversammlung vom 28. September 1789 über die unerträgliche Situation des Geniekorps weist er ausdrücklich auf die Rankünen seiner Vorgesetz-

---

der Revolution siehe Raymonde Monnier, Républicanisme, Patriotisme et Révolution française, Paris 2005, 60 ff.

[110] Jacques Antoine Hippolyte de Guibert (Montauban 1743 – Paris 06. 05.1790), französischer General, stark vom preußischen System eines mobilen und zur Offensive fähigen Feldheeres inspirierter Militärschriftsteller. Auch er betrachtet den unselbständigen „kleinen Krieg" und stellt sogar Überlegungen zu einer Volksbewaffnung an. Sein Hauptwerk ist der "Essai général de tactique", London 1770.

[111] Der Conseil wurde erst 1788 auf Anregung von Guibert eingerichtet. Diese Denkschrift wird in Kapitel IV.1. genauer dargestellt und untersucht.

[112] Siehe den möglichen Zusammenhang im Text S. 18. Hierauf und auf die Auseinandersetzung insgesamt weisen besonders Dupre, Lazare Carnot, a. a. O., 33 ff. und H. Carnot, Mémoires, a. a. O., 146 ff. hin.

ten im Zusammenhang mit seiner „*Cassation*" hin. Ein anderer Grund für diese Protestschreiben lag in den Vorschlägen Guiberts, aus seinem Verständnis für den Vorrang des Feldheeres, den Umfang des Geniekorps an Aufgaben und Personal zu verringern[113]. Auch wenn er seinen Text mit "*le despotisme est abattu...mais le grand ouvrage de la liberté demeurerait imparfait*" [Der Despotismus ist zerschlagen, aber das große Werk der Freiheit wird noch unvollendet bleiben] einleitet, ist dieser mit der klassischen Anrede „*Messeigneurs*" noch kein Revolutionspapier, auch wenn einige Forderungen durchaus revolutionären Charakter haben. Damit passt es genau in den Übergang von den Lehrjahren zu einer aktiven politischen und militärischen Betätigung. Auch diese Denkschrift bezieht sich auf die Neuerungen von Montalembert[114], geht dann über in direkte Angriffe auf den Chef des Geniekorps, Fourcroy, als Verleumder („*détracteur*"), um mit der Klage über die Gefahr, eigene von diesem abweichende Meinungen zu haben, abzuschließen. Carnot fasst Reformvorstellungen einiger jüngerer Offiziere aus verschiedenen Festungsgarnisonen zusammen und stellt mehrere Forderungen auf, die in der Aufhebung des Despotismus auch für das Militär, insbesondere des Geniekorps, in der Öffnung eines derzeitigen „*fatal esprit de corps*" auch für andere Truppengattungen, in der Ablegung von Privilegien und – dies ist in der Tat mehr als eine Reform – in der Bildung eines frei gewählten und offenen „*comité militaire*" gipfeln. In diesem sollen freimütig, unparteiisch und außerhalb der Hierarchie neue Ideen vorgestellt und diskutiert werden können. Dieser patriotische Elan könne dann allgemein auch nur mit „*enthousiasme*" aufgenommen werden. Auch diese Vorstellungen der französischen „Jungtürken" bleiben vorerst ergebnislos, so

---

[113] Dhombres, Carnot, a. a. o., 275 f. "*Réclamation adressée à l'Assemblée nationale, contre le régime oppressif sous lequel est gouverné le Corps royal du Génie, en ce qu'il s'oppose aux progrès de l'art et au bien qu'il serait possible de faire*" [Beschwerde an die Nationalversammlung über das Zwangssystem unter welchem das königliche Geniekorps steht, dadurch dass sich dieses gegen den Fortschritt der Sache richtet und was dagegen zu tun möglich wäre], abgedruckt bei Charnay, Carnot. Révolution et... a. a. O., I. 423 – 430.

[114] In diesem Fall die eigene Verluste reduzierenden Festungsbatterien in gegen Geschosse geschützten Kasematten („*batteries de canon voutées à l'épreuve de la bombe*") als eine der glücklichsten Erfindungen. Carnot wird in seinen späteren Werken diese Idee weiterführen.

dass Carnot ein wenig resignierend am 01. Mai 1791 an Montalembert schreibt: *„Es ist leichter die Verfassung eines Königreiches von Grund auf zu reformieren, als den Sektengeist einer Handvoll von Individuen zu überwinden"*[d15].

Zwischenzeitlich wurde Carnot drei Jahre nach Robespierre in die Akademie der Wissenschaften von Arras aufgenommen, in der er am 25. Mai 1787 seine Antrittsrede über *„le Pouvoir de l'Habitude"* hielt, über ein philosophisches wie politisches Thema, welches in Kapitel IV. 2. genauer betrachtet wird. Sie kann als Beispiel für den Moralisten Carnot gelten, der den Soldaten Carnot inhärent begleitet hat.

Die ersten Jahre der Revolution verbringt Carnot erneut in Calais, dann Anfang 1791 in seiner neuen kleinen Garnison Aire, in denen er weder militärisch noch politisch[116] hervortritt außer mit einigen Denkschriften wie über die Finanzlage des Staates am 02. April 1790[117]. Persönlich eröffnet sich, über seinen Bruder Carnot-Feulint, der Kontakt zu dessen einflussreicher und vermögender schwiegerelterlichen Familie, den Du Pont de Lierdt aus dem naheliegenden Saint-Omer. Er verliebt sich in Sophie, die Schwester seiner Schwägerin Adelaide, als diese ihn nach einem Dienstunfall am Krankenbett pflegt, und am 17. Mai 1791 wird die Hochzeit kirchlich gefeiert. Auf Grund der regionalen politischen Aktivitäten seines Bruders und über die Mitgliedschaft der "Gesellschaft der Verfassungsfreunde" in Aire werden beide, Carnot selbst erst nach mehreren Wahlgängen, im September 1791 in die Nationalversammlung gewählt.

Hiermit enden seine Lehrjahre, was Carnot selbst mit seinem elegischen, in Inhalt und Poesie einen Verlaine vorwegnehmendem

---

[115] Carnot, H., Mémoires, a. a. O., 157.
[116] Siehe u.a. Körte, Carnot, a. a. O., 24. Körte schildert sogar einen gehegten Verdacht, dass sich Carnot mit den Emigranten nach Koblenz begeben habe.
[117] Dupre, Lazare Carnot, a. a. O., 34. Carnot schlägt u. a. vor, die Staatsschulden durch die Kirchengüter „ en nature" und nicht durch Verkauf auszugleichen, um die Enteignung des Klerus nach dem Gesetz vom 02. November 1789 im Sinne des Staates selbst zu nutzen. Mit diesem Verfahren könne die Währung wieder Vertrauen gewinnen und eine Rückgabe an den Klerus ausgeschlossen werden. Doch die Nationalversammlung votierte vom 14. bis 17. 04. zugunsten der Assignaten und nationalisierte das Kirchengut.

Gedicht „*Adieu à mon Printemps*" bestätigt[118], wenn leise melancholische Trauer den letzten Vers bestimmt:

„*O toi! Nature sage, / N'as – tu donc point, en formant ton ouvrage Pour le déclin de l'age, / Réservé de bonheur? Viens, amitié sensible, / Viens, de ton charme paisible, Remplir, s'il est possible, / Le vide de mon cœur».*
[Abschied von meiner Jugend: Oh du, weise Natur, hast du mir denn, dein Werk zum Lebensabend hin gestaltend, kein Glück aufgespart? Komm, empfindsame Freundschaft, komm, um mit deinem sanften Zauber, wenn es denn möglich ist, die Leere meines Herzens zu füllen].

2. Republikanischer Politiker und Soldat

„*Will man auch nur eine begrenzte Reform in Frankreich durchsetzen, ist man immer gezwungen, das ganze System anzugreifen... Reform kann nur als eine grundstürzende Revolution zustande gebracht werden*"[19].

Carnots Beginn als gewählter, aber „*mal préparé*"[20] Volksvertreter zeichnet sich weder durch allzu große Betriebsamkeit, noch durch mitreißende Reden oder gar besondere revolutionäre Ansätze aus; eher ist von einer Art Hinterbänkler-Dasein zu sprechen. Gleichwohl wird er in ihm zusagende Aufgabengebiete, das „Comité de l'instruction publique" und das „Comité diplomatique", gewählt, während sein Bruder Mitglied im „Comité militaire" wird. In ersterem, im Gesamtumfeld eher unbedeutenden Ausschuss entwickelt Carnot seine Ideen zur Volksbildung und zu den Schulstrukturen weiter, die er bald in Zusammenarbeit mit anderen umzusetzen versucht, wie beispielsweise sein Vorschlag vom 12. Januar 1793 für eine

---

[118] Carnot, Opuscules, a. a. O., 282. Ein Adieu an die „charmante ivresse, vivre tendresse" und an die „douces chimères" der Jugend.
[119] Michel Crozier 1963 in seinem Buch „*le Phénomène bureaucratique*", zitiert bei Willms, Johannes, Frankreich, München 2009, 164.
[120] Reinhard, Carnot, a. a .O., 90., Carnot war im Gegensatz zu Robespierre o.a. nicht durch eine juristische oder administrative Schulung gegangen.

„éducation nationale" als öffentliche Ausbildung[121]. Zeitlich vorgezogen kann hier als logische Konsequenz Carnots Mitbeteiligung an der Gründung der „École Centrale des Travaux publics" am 12. März 1794 durch seinen alten Lehrer Caspar Monge angeführt werden, aus der schon am 01. September 1795 die bis heute bestehende „École Polytechnique" wird[122]. Ebenso gehören seine Unterstützung der Einrichtung der „École Normale Supérieure" am 30. Oktober 1794, der Einführung eines dreistufigen Schulsystems und die Weisungen als Mitglied des Konvents und des Direktoriums[123] in diesen Erziehungsgedanken als Beweis auch einer kontinuierlichen und persönlichen Sorge um diesen Aspekt, einer Sorge, die ihn noch als Innenminister während der „100 Tage" mit seinen Vorschlägen umtreiben wird. Seine erste Rede über ein militärisches Thema ruft nicht mehr als Gemurmel und Gelächter hervor und sein Antrag wird abgelehnt. Nach einer bürgerkriegsähnlichen Situation in Perpignan, in der sich adlige Konterevolutionäre der Zitadelle bemächtigten, fordert Carnot

---

[121] Tissot, a. a. O., 210. Bericht über seine Mission bei der Pyrenäen-Armee. Es gibt, wie in den folgenden Kapiteln immer wieder herausgestellt wird, kaum eine Denkschrift Carnots, in der er nicht auf die Bedeutung von Erziehung und Ausbildung hinweist.

[122] Siehe im Detail bei Emmanuel Grison, Lazare Carnot, Fondateur de Polytechnique in: Charnay, Carnot- Savant, a. a. O., 168 – 183.

[123] Die Begriffe „éducation" und „enseignement" wurden in „instruction publique" geändert. Umstellung auf écoles primaires, écoles centrales mit verpflichtendem und – zeitweilig - kostenfreiem Schulbesuch, dazu écoles speciales und grandes écoles (Universitätsniveau) in unterschiedlicher Ausrichtung. Vgl. Bruno Benoit, Les grandes dates de la Révolution française, Paris 1989, 152 ff. Vgl. Claude Albert, Lazare Carnot: L´éducation civique et scientifique de la Nation in: Charnay, Carnot- Savant, a. a. O., 152 – 167.
Siehe hierzu auch Gillespie, Science and Polity in France: The Revolutionary and Napoleonic Years, Princeton – Oxford 2004, 56 f., 112, ff, 149. Gillespie erkennt die Bedeutung Carnots in Zusammenarbeit mit anderen, weist aber mit Recht auf die entscheidende philosophische wie praktische Vorarbeit Condorcets (17. 09. 1743 – Selbstmord im Gefängnis von Paris 29. 03. 1794) hin. Das Thema Erziehung ist mit Sicherheit eines der großen – bisher weitgehend unberücksichtigten – Themen der Französischen Revolution. Carnot hat sich dieses Themas bemächtigt und es zusätzlich auf den Bereich der Bildungsgerechtigkeit erweitert. Vgl. auch Thomas Hänseroth, Claus Mauersberger, Lazare Carnots Werk im Lichte der Herausbildung der Bau- und Maschinenmechanik in Frankreich in: Wissenschaftliche Zeitschrift der TU „Otto von Guericke" Magdeburg 33 (1989), Heft 2, 45 – 54.

am 03. Januar 1792 die Schleifung dieser Zitadelle und legt einige Tage später nach. Weitere fünfzig derartiger „*bastilles*" sollen abgebaut werden, da sie nicht mehr der ursprünglichen Verteidigungsidee Vaubans dienten, sondern als „*monstruosité dans un pays libre*" [Abscheulichkeit in einem freien Land] nur der Rückkehr der Tyrannen nutzten und die Freiheit der Bürger bedrohten. Carnot beendet diese Rede mit einer für ihn typischen Wendung: „*Je suis militaire, je parle peu, et je ne suis d`aucun parti* – ich bin Soldat, rede wenig und gehöre keiner Partei an"[124], in der ihn vor allem der letzte Teil gut charakterisiert, denn seine Partei ist und bleibt die französische Republik. Von seinen weiteren Reden[125] sind noch zwei mit militärischem Inhalt für diese Studie von besonderem Interesse.

Seine Rede über den Gehorsam vom 19. April 1792 folgt einer seit Frühjahr 1791 geführten Debatte über die Wiederherstellung der Disziplin in der Armee, welche durch die Affaire von Nancy, weiterem Ungehorsam und durch die Ermordung des Generals Dillon ausgelöst wurde[126]. Carnot wendet sich gegen ein neues Disziplinarrecht und differenziert den soldatischen Gehorsam. Den geforderten „passiven Gehorsam", der der Verfassung wiederspricht, lässt er nur als reinen Tapferkeitsgehorsam vor dem Feind gelten und propagiert einen generellen „durchdachten Gehorsam" (*obéissance raisonnée*), beispielsweise auch im Inneren bei einem Polizeieinsatz gegen einen freien Bürger. Dieser Gehorsam eines freien Soldaten nach Recht und Gesetz, nicht aus einem mechanischen oder sklavenhaften Ablauf

---

[124] Charnay, Carnot, a. a. O., I. 431 – 433.
[125] Z. B. Rede am 15. 05. 1792 mit dem Vorschlag, die Polizei auf Grund von Gerüchten über eine Konterrevolution zu verstärken.
[126] Meuterei mehrerer Regimenter im August 1790 in Nancy wegen Soldrückstandes und als ungerecht empfundener Strafen. Sie wurde durch den General und Marquis de Bouillé (1739 – London 1800), der später vergeblich die Flucht des Königs militärisch decken sollte und daraufhin zu den Emigranten floh, mit Waffengewalt niedergeschlagen – und noch durch die Nationalversammlung beglückwünscht. Siehe für den späteren Umschwung in einen „*massacreur des soldats*" bei Raymonde Monnier, a. a. O., 176 – 177. In Lille wurden am 29. 04. 1791 nach einer panikartigen Flucht der Truppe der General Dillon und weitere Offiziere von ihren eigenen Soldaten ermordet. In der Folge gelingt es Carnot trotz der aufgeheizten Stimmung in der Nationalversammlung für die Witwe und die Kinder Dillons eine Pension herauszuschlagen. Hierbei war ein Ziel, das Vertrauen in der Truppe auf soziale Sicherheit zu erhalten bzw. wieder herzustellen (Tissot, a. a. O., 26).

(Bild des Menschen als Maschine im Absolutismus), sondern aus Einsicht und Vernunft[127], läßt sich als eine frühe Forderung für einen Gehorsam aus dem Gewissen begreifen und trifft einen Kernbereich des Rechts[128]. Darüber hinaus wird auch auf diesem Weg die Bindung an den Herrscher mit der *„obéissance absolue"* durch den freien Gehorsam des „citoyen-soldat" gegenüber seinem Vaterland abgelöst. Dennoch *„sans discipline, en effet, point d´armée"*[29] [In der Tat, ohne Disziplin keine Armee], unter der neuen Voraussetzung, dass Vorgesetzte und Untergebene demselben Disziplinarrecht unterliegen und damit das erforderliche gegenseitige Vertrauen geschaffen werden kann. Sein Vorschlag erfährt auch außerhalb der Nationalversammlung großen öffentlichen Widerhall, wird jedoch abgelehnt.

Die Rede vom 25. Juli 1792 über den Gebrauch von Piken als Stoßwaffe und Zeichen des Angriffsgeistes mit der Forderung, die enthusiastischen Freiwilligen damit auszustatten, wurde vielfach belächelt. Immerhin haben noch Scharnhorst und Clausewitz[130] diese Idee aufgegriffen. Die – im Übrigen Carnot'sche [siehe auch IV. 1.][131] –

Seitdem verbindet sich mit dem Namen Carnot der Name „eines Mannes mit Herz"; so Dhombres, Carnot, a.a.O., 275.

[127] Peter Bor, Gespräche mit Halder, Wiesbaden 1950, 55. Es spricht für die Bedeutung dieser Rede, dass sie gerade von Generaloberst Halder angeführt wird, der dem Widerstand im III. Reich nahestand.

[128] K. Fink, Carnot. Sein Leben und seine Werke, Tübingen 1894, 10 – 11.

[129] Watson, Carnot, a. a. O., 48. Siehe hierzu auch Reinhard, Carnot a. a. O., I. 203 ff., H. Carnot, Mémoires, a. a. O., I. 215 f., oder Amson, Carnot, a. a. O., 64. Ironisch stellt Carnot in seiner Rede fest, dass eine befohlene Art der Frisur oder der Trageweise des Schnurrbartes für den Gefechtserfolg vollkommen unerheblich sei, Charnay, Carnot. Révolution et.., a. a. O., II. 101.

[130] Clausewitz fordert zur Ausstattung des Landsturms 1813 u. a. ausdrücklich Piken. Carl von Clausewitz, Verstreute kleine Schriften, zusammengestellt, bearbeitet und eingeleitet von Werner Hahlweg, Osnabrück 1979, 179.

[131] Hierzu auch die sog. Bajonettbefehle Carnots. Vom 09. 10. 1793 mit der Forderung nach 15 000 Bajonetten, um *"charger les ennemies à la française"*, Charnay, Carnot. Révolution et, a. a. O., II,. 136 und vom 02. 02. 1794: *„ Greift zum Bajonett, wo immer es möglich ist. Kämpft bis zum Äußersten…"*, zitiert nach Gunther Rothenberg, Die Napoleonischen Kriege, Berlin 2000. Taine, Die Entstehung des modernen Frankreichs, Berlin-Frankfurt/M. 1954, 143 spricht von mit Piken bewaffnetem Pöbel. Lynn bewertet in einer Kurzstudie diese Wiedererweckung der Blankwaffe durch Carnot als ein Teil seines Konzepts einer Volksbewaffnung „aktiver und freier" Bürger gegenüber einer auch despotisch einsetzbarer Berufsarmee. John A. Lynn,

Vorstellung des Gefechtserfolges durch den Einsatz des Soldaten mit der blanken Waffe lässt sich noch bis in den ersten Weltkrieg hinein mit seinen Bajonettstürmen und Grabenkämpfen verfolgen. Am 11. Juni 1809 schreibt Clausewitz an Fichte: „...*die Entscheidung nur durch ein enthusiastisches Vordringen zum Gefecht mit der blanken Waffe erhalten werden kann*"[132].

Mit Beginn der Diskussionen in der Nationalversammlung über den Umgang mit den „Émigrés" greift Carnot häufig in die Debatten ein, vor allem als sich diese Frage mit der Forderung nach einem „Krieg um die Freiheit" verbindet[133]. Aus seiner grundsätzlichen und auch emotionalen Ablehnung gegen die Emigranten, „*qui ont fait une guerre atroce à leur patrie*" [die einen grausamen Krieg gegen ihr Vaterland geführt haben], macht Carnot keinen Hehl[134], eine Haltung, die sich bis in sein „Mémoire au Roi" von 1814 hinzieht. Die ausgedehnten, oftmals heftigen Debatten in der Nationalversammlung enden mit dem Gesetz vom 08. November 1791, nach der Flucht des Königs, das Emigration generell als eine Verschwörung (*conspiration*) gegen die Nation festlegt. Carnots späteres Votum vom 17. Januar 1793 für den Tod des Königs folgt daher diesem Verständnis von Hochverrat und Staatsraison, wenn er dieses Votum, das ihn mit dem Beinahmen „régicide" von nun an bis zu seinem Tode – und darüber hinaus – verfolgen wird, mit folgender Erklärung begründet: „*Dans mon opinion la justice veut que Louis meure, et la politique le veut également –*

French Opinion and the Military Resurrection of the Pike, 1792- 1794 in: Military Affairs, 41. 1/1977, 1-7. Siehe auch: H. Carnot, Mémoires, a.a. O., I. 240 ff. Carnots weitgehend historisch begründeter Vorschlag wurde am 01. 08. 1792 duch die Legislative mit der Weisung zur Fabrikation von Piken angenommen.

[132] Clausewitz, Verstreute kleine Schriften, a. a. O., 163. Vgl. u. a. Amson, a. a. O., 67 ff., Mathiot, Pour Vaincre, a.a. O., 39.

[133] Siehe hierzu Dhombres, Carnot, a. a. O., 257 f., 262. Ein Auslöser für die Debatten war die Gründung einer Emigrantenarmee in Worms am 21. 02. 1791. Nach Benoit sind ca. 150 000 Franzosen [von 28 Millionen] emigriert. Benoit, a. a. O., 105.

[134] [die ihrem Vaterland einen grausamen Krieg aufgezwungen haben], H. Carnot, Mémoires, a. a. O., 194-197, Mathiot, a. a. O., 27. Carnot zeigt aber auch Toleranz, wenn er im Mai/Juni 1797 die Freilassung La Fayettes in Österreich (als Gefangenenaustausch) als Frage der „Honneur national" diplomatisch vorbereiten läßt, die Napoleon im Vorfrieden von Leoben auch erreicht. Charnay, Carnot. Révolution et.. a. a. O., I. 254 f.

meiner Meinung nach verlangt die Gerechtigkeit, dass Ludwig stirbt, und die Politik verlangt es ebenso". Er fügt dann aber auch hinzu „*jamais devoir ne pesa plus lourdement sur mon coeur* - noch nie hat die Pflicht so schwer mein Herz bedrückt" und fährt im Verständnis einer nicht persönlichen, sondern gemeinsamen Verurteilung an seine Kollegen gerichtet fort, als er diesen sagt, sie müssten den Tyrann mit dem Tod treffen, um ihre Hingabe an die Gesetze der Gleichheit unter Beweis zu stellen[135]. Wie in der Verfassung der jungen Republik festgelegt ist das Wohl des Volkes oberstes Gesetz, und die Rechte des Volkes stehen über dem Recht des Bürgers.

In diesen Zusammenhang ist die Frage nach dem Begriff „Feinde der Republik" zu stellen. Er war bewusst äußerst vage formuliert und wurde daher auch variabel und allgemein für alle „Feinde der Freiheit" genutzt und führte zu einem selbst von den Revolutionären so genanntem „Despotismus der Freiheit" und „Dogmatismus der Vernunft"[136]. Mit der Einrichtung des Revolutionstribunals am 10. März 1793 zur Aburteilung aller „Attentate" gegen die Freiheit oder auch gegen „Alles und Nichts" delegiert der Konvent diese unliebsa-

---

[135] Dhombres, Carnot, a. a. O., 316. Nach Hippolyte Carnot das einzige Votum der, das eine menschliche Rührung ausweist. Dreißig Jahre später wird er sein Votum nochmals rechtfertigen: *„ In jedem Land verurteilt man diejenigen, welche sich gegen den Staat verschwören. Lassen nicht auch die Fürsten (souverains) diejenigen töten, die sich gegen sie verschwören. Sollte das Volk, der wahre Souverän, nicht dasselbe Recht haben?".* Als weitere Begründung führt er noch das Manifest des Herzogs von Braunschweig vom 27. 08 1792 an. Carnot, Hippolyte, Mémoires, a. a. O., 296, 298. Siehe auch Anmerkung 17. Nach Carnots Selbstverständnis wäre der Begriff « Tyrannicide » eher angemessen und entspräche auch der europäischen antik-christlichen Rechtstradition über Augustinus, Eike von Repgow und Jean Bodin, wenn der Eidnehmer (der König) selbst seinen Teil des Eides nicht einhält, u.a. durch die Bittbriefe an seine königlichen Nachbarn um militärische Unterstützung vom 06. 10. 1790 oder 03. 12. 1790. Zwar gab es ein einheitliches Votum zu einer Verurteilung des Königs, für die Todesstrafe stimmten dagegen 361 gegen 360 (davon 26 für Strafaufschub). Die Hinrichtung des Königs, als „Citoyen Capet", erfolgte am 21. 01. 1793.
Es entbehrt nicht einer Pikanterie, dass Carnot noch am 17. 05. 1792 das „Croix de Saint-Louis" verliehen bekam (wenn auch nach dem Dienstalter), welches er am 30. 08. als Ehrung für die am 10. 08. (Sturm auf die Tuilerien) gestorbenen Bürger wieder ablegt.
[136] Pierre Gaxotte, Die Französische Revolution, a.a O., 274 – 275. Vgl. auch Raymonde Monnier, a.a. O., 330.

me Aufgabe. Zahlreiche Weisungen geben davon Ausdruck[137] und finden dann im Wohlfahrtsausschuss ihre Fortsetzung. Carnots Beteiligung und Mitverantwortung an diesem Terreur bleibt zwar weitgehend indirekt, war aber durch seine Unterschriftsleistungen (siehe IV. 4.) dennoch vorhanden, trotz zahlreicher Verwendungen für die Verteidigung und den Schutz von zumeist prominenten Bürgern[138]. Auch Thiers hebt seine Versuche zur Beschwichtigung, bisweilen zur Eindämmung des Terrors hervor, da Carnot immer gegen „*la tourbe* [Pöbel] *des révolutionnaires turbulents*" gewesen sei[139]. In diesen Kontext ist auch die mit äußerster Härte, ja Grausamkeit durchgeführte spätere „Befriedung" der Vendée durch einen tatsächlichen Bürgerkrieg einzuordnen. Ein Bürgerkrieg, der mit der Entscheidung des Wohlfahrtsausschusses vom 01. August 1793 – vor Carnots Wahl in diesen – zu einem Krieg der „verbrannten Erde" wurde. Augenscheinlich hat Carnot später, zumindest nach der Aktenlage bei Charavay, diesen Krieg nur als einen Nebenkriegsschauplatz betrachtet und seine Führung weitgehend dem grausamen General Turreau vom 27. November 1793 bis 13. Mai 1794 überlassen. Wie immer man diese auch innere Verweigerung einer Beschäftigung mit diesem Krieg bewerten mag, Carnot wird in der Literatur fast nie im Zusammenhang mit diesen Massakern erwähnt. Möglicherweise tragen hierzu sein Amnestiegesetz vom 02. Dezember 1794 und die spätere Berufung des vergleichsweise milden Hoche als Befehlshaber bei[140].

---

[137] Tulard, Histoire et dictionnaire, a. a. O., 1125. Insgesamt sollen – ohne die Vendée, Lyon oder Nantes – von März 1793 bis Juli 1794 mindestens 16 594 Personen dem Terror zum Opfer gefallen sein, davon allein in Paris 5 343. Benoit, a. a. O., 109 kommt auf 35 000 bis 40 000 Tote.
[138] Schulin, a. a. O., 216. Das Gesetz zum «Grande Terreur» vom 10. 06. 1794 trägt auf Grund des Drucks von Robespierre zur Einstimmigkeit auch Carnots Unterschrift. Moreau, a. a. O., 136 f.
[139] Adolphe Thiers, Révolution française, Brüssel[22] 1844, II. 368.
[140] Bonnal de Ganges, a. a. O., 119 ff. hebt Carnot mit dem Ziel « *de terminer l'horrible guerre de la Vendée*» hervor. Vgl. Auch Yves Gras, La répression de l'insurrection vendéenne In: Revue Historique des Armées. Armée et Révolution, SHAT (Hrsg.), Vincennes 1989, 64 – 76. Hier werden im Grundsatz nochmals die nun verspäteten Mittel des Absolutismus zur Aufstandsbekämpfung eingesetzt. Die Todeszahlen schwanken von 150 000 bis 600 000 für beide Seiten (Angaben von Hoche im Februar 1796 nach Ernst Schulin, Die Französische Revolution, München 1888, 217).

Am 31. Juli 1792 wird Carnot erstmalig als Kommissar bei der Truppe eingesetzt, bei der Reserve- und Freiwilligenarmee im Lager von Soissons. Seine Erlebnisse dort führen ihn zum Vorschlag der Umstrukturierung bzw. einer Auflösung der Nationalgarde[141] und der kurz vorher ja angeregten Ausstattung der Freiwilligen mit 300 000 Piken. Diese Aufgabe als Kommissar mit einer prokonsularischen *"puissance absolu et redoutable de la souverainité nationale - absoluten und furchterregenden Macht der nationalen Souveränität* "[142] oder als der « handelnde Konvent » wird Carnot noch bei drei weiteren Armeen ausüben und damit immer wieder mehrere Monate aus Paris abwesend sein[143]. Dies erschwert zwar seine Einordnung in die Ereignisse der Zeit, verringert damit aber auch seine politische Mitverantwortung. Am 06. September 1792 wird Carnot in Abwesenheit nach Robespierre als zweiter Abgeordneter seines Departements in den Konvent gewählt[144]. Nach dem Eintritt in das „Comité de la guerre" im Oktober 1792 wird Carnot im Januar 1793 Mitglied des „Comité de défense générale", eines Vorläufers des am 06. April eingerichteten späteren Wohlfahrtsausschusses, gewinnt damit zwar Einfluss, kann jedoch – noch – nicht allein entscheiden und muss darüber hinaus bestimmten politischen Vorgaben folgen. Die wichtigsten sind die gegen England gerichtete Proklamation zur Öffnung der Scheldemündung vom 16. November 1792, das Gesetz vom 19. November zur Gewährung brüderlicher Hilfe für alle Völker, die ihre Freiheit „wiedererlangen"

---

[141] Die Nationalgarde betrug Anfang 1793 ca. 116 000 Mann. Der auch hierin legalistisch denkende Carnot, als Mann der Ordnung, versuchte im Folgenden auf legalem Wege sich dieser zweiten staatlichen Streitkraft, die nicht unter dem Befehl der Nationalversammlung stand, durch Einordnung in das Feldheer zu entledigen. Dies ist strukturell erst nach dem 13 vendemaire (Napoleon) durch eine Verordnung vom 08. Oktober 1795 gelungen. Siehe u. a. Tulard, u. a., Histoire et dictionnaire de la Révolution française, a. a. O., 842.

[142] Reinhard, Carnot, a. a. O. I. 238, 242. Reinhard bewertet diese Aufgabe als Kommissar der Republik „ en mission" als die entscheidende Voraussetzung für Carnots spätere Aufgabe im Wohlfahrtsausschuss. Die Aufgabenfestlegung für diese "Représentants en mission de la Convention" erfolgt weitgehend durch Carnot selbst, Charnay, Carnot. Révolution et…, a. a. O., I. 91.

[143] Siehe Anlage I. und Text IV. 3. Ebenso Jules Michelet, Bilder aus der Französischen Revolution, München 1989, 275.

[144] Charnay, Carnot, Révolution et…, a. a. O., I. 92. Departement Pas-de-Calais, nach Robespierre als zweiter Abgeordneter mit 677 von 753 Stimmen..

wollen, welches am 15. Dezember mit dem Ruf „Krieg den Palästen! Frieden den Hütten!" erweitert wurde, sowie die anschließenden weiteren Kriegserklärungen gegen England selbst und Holland (01. Februar 1793) und schließlich Spanien (07. März). Hiermit ändert sich auch das Bild einer nur sich selbst verteidigenden Nation. Nach den tatsächlich weitgehend freiwilligen ersten Beitritten (Avignon, 11. Juni 1790) unter die Französische Souveränität folgen nach dem obigen Angebot zur Hilfe und einem Aufleben der Idee der „natürlichen Grenzen" auch die ersten Annexionen, die Carnot mit den naturgegebenen Interessen Frankreichs unter drei Voraussetzungen befürwortet: nationale Unabhängigkeit, Sicherheit nach Außen und Einheit im Inneren[145]. Am 14. Februar 1793 begründet Carnot diese Eroberungspolitik vor dem Konvent durch Vermehrung und Zusammenfassung aller nationalen Kräfte, um aus einer mächtigen Nation eine noch mächtigere („*plus puissante encore*") zu machen. Hierbei beruft er sich ausdrücklich auf die Vorstellungen von Anacharsis Cloots und gibt die Ideen einer sich auf sich selbst beschränkenden Staatsnation [Etat-Nation] und einer kosmopolitischen Freiheit auf[146]. Aus dem eher noch klassischen Verteidigungskrieg von 1792 wird durch die Mobilisierung und Anspannung aller Kräfte des ganzen Volkes ein

---

[145] Charnay, Carnot. Révolution et.., a.a. O.,I. 94. Etienne Charavay, Correspondance Générale de Carnot, Band I., Paris 1892,[I. 363 – 380, Redetext mit anhängendem Gesetzestext], I. 365, 367 aus Carnots Bericht vom 14. 02. 1793 über die „Réunion" von Monaco und weiteren Gebieten in der Rheinschiene. Ebenso Mathiot, Pour Vaincre, a. a. O., 64 und Bonnal de Ganges, a. a. O., XVII. Über den Zusammenhang von «natürlichen Grenzen», freiwilliger Beitritte und Annexionen wie Eroberung und deren Bestätigung durch Friedensschlüsse siehe eine Übersicht bei Jaques Godechot, L´influence de la guerre sur la Révolution in: Eberhard Schmitt, Rolf Reichardt (Hrsg.), Die Französische Revolution – zufälliges oder notwendiges Ereignis? Akten des internationalen Symposions an d. Univ. Bamberg vom 04. – 07. Juni 1979, Teil 2, München 1983, 16 – 18. Nach den Friedensschlüssen von Basel am 04. 04. mit Preußen und mit Spanien am 22. 07. 1795 überschreitet die Kriegsführung die „natürlichen Grenzen" und findet bis 1814 fast ausschließlich (ausgenommen der Vendée) jenseits dieser Grenzen statt.

[146] Florence Gauthier, Les Lumières et le droit naturel, Salamanca 2002, Absatz 56 ff.; http://seneca.uab.es/hmic, Zugriff vom 25. 07. 2015. Johann Baptist Hermann Maria Baron de Cloots, genannt Anacharsis Cloots (Kleve, 24. Juni 1755 - guillotiniert, Paris 24. März 1794). Unter dem Beinamen "Redner des Menschengeschlechts" Schriftsteller mit revolutionären Utopien und seit September 1792 Mitglied der Nationalversammlung.

Krieg der Ideen. Der neue, bisher national ausgerichtete Enthousiasmus, mit der „Marseillaise" sinnfällig ausgedrückt, verändert und erweitert sich hin zu einer missionarischen nach außen gerichteten Aufgabe. So wird es menschliche, revolutionäre wie nationale Pflicht, die humanen und politischen Werte und Ideale der Revolution auch den anderen Völkern, ggf auch mit Gewalt, zu bringen und diese vom Joch der absolutistischen Tyrannei zu befreien. Zwangsläufig steigt dadurch auch der Bedarf an Soldaten und führt zu dem Aushebungsgesetz für 300 000 Mann vom 24. Februar 1793. Auf Vorschlag Carnots werden am 09. März 1793 einundvierzig Kommissionen mit je zwei Deputierten ausgesendet, um diese Aushebung zu begründen, zu beschleunigen und zu überwachen, sowie um die Nation anzuspornen, *„pour stimuler la Nation"*[147].

Auf Grund seiner sachlichen wie erfolgreichen Arbeit als Kommissar bei den Armeen und im Komitee sowie dank seiner Berichte wächst Carnots Einfluss weiter, so dass er mit Prieur am 14. August 1794 in den Wohlfahrtsausschuss eintritt. Hiermit beginnt die fast alleinige Verantwortung Carnots für die Kriegführung (siehe Text IV. 3.).

Außerhalb der rein militärischen Entscheidungen muss ein folgenreiches Verfahren aus diesen Jahren angesprochen werden: Der Kunstraub. Dieser wird in der Literatur häufig allein Napoleon zugeschrieben[148] und begann mit dem Zwang zur Requisition durch die Truppen in den von ihnen besetzten Gebieten, wurde aber schon bald insbesondere in Brüssel durch Dumouriez und Danton zur persönlichen Bereicherung genutzt. Jedoch hat Carnot dieses vorerst rein militärische Vorgehen, welches oft in eine der Situation geschuldete ungezügelte Plünderung ausartete, mit seinem Befehl vom 11. Juni 1796, «*nourrir grassement la guerre par la guerre*» [den Krieg vollkommen

---

[147] Mathiot, a. a. O., 57. H. Carnot, Mémoires, a.a. O., I. 313, 322. Mit diesen Kommissionen taucht neben dem Begriff des Prokonsuls für die Kommissare bei den Armeen erstmalig der Begriff "Missionare der Revolution" auf.
[148] Vincent Cronin, Napoleon, Gütersloh o. J., 164 f. oder André Maurois, Napoleon, Reinbek 1966, 30. Siehe auch Bénédicte Savoy, Objekte der Begierde: Napoleon und der Europäische Kunst- und Gedächtnisraub in: Napoleon und Europa. Traum und Trauma, Bundeskunsthalle (Hrsg.), Ausstellungskatalog, München u. a. 2010, 261.

durch den Krieg nähren] in eine „geregelte" Requisition, dabei diese als eine „stets weise Bestimmung" bewertend, ausgeweitet[149] und mit seinen weiteren Weisungen zum Kunstraub auch noch legalisiert. Der erste Befehl hierzu vom 13. Juli 1794 an das Hauptquartier der „Sambre-et-Meuse"-Armee in Brüssel ist ein Zitat in fast voller Länge wert[150]:

« Hâtez-vous, chers colleges, de désarmer entièrement les pays où vous pénétrez et d'en extraire tout ce qui nous peut être utile.....Ne négligez pas les productions des beaux-arts, qui peuvent embellir cette ville de Paris, qu'à Bruxelles on voulait réduire en cendres, faites passer ici les superbes collections de tableaux dont ce pays abonde, ils se trouveront sans doute heureux d'en être quittes pour des images ».
[Beeilt Euch, liebe Kollegen, mit der vollständigen Entwaffnung der Länder, in die ihr eindringt und mit der Wegnahme von allem, was uns nützlich sein kann.....Vernachlässigt nicht die Schöpfungen der „Schönen Künste", die diese Stadt Paris verschönern können, Schöpfungen, welche man in Brüssel zu Asche verwandeln wollte, lasst die großartigen Gemäldesammlungen, die dieses Land im Überfluss hat, hierher schaffen, diese werden sich darüber glücklich schätzen].

Dann wechselt Carnot das Thema auf die Bevölkerung und schlägt einen anderen, versöhnlichen Ton mit der Weisung zur Schonung eben dieser Bevölkerung an: «Le peuple seul, qui partout est le même, partout ami de la liberté, doit être respecté dans ses mœurs, ses usages, et même ses bizarreries, effets de ses préjugés et de son ignorance».[Das Volk allein, welches überall das gleiche ist, überall Freund der Freiheit, muss mit seinen

---

[149] Charnay, Carnot, Révolution et..., a. a. O., II. 232, 234 – 235. Dieser Requisitionsbefehl ging an den Kommissar der Republik Scalietti bei der Italienarmee, nicht an Napoleon. Spätestens jedoch mit dem Dreißigjährigen Krieg hatte dieses „Leben aus dem Lande" eine längere Tradition. Vgl. Ute Planert, Die Kriege der Französischen Revolution und Napoleons, in Dietrich Beyrau u.a.(Hrsg.), Formen des Krieges. Von der Antike bis zur Gegenwart, Paderborn u.a. 2007, 159. Planert bezieht sich auf Moritz Ritter, Das Kontributionssystem Wallensteins, in: Historische Zeitschrift 90 (1903), 194 – 249.
[150] Charnay, Carnot. Révolution et..., a. a. o., II. 233. Weitere Weisungen über Requisitionen, deren Verfahren und Art wie Umfänge sind vom 18. 07. 1794, II. 326 ff.

Sitten, seinen Gewohnheiten und selbst mit seinen Absonderlichkeiten, als Folgen seiner Vorurteile oder seines Unwissens respektiert werden]. Es folgt später die Weisung, diesmal an Napoleon direkt, vom 17. Mai 1796 mit dem Auftrag, die bisher Italien begünstigende Herrschaft der Künste nun nach Frankreich zu verlagern, um „*affermir ou embellir celui* [la règne] *de la liberté* " [um – in Frankreich – die Herrschaft der Freiheit zu bestätigen wie zu verschönern]. Das neue Nationalmuseum soll aus den jetzigen und den kommenden Eroberungen mit den berühmtesten Kunstschätzen aller Art bestückt werden[151]. Hier deckt sich die Angst vor einem eher gefühltem als realen Niedergang bisheriger französischer kultureller Vormacht durch den deutschen „Sturm und Drang" mit dem neuen missionarischen Anspruch als revolutionärer Ausgangspunkt zumindest für Europa. In der schon angesprochenen Weisung an Scalietti geht Carnot ins Detail, wenn er gezielt den Apoll von Belvedere oder die Laokoon-Gruppe anfordert, sich dabei auch als antiker Kunstfreund ausweisend. Doch was Napoleon dort ausführte, war schon nichts Ungewöhnliches mehr, und historisch auch nichts grundsätzlich Neues. Das Museum des Louvre begann 1794 somit als Depot von geraubtem Kunstgut – dank Carnot.

Die politischen Ereignisse um und durch den Wohlfahrtsausschuss können übergangen werden. Die Jahre sind nach außen geprägt durch Terror und nach innen durch den steten dreifachen Gegensatz, persönlich, politisch und militärisch, zwischen der gemäßigten Gruppe um Carnot und Robespierre mit Saint Just auf der anderen Seite, Auseinandersetzungen, die mit dem Sturz Robespierres am 27. Juli (9 thermidor) 1794 beendet werden. Am 05. März hatte Carnot den Wohlfahrtsausschuss verlassen, sitzt nun wieder als Deputierter im Konvent und wird am 11. Mai mit der Versetzung als „sous-directeur des fortifications" nach Arras zum „Chef de Bataillon du Génie" befördert, was erst am 30 fructidor (16. September) im

---

[151] Ebda, 234. Vergl. die Plünderung Konstantinopels 1204 durch Venedig, 1527 den „Sacco di Roma" durch die Kaiserlichen bis zu dem gezielten Ausräumen deutscher Residenzstädte durch die Schweden im Dreißigjährigen Krieg. Yves Potin, Kunstbeute und Archivraub, in: Napoleon und Europa, Bundeskunsthalle (Hrsg.), Bonn 2010, 91 ff.

„l´an III de la République française, une et indivisible" im Namen des Konvents veröffentlicht wird [152].
Nach Annahme der Verfassung des Jahres III (22. August 1795) am 25. September 1795 löst sich der Konvent am 26. Oktober auf und geht, teilweise mit Neuwahlen, in die beiden gesetzgebenden Versammlungen des „Rates der Alten" und des „Rates der Fünfhundert" über, die ihrerseits das fünfköpfige Direktorium als Executive bestimmen. Am 05. November 1795 tritt Carnot aus dem Rat der Alten für den verzichtenden Sieyès in dieses neugebildete Direktorium ein. Auch hier wird er mit den Aufgaben der Armeeorganisation und der Kriegführung betraut.

Für den folgenden Zeitraum bleibt ein Ereignis mit ungeahnter Langzeitwirkung herauszustellen, die sogenannte „Verschwörung der Gleichen" (29. März – 10. Mai 1796, Prozess Frühjahr 1797). Dem kleinen Angestellten François [Gracchus] Babeuf[153] gelang es, seine Ideen von absoluter sozialer Gleichheit und dem damit verbundenen Verzicht auf Privateigentum (*les fruits de la terre sont à tous et la terre à personne – die Früchte der Erde gehören allen, das Land keinem*) mit Hilfe seiner Zeitung mit dem bezeichnenden Titel „Tribun du peuple" zu verbreiten und eine größere Anhängerschaft um sich zu scharen und zu mobilisieren. Die mögliche Gefahr eines Umsturzes von Unten ruft Carnot auf den Plan, in der realen Erkenntnis, dass Toleranz und die Ablehnung von Fanatismus wie von Anarchie aber gleichzeitig eine Unterwerfung unter die vorgegebene Legalität bedingen, um ein Chaos zu verhindern[154]. Zudem widersprechen Babeufs Ideen fundamental seinen eigenen Vorstellungen von einer durch Bildung diffe-

---

[152] Charavay, Correspondance, Band IV, Paris 1908, IV. 794 – 794. Rückwirkende Beförderung zum 21. März 1795 nach Dienstalter (!) mit dem vergleichbaren Dienstgrad Major/Oberstleutnant.
[153] François [Gracchus] Baboef (St.-Quentin 23. 11. 1760 – Vendôme 72. 5. 1797, hingerichtet, von Beginn an Anhänger der Revolution, aber mit seinen basisdemokratischen und radikal-sozialen Ideen stets im Konflikt mit den wechselnden Mehrheiten.
[154] In einem Brief vom 01. 07. 1795 an Mathieu Dumas (Mitglied der Alten) beschreibt Carnot das von ihm erwartete Chaos, wenn „das Blut der Republikaner unter die Messer von Anarchisten, Emigranten und Babouvisten fällt". Charnay, Carnot,. Révolution et…, a.a. O., I. 256 – 257.

renzierten Gesellschaft[155] und von der Bedeutung des Privateigentums für einen florierenden Staat[156]. Landesweit werden Babeuf und seine Anhänger verhaftet, allerdings nach längeren Prozessen nur er und ein Mitverschwörer zum Tode verurteilt[157]. Es folgt der möglicherweise durch Carnot provozierte Zusammenstoß im „Camp de Grenelle" am 09. September mit der Auflösung von Polizeieinheiten, wobei hier auch die Sicherheit der damals größten Munitionsfabrik Frankreichs gefährdet schien[158]. Mit dieser Verschwörung beginnt eine „Traditionslinie" der Furcht vor der „roten Gefahr" einerseits wie auch einer Revolutionsgeschichte und Märtyrerlegende der Linken andererseits[159].

Die innenpolitischen Ereignisse, die zu dem Staatsstreich[160] des „Jakobinischen Triumvirats" um Barras (18 fructidor an V /04. September 1797) führten, sind derart komplex, dass sie nur in einigen Bezügen zu Carnot angesprochen werden können[161]. Die Wahlen

---

[155] , François Furet; Denis Richet, Die Französische Revolution, München 1981, 434 ff. Beide Autoren bewerten Carnots Rolle ausgesprochen kritisch als „Ordnung durch Panikmache". Vgl. auch Amson, a. a. O. 185 f.

[156] Eine Weisung des Wohlfahrtsausschusses vom 20. 11. 1794 mit der Unterschrift Carnots stellt fest: „Rien n´étant plus sacré que la propriété"[Nichts ist so geheiligt wie das Eigentum]. In; Charnay, Carnot, Révolution et…, a. a. O., I., 240.

[157] Jean Tulard, u. a., Histoire et Dictionnaire de la Révolution française, Paris 1987, 553 f. Insgesamt wurden nach Furet (s. o.) 245 Haftbefehle ausgestellt. Vgl. auch u. a. Willy Andreas, Das Zeitalter Napoleons und die Erhebung der Völker, Heidelberg 1955, 159 ff.

[158] Am 05. Oktober beginnt in Vendôme ein Schauprozess; am 10. Oktober werden 32 Verschwörer hingerichtet. Ein direkter Einfluss Carnots auf den „Agent provocateur", einen Hauptmann Grisel (den ehemaligen Postmeister von Varennes), ist nicht bewiesen. Doch kam der Aufruhr der "Légion Policiaire" (7 000 Mann), die das Direktorium schützen sollte, auf Grund des Gerüchtes über eine Verlegung an die Front, Carnot sehr gelegen und ermöglichte ihm deren teilweise Auflösung.

[159] Henning Ritter, Verschwörung gegen die Wirklichkeit, FAZ vom 24. 05. 1997. Vgl. auch aus – linker Sicht – Claude Mazauric, Carnot und die Babouvisten, in: Wissenschaftliche Zeitschrift der TU „Otto von Guericke" Magdeburg 34 (1990), Heft 3, 113 – 121, insbesondere 113,116, 118. Vgl. auch Schulin, a. a. O., 243.

[160] Siehe auch Text bei IV. 5. 2. Triumvirat mit Paul-François Barras, Louis-Marie de la Révellière und Jean-François Reubell innerhalb des Direktoriums. (das 1. Triumvirat wurde nach dem Tod Mirabeaus am 02. 04. 1791innerhalb der Nationalversammlung , der „constituante", kurzzeitig von Antoine Barnave, Adrien Duport und Alexandre de Lameth gebildet.-

[161] Vgl. Charnay, Carnot. Révolution et.., I. 120 ff.

vom 04. April 1797 hatten zu einer in der Verfassung nicht vorgesehenen Selbstblockade zwischen dem „Conseil des Anciens", dem „Conseil des Cinq-Cents" und dem Direktorium geführt[162]. Obwohl Carnot vom 28. Mai bis 26. August 1797 noch Präsident des Direktoriums ist, scheinen ihm die daraus folgenden Bewegungen um ihn herum entweder entgangen oder in ihrer Bedeutung nicht bewusst geworden zu sein. Im Wesentlichen handelt es sich um ein Wiedererstarken royalistischer Tendenzen, durch die Wahl Barthélémys'[163] in das Direktorium deutlich gemacht; die Erregung um den Prozess gegen die Babouvisten; die Diskussion um das Verhältnis von Legislative zu Exekutive; die Auseinandersetzung um die Bekämpfung der letzten Jakobiner bei Stärkung der Gemäßigten, um die Religionsfrage und schließlich um die Diskussion über den Friedensschluss mit Österreich und das Überschreiten der natürlichen, geographischen Grenzen[164], z. B. hinsichtlich der Schweiz. In den letzten vier Punkten stand er, getreu seiner legalistischen und toleranten Grundhaltung auch in persönlicher Gegnerschaft zu Barras, Rewbell[165] und La Révellière-Lépeaux[166], seinen Mitdirektoren. Carnot ist daher auf den

---

[162] Jean Tulard, u. a., Histoire et dictionnaire de la Révolution Française, Paris 1987, 837. Der Rat der Alten, als Vorläufer des Senats, die zweite Kammer mit 250 Mitgliedern hatte das Recht, die von dem Rat der 500 beschlossenen Gesetze abzulehnen oder diesen zu zustimmen. Beide Institititonen wurden im September 1795 nach der Verfassung des Jahres III eingerichtet und am 10. 11. 1799 durch Napoeon aufgelöst.
[163] Balthazard François Barthélemy (1747 – 1830), Archäologe und Diplomat, zumeist als Geschäftsträger und Unterhändler (Basel 1795) während der Revolution, nach Wahl in das Direktorium als gemäßigter Politiker auf der Seite Carnots, nach dem 18 fructidor deportiert, unter Napoleon Tribun und Graf, unter Ludwig XIII. Fürst.
[164] Jean Tulard, Napoleon, Paris⁴ 1987, 304. Carnot hatte schon 1794 Robespierres Expansionspläne abgelehnt.
[165] Jean-François Rewbell, auch Reubell (Colmar 06. 10. 1742 – 23. 11. 1807), Advokat, Agitator und überzeugter Antiroyalist wie –Klerikaler, von 1789 bis 1799 in allen Gremien vertreten, wechselhafter Intrigant und als einer der ehemaligen Direktoren Mitglied des Triumvirats nach dem 18 fructidor. Nach 1799 als Gegner Napoleons keine öffentliche Funktion mehr.
[166] Louis-Marie de La Révellière-Lépeaux (Montaigu 24. 08. 1753 – Paris 27. 03. 1824), ebenfalls Oratorianer-Zögling, seit 1798 Deputierter, Gegner Robespierres, als Mitglied des Direktoriums Verfechter einer „Religion der Vernunft", nach dem Staatsstreich Napoleons 1799 keine weitere politische Funktion mehr.

Staatsstreich politisch kaum vorbereitet und lehnt die frühzeitige Aufforderung seines Bruders, Joseph, dass jeder Carnot einem der drei Direktoren eine Kugel in den Kopf jagen solle (*brûler la cervelle* [167]), ab. Diese eher passive Haltung mag aus einer falschen Lagebewertung und aus seinen republikanischen Prinzipien herrühren, selbst nicht zu illegalen, der Verfassung widersprechenden Mitteln greifen zu wollen, wie er es selbst in seiner „Réponse" (siehe IV. 3.) ausdrückt. Sie deckt sich aber auch mit einer von Hippolyte Carnot geschilderten Amtsmüdigkeit, wenn Carnot seine Aufgabe als erfüllt betrachtet, sich nach der Geburt seines ersten Sohnes Sadi (sic!) am 01. Juni 1796 zu seiner Familie auf das Land zurückziehen will und trotz der turbulenten Politik um ihn herum noch Gedichte verfassen kann, wie diese melancholischen Verse aus *„Retour à ma chaumière"* zeigen[168]:

„*Fuyez, tumultueux désirs / Calme mes sens, tendre verdure; Je ne voeux plus d'autres plaisirs / Que ceux de la simple nature"* oder *„La paix reviendra dans mon coeur / Avec vos chansons pastorals; Je retrouverai le Bonheur / Autour de vos tables frugales".*
[Rückkehr in meine ärmliche Hütte.
Weicht, tobende Wünsche, zartes Grün besänftige meine Sinne; Ich wünsche keine anderen Freuden mehr als die der einfachen Natur, – oder – Der Friede kehre in mein Herz zurück mit euren Hirtengesängen, so werde ich das Glück wiederfinden mit dem bäuerlichen Mahl].

Die innere Lage vor dem Fructidor verschärft sich, als Barras, verbotenerweise und ohne den für das Militär verantwortlichen Carnot zu informieren, Truppen in die Nähe von Paris zieht und deren Kommandeur Hoche – kurzzeitig, da noch unter dem Grenzalter von dreißig Jahren – zum Kriegsminister ernennt. Dessen erzwungener Rücktritt macht Napoleon den Weg frei. Dieser entsendet Augerau, seinen „Säbel", der mit den nun ihm unterstellten Truppen auf Weisung von Barras Paris umstellt. Unter diesem Schutz erklärt das neue „Triumvirat" die letzten Wahlen für ungültig, erhält durch das Ausscheiden von 177 Deputierten formal eine neue Mehrheit und kann

---

[167] Charnay, Carnot. Révolution et…, a. a. O., I. 125.
[168] H. Carnot, Mémoires, a. a. O., II. 98 f.

mit dieser nicht nur Carnot und Barthélemy aus dem Direktorium drängen, sondern zusätzlich weitere neunundsechzig Bürger der Deportation zuführen. Carnot gelingt es, im Gegensatz zu Barthélemy oder Pichegru, gerade noch der vorgesehenen Verhaftung, zum Teil auf abenteuerlichen Wegen, zu entfliehen. Als Bürger Jacob, später Jacquier[169], geht er in sein erstes Exil über Genf und Nyon, sodann Augsburg und, als die Nähe zur nun französischen Schweiz kritisch wird, schließlich 1799 nach Nürnberg. In Augsburg verfasst er seine „Réponse" und in Nürnberg widmet er sich wieder seinen mathematischen Studien und entwickelt dort das *„théorème de Carnot"* über die Relationen in der Dreiecksberechnung[170]. Getrennt von seiner geliebten Familie musste er auf Rat seines Schwiegervaters einer „politischen" Zivilscheidung noch am 17. Juli 1799 zustimmen, um den vollständigen Einzug seines Vermögens und eine mögliche Deportation seiner Familie nach Cayenne zu verhindern[171], nachdem durch die Überwachung deren Flucht nicht möglich war. Nach der dem Staatsstreich Napoleons vom 18 Brumaire folgenden Amnestie kehrt Carnot am 19. Januar 1800 nach Paris zurück und darf, nach allerdings heftigen Auseinandersetzungen, am 10. April (20 germinal) seinen Platz im „Institut" wieder einnehmen.

Nach dem kurzen und glücklosen fünfmonatigen Auftritt als Kriegsminister wird Carnot in das Tribunat[172] gewählt, in dem er sich dreimal gegen Napoleon ausspricht – auch hier wieder ganz der resolute Republikaner –, gegen die Stiftung der Ehrenlegion[173], gegen das

---

[169] Nach Dhombres, Carnot, a. a. O., 683, Anmerkung 40, nennt sich Carnot nach François Jacquier (1711-1788), der als Übersetzer der Werke von Newton bekannt wurde und der –ganz im Sinne von Carnots Selbstsicht – in der Lage war "auch die schwierigsten Dinge denen klarzulegen, die bislang darüber nur einen Anflug an Kenntnissen haben".
[170] Ebda., 480-481, 484 ff., 685 ff.
[171] Watson, a. a. O., 149 f.
[172] Ganz gezielt nicht in den auch politisch einflussreichen Senat, sondern in das nur ehrenvolle Tribunat.
[173] Stiftung der Ehrenlegion duch Napoleon im Februar 1802, nach politischer Diskussion am 19. 07. 1802 Annahme durch Senat und Tribunat. Konsequent lehnt Carnot die 1804 dennoch vorgeschlagene Verleihung an ihn selbst in einem Brief vom 18. Juli 1804 nicht ab, verweist aber darauf, dass er den mit dieser Verleihung verbundenen persönlichen Eid auf Napoleon nicht ablegen könne. Charnay, Carnot, Révolution et…, a. a. O., I. 304.

Konsulat auf Lebenszeit am 02. August 1802[174] und gegen die erbliche Kaiserwürde 1804 (siehe IV. 5.). Mit der Auflösung des Tribunats am 19. August 1807 verliert er auch diese letzte politische, wenn auch einflusslose Tätigkeit. Die dadurch erzwungene Muße nutzt Carnot für die Pflege des Familienlebens[175], die Arbeit im Institut und für seine mathematischen Studien. Als er nach einer Fehlinvestition in dem durch die Engländer gestörten Karibikhandel fast in den Ruin fällt, wendet er sich an den nunmehrigen Kriegsminister Clarke[176], der sich noch dankbar an Carnot erinnert. Es gelingt diesem tatsächlich 1809, Carnot eine jährliche Pension von 10 000 Francs (rückwirkend zum Oktober 1808) zu verschaffen. Zusätzlich beauftragt ihn Napoleon im gleichen Jahr mit einem Lehrwerk für die von ihm gegründete „École de Génie" in Metz (siehe IV. 3.). Im Schwerpunkt seines Interesses steht aber seine mathematische Arbeit mit Veröffentlichungen zwischen 1801 bis 1813 mit zuletzt seiner Überarbeitung der „Réflexions sur la métaphysique du calcul infinitésimal" aus dem Jahr 1797[177]. Der Tod seiner geliebten Frau am 04. Februar 1813 drängt ihn nur stärker in seine Studien. Nach dem kurzen und erfolgreichen Intermezzo als Gouverneur von Antwerpen von Februar bis Mai 1814 (siehe IV.1.) zieht sich Carnot wieder aus der Öffentlichkeit, der Politik sowie aus dem Militär zurück und schreibt sein *"Mémoire adressée au Roi"* (siehe IV. 4.).

Nach Tissot, Mémoires, a. a. O., 117 f., lehnt Carnot die Verleihung deshalb nicht ab, da er diese in seiner Funktion als Tribun erhält, und eine Ablehnung – wieder ganz legalistisch gedacht – eine offene Revolte sei, und er hier, anders als bei seinem Rücktritt vom Ministeramt aus freien Stücken und als Zeichen der Opposition hier ein *„exemple d'obéissance à toute loi - Beispiel für den Gehorsam gegenüber dem Gesetz"* geben müsse.

[174] In einer Volksabstimmung votierten ca. 3, 5 Millionen Bürger für Napoleon gegen 8.374 Neinstimmen.

[175] Nach der Geburt seines zweiten Sohnes Hippolyte 1801 Familienaufenthalte in Paris aber hauptsächlich in St-Omer.

[176] Henri Jacques Guillaume Clarke (Landrecies 17. 10. 165 – Neuwiller 28. 10. 1818), Offizier noch im Ancien Regime, 1793 Brigadegeneral, 1794 von Carnot vor dem Schafott gerettet und in dessen topographisches Büro versetzt, 1807 bis 1814 Kriegsminister, dann erneut unter Ludwig XVIII. und Pair, flieht mit diesem nach London.

[177] Eine detaillierte Zusammenstellung findet sich bei Dhombres, Carnot, a. a. O., 718 ff.

Auch ihn überrascht die Rückkehr Napoleons ebenso wie die darauf folgende Bitte, das Innenministerium zu übernehmen, eine Aufgabe, die Napoleon mit seinen üblichen weiteren „Auszeichnungen" würzt wie mit dem Grafentitel, einer dreimaligen Anhebung der Stufen der Ehrenlegion bis zum „grand officier" und noch am 2. Juni 1815 mit der Verleihung der Pair-Würde[178]. Von allen diesen Ehren, außer dem Grafentitel, wird Carnot auch später keinen Gebrauch machen. Seine Aufgaben und Handlungen in einem ungeliebten Amt lassen sich mit wenigen Bemerkungen zusammen fassen. Nach wie vor und wiederum fußen sie auf seinen schon bekannten Grundvorstellungen über eine freiheitliche Verfassung, Pressefreiheit und Erziehung des Volkes. Während Napoleon dessen demokratische Vorstellungen für eine Verfassung als zu weitgehende Zugeständnisse ablehnt und Benjamin Constant[179] mit der weiteren Erarbeitung betraut, wechselt Carnot eine Anzahl von Präfekten wegen der Verletzung der Pressefreiheit durch Briefzensur aus. Mit dem Satz, *„la pensée d´un citoyen français doit être libre comme sa personne même – das Denken eines französischen Bürgers muss frei sein, so wie seine Person selbst"* beendet er sein Schreiben vom 08. Mai[180]. In mehreren Denkschriften versucht er, Napoleon seine Vorstellungen nahe zu bringen, dabei vom 04. Mai unter dem bekannten Einstieg *„ La patrie est en danger"*, auf Grund von Unzufriedenheit in der Bevölkerung, den Gebrauch der Benennungen „*sujet"* und „*Monseigneur"* per Dekret zu untersagen und die Pressefreiheit gesetzlich festzuschreiben[181]. Seine Ideen für ein neues Schulsystem, wenn auch unter Napoleon nicht mehr durchgesetzt, sind nach Tissot das Bedeutendste überhaupt, was Carnot entwickelt hat. In einem Bericht vom 27. April schlägt er Napoleon für die zwei Millionen Kinder, die eine „éducation primaire" beanspruchen, eine auch

---

[178] Jeweils am 20. April, 10.und 15. Mai 1815 eine Erhebung. Carnot führt weiterhin nur die erste Stufe des „chevalier". Amson, Carnot, a. a. O., 309.
[179] Benjamin Constant (Lausanne 25. 10. 1767 – Paris 08. 12. 1830), Staatstheoretiker und Politiker. Nach durch Affären belastetem Beginn am Hofe von Braunschweig Begleiter Mme. de Staëls. Verfechter einer konstitutionellen Monarchie. Auszüge von Carnots Vorschlägen finden sich bei Tissot, a. a. O., 332 ff.
[180] Tissot, a. a. O., 349-350.Unter anderem Vorzeichen bezeichnet Talleyrand das Zensurgesetz von 1826 als *„unfranzösisch, denn es ist albern"*; zitiert nach Duff Cooper, Talleyrand, München 1962, 276.
[181] Tissot, a. a. O., 336 - 337.

noch heute diskutable Ausbildungsstruktur vor, die gegenseitige Erziehung (*enseignement mutuel*)[182] – und fügt den Entwurf für ein entsprechendes Gesetz gleich bei. Unter der grundlegenden Erziehung, Ausbildung und Kontrolle durch die zwangsläufig immer geringe Anzahl an Lehrern sollen die Schüler dazu angehalten werden, sich auch gegenseitig zu erziehen und als Moniteure auszubilden, um gleichzeitig die Moral und die Bildung zu formen. Aus wenig viel zu machen, ist das finanzielle Haushaltsziel; die Heranbildung von Menschen aus weniger begüterten Kreisen zu guten Bürgern das menschliche oder soziale Ziel.

Noch vor der Schlacht von Waterloo am 18. Juni 1815 schlägt Carnot als letzte Möglichkeit für erfolgreiche Friedensverhandlungen eine Neuauflage der republikanischen „Levée en masse" vor, aber diese wird von Napoleon wegen ihrer revolutionären Grundlage nicht gewollt[183]. In der Erkenntnis, dass der Nimbus, nicht der Mythos, Napoleons mit dieser Niederlage endgültig vorbei ist und mit dem Ziel, einen Bürgerkrieg zu vermeiden, rät auch er nach anfänglichem Widerstand zur Abdankung und verliest selbst den Text der Urkunde vom 22. Juni 1815. Hellsichtig erkannte Carnot, dass sich die legalistisch ausgerichtete Allianz mehr gegen den Usurpator Napoleon richtete als gegen Frankreich selbst. Daher musste Napoleon nunmehr endgültig abdanken, um Frankreich zu retten. Carnots letzte bedeutende politische wie militärische Entscheidung ist die Verhinderung der Verteidigung von Paris und damit dessen Rettung durch ein Kapitulationsabkommen vom 01. Juli, gegen den Rat der Marschälle des Kaiserreiches, wobei Carnot zusätzlich der neuen Regierung – als Trumpf – südlich der Loire eine intakte Armee erhalten kann. *„Conserver Paris n´est pas seulement un devoir français, c´est un devoir européen, c´est*

---

[182] Rapport à l´empéreur sur le projet de décret relatif à l´enseignement mutuel – Bericht an den Kaiser über das Projekt einer Verordnung über die gegenseitige Unterrichtung, in Charnay, Carnot. Révolution et.. a. a. O., II. 412-414. Carnot beruft sich u. a. auf die Lehren Lykurgs; Tissot, a. a. O., 43, 174.

[183] Franz Herre, Napoleon, München 2006, 287. Am 31. März hatte Carnot noch – außerhalb seiner Amtskompetenz - gefordert, 107 neue Festungsbataillone aufzustellen, um bewährte Soldaten für die Feldtruppen zu generieren, auch hier seinen alten Ideen folgend. Jean-René Suratteau, Neubewertung der militärischen Bedeutung Lazare Carnots in: Wissenschaftliche Zeitschrift der Universität Magdeburg, Heft 3, a. a. O., 111.

un devoir humain - Paris zu erhalten, ist nicht nur eine französische Pflicht, es ist eine europäische, ja es ist eine Pflicht der Menschheit", schreibt Hippolyte Carnot später und Carnot selbst wird mit ungewohnter Verve dies in seiner „Conduite" vom 12. September darstellen und begründen[184]. Eine Aufforderung, sich auch den Bourbonen zur Verfügung zu stellen, lehnt Carnot mit der Begründung ab, dass er zwar immer *„le salut de la patrie"*, das Wohl des Vaterlandes, als Grundprinzip vor Augen habe und daher auch Napoleon gegenüber seinen Widerwillen (*répugnance*) überwunden habe, ein neuerliches Angebot jedoch, nun an den König, würde allen seinen Anstand verletzen (*blesser toutes les convenances*)[185].

3. Exil in Magdeburg

„*Das Liebste, was ich gesehen, ist General Carnot, ein liebenswürdiger Alter und Franzose; es ist der berühmte; – er hat es freundlich aufgenommen, dass ich ihn aufgesucht…*"[186].

Die Voraussetzungen des nun folgenden zweiten Exils finden sich in dem Bruch des in Art. XII. des am 03. Juli 1815 in Saint-Cloud geschlossenen Abkommens[187]. Die auch öffentlich versprochene und dort festgelegte Amnestie wurde mit der Proskriptionsweisung vom 24. Juli aufgehoben, und der zuerst geduldete, dann sogar gebilligte „*Terreur Blanche*"[188] musste auch Carnot beunruhigen. Als Carnot sich

---

[184] Tissot, a. a. O., 183, H. Carnot, Mémoires, a. a. O., II. 532 f. und 535. Siehe auch Lazare Carnot, Conduite, a. a. O., 39 ff., sowie im Text bei IV. 4. Das Abkommen erzeugt Unruhe bei der Truppe und Carnot muss diese am 04. Juli persönlich vom Sinn seiner Entscheidung überzeugen.
[185] Tissot, a. a. O., 364 – 365. Carnots schriftliche Antwort auf einen Brief eines – ungenannten – Franzosen vom 13. Juli 1815.
[186] Hegel an seine Frau am 15. 09. 1822. Zitiert nach Gerhard Fleischer, Hegel – Carnot und die Französische Revolution, in: Magdeburg, Rat der Stadt (Hrsg.), Carnot-Ehrung der DDR, Magdeburg 1990, 60. Originaltext danach in Hegel, Briefe von und an Hegel, Berlin 1970, II. 340. Auf einer Reise nach Brüssel im September 1822 machte Hegel seine erste Station für zwei Tage in Magdeburg und besuchte Carnot. Seine Darstellung ist ein Zeichen eher menschlicher als wissenschaftlicher Achtung.
[187] Blücher, Wellington und die provisorische Regierung legten u. a. eine generelle Amnestie fest. Klitscher, Ney, a. a. O., 302.
[188] Siehe Anmerkung 17.

zur ständigen Überwachung am 06. Oktober nach Blois begeben soll, taucht er mit einem russischen Pass auf den Namen Rosan unter[189], flieht sodann mit seinem Sohn Hippolyte und dem alten Familienfaktotum, Joséphine Briois, und erreicht am 20. Oktober Brüssel. Das Letzte, was Carnot in Frankreich vor Überschreiten der Grenze sieht, ist das Schlachtfeld von Wattignies, wo er 1793, zwanzig Jahre vorher fast auf den Tag genau, die Republik gerettet hat[190]. Vorbei an den Grabmalen von Hoche und Marceau bei Koblenz geht es inkognito über München, Wien und Krakau nach Warschau, wo die Carnots, hier wieder unter ihrem Namen, am 06. Januar 1816 eintreffen. Hippolyte Carnot schildert mit Emotion den besonders herzlichen Empfang durch die franzosenfreundliche, freiheitlichen Ideen anhängende und patriotisch fühlende polnische Oberschicht[191], aus deren Kreis Carnot viele alte Freundschaften auffrischen kann. Daher ist es nicht verwunderlich, dass er mehrere großzügige Angebote über eine finanzielle Unterstützung erhält[192], welche er jedoch nicht annimmt.

---

[189] Tissot, Mémoires sur Carnot, Paris 1824, 188. Nach Tissot hat er diesen Pass von der russischen Besatzungsmacht erhalten. Siehe auch Reinhard, Carnot, a. a. O., 642 ff. Die von Gießmann gezogene Verbindung des Namens „Rosan" mit der Vereinigung der „Rosati" erscheint auch im Zusammenhang mit der Gefahr dieser Flucht zu gekünstelt. Gießmann, Lazare Carnots Weg nach Preußen oder: Ein Exilant in der beginnenden Krise der Regierung Hardenberg 1815/16 in: Jahrbuch für Geschichte (34), Berlin (Ost) 1987, 15.

[190] H. Carnot, Mémoires.., a. a. O., II. 569. Die Quellenlage für den gesamten Zeitraum ist äußerst dürftig, der Forscher muss sich weitgehend auf die Darstellung von Hippolyte Carnot verlassen. Teile der Aussagen werden durch Zitate aus abgefangenen Briefen im Nachlass Wittgenstein bestätigt.
Dagegen ist Gießmanns o.a. Studie mit der Auswertung von Archiven in Frankreich, Berlin (West), Magdeburg und Merseburg nicht nur sachlich fundiert, sondern in ihrer Detailtiefe bisher die einzige Untersuchung über Carnots Flucht und Exil, die einen solchen Namen verdient. Der Verfasser hat die Darstellung u. a. durch Einsicht in einige dieser Dokumente in Berlin und Magdeburg bestätigt gefunden, so dass eine Berufung auf Giessmann vertretbar ist. Einige Schlussfolgerungen Gießmanns dagegen aus diesen Dokumenten jedoch nicht nachvollziehbar und werden als solche gekennzeichnet.

[191] H. Carnot, Mémoires, a. a. O., II. 576 f.

[192] Ebda., 583 f. Diese Angebote finden sich auch in den Wittgensteinberichten aus abgefangenen Briefen Carnots im Geheimen Staatsarchiv Preuß. Kulturbesitz wieder. Diese wenigen erhaltenen Dokumente lassen darüber hinaus zumindest einige Aufschlüsse zu über den Weg und die Verfahren zu der Entscheidung für Magdeburg, wie sie auch exemplarisch die Überwachungsmethoden zeigen. Dazu geben

Die Idee einer möglichen Rückkehr nach Frankreich musste aufgegeben werden, nachdem ein Zusatz zum Proskriptionsgesetz zwar eine Amnestie versprach, diese aber bestimmte Mitglieder des Konvents, die wie Carnot gleichzeitig politische wie richterliche Ämter innegehabt hatten und während der „100 Tage" Aufgaben übernommen hatten, ausnahm und sogar zum lebenslangen Exil verurteilte[193]. Sein Bruder Carnot-Feulint wird dagegen in Paris nach kurzer Haft nur unter Beobachtung gestellt. Fast gleichzeitig (21. März 1816) wird er selbst, nun zum zweiten Mal und endgültig, aus dem Institut ausgeschlossen.

Im Warschau des Kongresspolens verändern sich die Dinge zu Ungunsten Carnots. Zum Einen durch die Verringerung seiner Ersparnisse, zum andern durch eine kritischer werdende Einstellung des Zarewitsch und Generals Konstantin, des Bruders von Zar Alexander. Dieser war zwar in Warschau nur als Militärgouverneur eingesetzt, regierte aber mit realer prokonsularischer und bedrückender *(proconsulat oppresseur)* Macht. Daher erschienen diesem die engen Kontakte Carnots zu den Polen und deren demonstrativen Sympathien verdächtig und somit wird auch ein häufig kolportiertes Angebot zum Eintritt in russische Dienste durchaus fragwürdig. Realistischer und auch Carnots Charakterbild mehr entsprechend ist die Darstellung bei Tissot zu sehen, dass dieser ein solches Angebot deshalb abgelehnt habe, weil die Annahme eines solchen Angebotes letztlich auch bedingen könnte, *„porter les armes contre son pays"*[194], Waffen gegen sein eigenes Land zu führen. Auch hier bleibt Carnot sich selber treu, trotz des tief empfundenen Undanks seines Vaterlandes.

Warum aber ein Exil gerade in der preußischen Festungsstadt Magdeburg? Weder der preußische Hof in Berlin, noch die russische

---

sie Einblick in die gegensätzlichen Vorstellungen von Hardenberg und Wittgenstein. Wilhelm Fürst Sayn-Wittgenstein (Laasphe 09. 10. 1770 – Berlin 11. 04. 1851), preußischer Diplomat mit Tendenzen zur Annäherung an Frankreich, 1814 bis 1819 Polizeiminister, dann Minister des königlichen Hauses. W. war der Hauptvertreter einer rigorosen Reaktion (enge Zusammenarbeit mit Metternich) und Kopf einer klassischen Hofkamarilla und damit entschiedener Gegner von Hardenbergs liberalen Vorstellungen.

[193] 12. 01. 1816. Dieses Gesetz wird durch eine Verordnung vom Frühjahr 1820 nochmals bestätigt. Amson, Carnot, a. a. O., 350.
[194] Tissot, a. a. O., 191.

Regierung wollten Carnot auf Grund seiner dargestellten engen Beziehungen zu den polnischen Freiheitshelden und seines dortigen guten Rufes in Warschau internieren. Also bot sich Preußen über den Weg der Gesandtschaftsbürokratie an, nachdem Carnot immerhin noch einen neuen russischen Pass erhalten hatte. Aus naheliegenden Gründen kamen weder die Rheinlande mit ihrer Nähe zu Frankreich, noch, aus oben genannten Gründen, außer über einen zeitweiligen Aufenthalt hinausgehend, Frankfurt an der Oder in Frage. Auch die schriftlich ursprünglich vorgesehene Stadt Breslau[195] wurde schließlich in Magdeburg geändert, denn diese bot im Vergleich eine ideale Überwachungsentfernung aus Berlin an, besaß keine Universität und war – damals – eine kleine loyale preußische und sehr bürgerliche Festungsstadt. Zudem besaß Magdeburg nach Berlin die zweitgrößte Kolonie von emigrierten Hugenotten und Wallonen, die, gut preußisch orientiert, ein geistiges – nicht politisches – frankophiles Milieu vermittelte[196].

Im Vorfeld der offiziellen Restauration erscheint in diesem Kontext die Übernahme eines des Landes verwiesenen Königsmörders in preußische Dienste, wenn auch eines verdienten und bekannten Generals, wie von Ranke und Suratteau[197] herausgestellt, oder die

---

[195] Die berühmte Anekdote, nach der Blücher auf die Frage, wer seinen eigenen Kopf küssen könne, sich bezeichnender Weise zu Gneisenau beugt und dessen Kopf küsst, soll sich im Beisein Carnots in Breslau zugetragen haben. Schilderung bei Mathiot, Pour Vaincre, a. a. O., 325 und H. Carnot, Mémoires, a.a.O. II. 583.

[196] Dhombres, Carnot, a. a. O., 258 f., sowie Wolter, Geschichte Magdeburgs, a. a. O., 209 ff. In Magdeburg war auch Lafayette einige Zeit gefangen gesetzt.

[197] Andreas Ranke, Wie Carnot preußischer Generalleutnant wurde in: Ibykos, Elisabeth Hellenbroich, (Hrsg.), 21.Jahrgang, Heft ´81, Wiesbaden 2002, 14 – 19, hier S. 18. Gießmann, Lazare Carnots Weg nach Preußen, a. a. O., 35. Für die von Gießmann wie von Ranke aufgestellte Behauptung, dass Carnot einen Ehrensold erhalten habe oder erhalten haben könnte, und gar als Generalleutnant in preußische Dienste getreten sei, gibt es weder einen Beleg, noch erscheint es nach den obigen Feststellungen realistisch. Daher sind diese Aussagen in den Bereich unbewiesener Vermutungen zu verweisen. Auch Suratteau kann für seine ähnlich lautenden Angaben keine Belege anführen. Suratteau, Neubewertung der militärischen Bedeutung Lazare Carnots, a. a. O., 111. Auch die Information des preußischen Geschäftsträgers in Paris, von Maltzahn, an Chateaubriand vom 18. 08. 1823 über den Tod Carnots widerspricht mit der Bezeichnung von dem « *ci-devant général Carnot, exilé......, et qui avait choisi Magdebourg pour résidence...*» eher einer solchen Vermutung; Wittgensteinnachlaß (s.u.), a .a. O., Nr. 523, Blatt 2.

Gewährung eines „Ehrensoldes" als sehr unwahrscheinlich. Auch die wenigen erhaltenen Briefwechsel im Geheimen Staatsarchiv Preussischer Kulturbesitz in Berlin geben hierüber keine Auskunft[198]. Dagegen spricht auch, dass Carnot später unter so engen finanziellen Verhältnissen lebt (s. u.), dass er sich sogar gezwungen sieht, am 03. Februar 1820 einen Bittbrief an den französischen Finanzminister zu richten, in dem er um die Auszahlung der ihm von der alten Regierung gewährten Pension von 10 000 Francs ersucht. Auf dieses Schreiben erhält er nicht einmal eine Antwort[199]. Zusätzlich ist auf die oben dargestellte Ablehnung des möglichen russischen Angebots zu verweisen.

Mit einer Notiz vom 04. Juli 1816 an den preußischen Geschäftsträger in Warschau, Julius Schmidt, ergänzt Carnot seine Bitte vom 11. Mai an Hardenberg um die Gewährung eines Wohnsitzes in Schlesien. Diese Notiz strahlt durchaus Selbstbewusstsein aus, wenn er auf das Führen seiner Titel und seiner Auszeichnungen besteht[200]; das Wort „*conférer*" [verleihen] als einem seinem Dienstgrad des Generalleutnants entsprechenden Grades sollte aber nicht als Antrag auf Übernahme in preußische Dienste verstanden werden, zumal dieses Wort wiederum mit dem Hinweis verbunden ist, niemals verpflichtet zu werden „*porter les armes contre la france ma patrie*", Waffen gegen Frankreich, mein Vaterland zu tragen. Erläuternd zu dieser auch missverständlichen Formulierung erklärt Carnot weiter, dass ihm allein das Tragen des Dienstgrades genügt, und er „*ni emploi effectif ni traitement...*", weder tatsächliche Anstellung noch entsprechende Behandlung beantragt.

Nach vielfältigen dipolomatischen Noten und innerpreußischen Briefwechseln mit zahlreichen gewollten oder unbewussten Missverständnissen trifft Hardenberg endgültig die Entscheidung für Magdeburg und teilt diese am 10. Oktober 1816 Wittgenstein und als Vor-

---

[198] Geheimes Staatsarchiv Preußischer Kulturbesitz, Berlin, Ermittlungen über den Generalleutnant Carnot (1816 -1832), III. HA Ministerium der auswärtigen Angelegenheiten, I. Nr. 8820, sowie Aufenthalt des Generals Carnot in Preußen (1816 – 1817), Brandenburg-Preußisches Hausarchiv (BPH), Rep 192, Nl. Wittgenstein, V Nr. 2,3. H. Carnot, Mémoires, a. a. O., 607, 615.
[199] H. Carnot, Mémoires, a. a. O., II. 599 – 600.
[200] Siehe Notiz als Anlage VI. 3. GStAPK, III, HA I, Nr. 8820, Blatt 11.

ankündigung dem Magdeburger Oberpräsidenten von Bülow mit[201]. Am 03. November trifft Carnot dort ein. Mit seiner familiären Begleitung und einem aus Warschau mitgebrachten „Diener", Johann Zglecinski [202], bezieht er eine vorläufige Unterkunft und versucht, sich in der Stadt einzurichten. Nach den Schilderungen von seinem Sohn und von Körte hatte Carnot bald zahlreiche Kontakte im bürgerlichen Umfeld wie auch zu Professoren der Mathematik wie Gruson und Crelle oder der Geschichte wie Wachsmuth und Schoell, die zusätzlich an moderner Pädagogik interessiert sind[203]. Trotz der Sterilität einer preußischen Festungsstadt ist er daher intellektuell nicht isoliert, auch wenn ein kulturelles Zentrum wie eine Universität fehlte[204]. Nach anfänglicher gesellschaftlicher Neugier auf den berühmten neuen Einwohner, der bald in ein bescheidenes Haus, den Ritterhof, umzieht, wird es ruhiger um Carnot. Carnot selbst, seine Post und seine Besuche werden nach der Weisung Wittgensteins an Bülow vom 24. Oktober, Carnot „ *gut* [zu] *behandeln,…aber genau zu beobachten und seine Correspondenz sorgfältig zu beleuchten*"[205], überwacht, wie er auch seine seltenen kurzen Reisen nach Halberstadt anmelden muss[206]. Außerdem unterhält Carnot Beziehungen zu einem kleinen Kreis weiterer

---

[201] Schreiben vom 30. 10. 1816, GSTAPK, Rep 132, a.a. O., Blatt 33.Siehe auch Gießmann, Lazare Carnot in Magdeburg, in: Jahresschrift für Heimat- und Kulturgeschichte im Bezirk Magdeburg, 1987, Magdeburg 1987, 38 – 50. Die vorhergehenden diplomatischen Noten wurden zwischen dem russischen Außenminister Graf Nesselrode (1780- 1862) und Hardenberg, bzw. zwischen den Geschäftsträgern Alopeus und Schmidt gewechselt.

[202] Bei diesem Diener oder besser Adjutanten [auch Ziglinsky] handelt es sich um einen ehemaligen napoleonisch-polnischen Offizier nach den Überwachungsberichten vom. 25. 10, und 15.11. 1816. GSTAPK, Rep. 192, a. a. O., Blatt 26, 38.

[203] H. Carnot, Mémoires, a. a. O., II. 607, 613 ff., oder auch in der Biographie Körtes. Ein Einfluss auf ein Magdeburger Schulprojekt „gegenseitiger Erziehung" ist denkbar.

[204] Matthias Tullner, Preussische Provinzhauptstadt, Industriestadt und soziales Leben, in Mathias Puhle, Peter Petsch (Hrsg.), Magdeburg. Die Geschichte der Stadt 805 – 2005, Dössel 2005, 557.

[205] GSTAPK, III. HA I. Nr 8820, Blatt 39. Die Überwachung schlägt sich bis in eine penible Kostenübersicht mit einer Abrechnung nach Carnots Tod nieder.

[206] Gießmann, Lazare Carnot in Magdeburg, a. a. o., 46. Gießmann schildert nach Cramer eine Episode, nach der eine nicht angemeldete. Reise im September 1820 als Flucht ausgelegt wurde und zu „heller Aufregung" führte. Für die Überwachung wird hauptamtlich der Polzeirath Helwig eingesetzt.

französischer Exilanten und verbliebener Emigrierter und pflegt eine wöchentliche Briefverbindung nach Frankreich, natürlich auch hier im Sinn der Forderungen Metternichs in persönlicher und postalischer Überwachung[207]. Selbst der berühmte und populäre Gneisenau, der auch schon 1816 selbst unter eben dieser Überwachung als „*gesetzlich gemachter Argwohn*" litt, kann als gutes Beispiel für diese frühzeitig begonnene Restauration, die mehr ist als ein Rückgriff auf vorrevolutionäre Repressionsverfahren, herangezogen werden[208]. Der gesamte auf Magdeburg bezogene Wittgenstein-Nachlass ist ein Kompendium unterschiedlicher, zeitlich fast lückenloser Überwachungsberichte seit Carnots Wechsel aus Frankfurt/Oder; selbst der Festungskommandant Generalmajor von Hake fällt unter diese Kontrolle[209]. Da diese Überwachung weit über die Kontrolle „unliebsamer" Emigranten hinausgeht, lässt sich schon hier von Polizeistaatsmanieren sprechen. Vielleicht auch deshalb, bemerkt Dhombres zu Recht, kann Carnot im wieder konservativen und politisch reaktionären Preußen nicht so Wurzeln fassen (*enraciner en terre prussienne*), wie er es vielleicht im liberalen Polen gekonnt hätte[210].

---

[207] GSTAPK, Rep. 192, a.a. O., Blatt 50 – 54, Metternich-Brief. In einer Depesche .vom 09.02. 1817an den österreichischen Gesandten in Berlin, Graf Zichy, äußert Metternich Besorgnis über revolutionäre Umtriebe der mit dem Proskriptionsgesetz vom 24. 07.1815 exilierten Franzosen. Augenscheinlich in einer „unheiligen" Allianz in enger Zusammenarbeit mit Wittgenstein und mit Nesselrode beauftragt er Zichy, „vertraulich und vorsichtig" Hardenberg zu bewegen, beginnend mit einer Postüberwachung. und Einschränkungen von Reisevorhaben, „*la surveillance exacte des exilés français "*, und darunter vor allem der „régicides", sicherzustellen, um eine "*reunion de tous les [malveillans français] revolutionnaires*" zu verhindern. Alle diese Forderungen treffen genau auf Carnot zu. Carnot hatte allerdings selbst durch die Benutzung des Pseudonyms „Boulanger" in der zweiten Jahreshälfte 1816 im Briefverkehr Anlass zu Verdächtigungen gegeben. GSTAPK, III. HA I.Nr. 8820, Blatt 14 f.
[208] Hans Otto, Gneisenau, Bonn 1983, 366 und Dieter Ose (BMVg., FüS I 3 als Hrsg.), Schriftenreihe Innere Führung, Gneisenau, Bonn 1987, 203. In einem Schreiben an Oberst von Thile vom 09. 04. 1816 beklagt sich Gneisenau bitter über diese Brieföffnungen.
[209] GSTAPK, Rep. 192, a. a. O., Blatt 46 mit dem Auftrag an General von Horn, unerlaubte Kontakte zu Offizieren der Festung zu verhindern und mit dem Hinweis auf eine mögliche Übergabe eines Päckchens von Carnot an Hake, schon am 15. November.
[210] Dhombres, Carnot, a. a. O., 590. So ist auch Carnots Eindruck zu verstehen, wenn er am 18. 09. 1816 an einen alten Freund (Oberstleutnant Ransonnet) in Lüt-

Von seinen Ersparnissen, Tantiemen aus seinen Veröffentlichungen und von Zuwendungen oder Legaten aus dem Familien- und Freundeskreis aus Frankreich lebend[211], führt er mit seinem Sohn Hippolyte und der aus St.-Omer mitgenommenen Familienhaushälterin, Joséphine Briois, und seinem Diener ein zurückgezogenes Altersdasein, welches nur von seltenen Besuchen seines Sohnes Sadi unterbrochen wird. Daher wird verständlich, wenn er als Alternative zu seinen einsamen Spaziergängen den Tagesablauf ein wenig bitter so charakterisiert: *„Quand je veux parler j'écris, quand je veux écouter je lis – wenn ich sprechen will, dann schreibe ich, wenn ich zuhören will, dann lese ich"*[212]. Einer des zahlreichen, wohl meist eher neugierigen, Besucher ist 1819 der Abenteurer, Schriftsteller und neapolitanische (unter Murat) wie später preußische Offizier Johann Konrad Friederich, dem Carnot den Rat gibt, *„ein Werk über die Französische Revolution zu verfassen, da es an einem solchen, das mit Sachkunde und Unparteilichkeit geschrieben sei, noch gänzlich fehle"*[213]. Friederich wurde nach eigener Aussage von dem „alten Republikaner, ein zweiter Cato" freundlich empfangen und erhielt nach mehrmaligen Treffen und Spaziergängen von Carnot persönliche Notizen über die Revolution, doch hat dieser die Ausführung des Projektes zwar angedacht, doch nie realisiert[214]. Bezeichnend für Carnot jedoch ist auch hier seine schon wiederholt angesprochene Zu-

---

tich schreibt: *'La ville de Magdebourg, quoique grande et bien marchande, est assez triste par elle-même; mais pour moi qui aime la retraite elle me convient'* [Die Stadt Magdeburg, sei sie auch noch so groß wie handelstüchtig, ist an sich triste genug; aber für mich, der ich den Ruhestand liebe, taugt sie allemal]. Charnay, Carnot. Révolution et.., a.a .O., II. 420 – 421. Carnots Sohn dagegen sieht die Jahre des Exils in Magdeburg mit einem weit positiveren Blick.

[211] Ebda., 589 f. Nach Tissot, a.a. O. 192, auch Veräußerung von Familienvermögen in Frankreich, darunter auch sein Hausgut Presles (genannt nach Vauban!).

[212] Amson, Carnot, a. a. O., 350, Carnot. H., a. a. O., II. 612.

[213] Friedrich Clemens Ebrand , Louis Liebmann, Johann Konrad Friederich. Ein vergessener Schriftsteller, Frankfurt/M. 1918, 56. Friederich (Frankfurt/Main, 05. 12. 1789 - Le Havre, 01. 05. 1858, vermutlich Armenhaus) „berühmt" durch seine 1849 in Tübingen anonym erschienenen „Memoiren", „Vierzig Jahre aus dem Leben eines Toten", hat unter dem Pseudonym Carl Strahlheim in den Jahren 1826-1828, für Teile augenscheinlich von Carnot inspiriert, 120 Hefte unter dem Titel "Die Geschichte unserer Zeit" veröffentlicht.

[214] Johann Conrad Friederich, „Der deutsche Casanova". Vierzig Jahre aus dem Leben eines Toten, hrsg. von Friedemann Berger, mit einem Vorwort von Eckart Klessmann, Dritter Band, Frankfurt/M. – Leipzig 1991, 473 -475.

rückhaltung, seine eigene Rolle nicht durch eigene Veröffentlichungen besonders herauszustellen. Aus dem Gesamtprojekt Friederichs ist die Reihe „Geschichte unserer Zeit" übriggeblieben, in der dieser die Hauptwirkungszeit Carnots von 1789 bis 1795 äußerst fatalistisch betrachtet und die späteren Jahre in eine Heldendartstellung Napoleons stellt[215] – beides sicher nicht im Sinne Carnots.

Über Hegel wurde im Zusammenhang des Eingangszitats gesprochen, er dürfte jedoch der einzige wirklich bedeutende und damit umso wichtigere Besucher gewesen sein[216], als er im September 1822 bei Carnot kurz Station macht. Zurückgezogen im Magdeburger bürgerlichen Umfeld hat Carnot augenscheinlich keine Kontakte, zumindest keine offiziellen oder gesellschaftlichen, zu den Offizieren der Festung, auch scheinen weder seine Erfahrungen noch sein Rat gefordert worden zu sein. Es gibt auch keinen Hinweis darüber, dass seine letzte militärische Studie „*Mémoire sur la Fortification Primitive*"[217] in irgendeiner Form aus einer preußisch-französischen Zusammenarbeit entstanden sein könnte. Aus der Schilderung einer für das Verhältnis Blüchers zu Gneisenau bezeichnenden Anekdote[218] 1816 aus Breslau von einem Gesellschaftsabend, an dem Carnot augenscheinlich teilgenommen hat, mit der Frage, wer seinen eigenen Kopf küssen könne und Blücher aufsteht, sich zu Gneisenau beugt und dessen Kopf küsst, kann geschlossen werden, dass es zumindest grobe Kontakte Carnots zu diesen preußischen Generalen gab. Von einem späteren Treffen in Magdeburg dagegen ist nichts bekannt und dies untermauert, dass es keine fachliche Zusammenarbeit mit der preußischen Arnee gab. Daher ist es dann fast zwangsläufig, dass er sich neben seiner Alterspoesie wieder verstärkt mit mathematischen Studien beschäftigte und in diesen ab 1821 mit seinem Sohn Sadi zusammenarbeitete. Dieser bereitete hier die wesentlichen Teile seiner Arbeit über die Thermodynamik (Carnot-Prozess) vor, so dass er

---

[215] Christiane Leiteritz, Revolution als Schauspiel, Berlin 1994, 36.
[216] Gießmann schildert für den August 1820 auch einen Besuch Hardenbergs. Gießmann, Lazare Carnot in Magdeburg, a. a. O., 45.
[217] Diese Denkschrift wird in IV. 1. dargestellt. Allein die Tatsache, dass diese 1823 in Paris auf Französisch und nicht in Berlin auf Deutsch gedruckt wurde, unterstützt die Sicht des Verfassers, auch wenn Suratteau diese Schrift als einen Auftrag Boyens (Kriegsminister nur bis 1819) zuschreibt.
[218] H. Carnot, Mémoires, a. a. O., II. 583.

diese schon kurz nach dem Tod seines Vaters veröffentlichen konnte[219].

Jenseits aller Tagespolitik kann Carnot nur noch mit Enthusiasmus [220] aus der Ferne den griechischen Unabhängigkeitskampf verfolgen, zu dem er sein persönliches Verständnis von Religion, Antike und Freiheit vereinend und damit auf die Erziehung in seinen Jugendjahren verweisend, äußert: „*Je suis trop bon chrétien pour ne pas m'unir d'intention avec les descendants des Spartiares et des Athènes*"[221], ich bin zu gut christlich gesinnt, um mich mit den Absichten der Abkömmlinge von Sparta oder Athen zu verbinden.

Dem Bild eines zwar in sich ruhenden, stoisch sein Schicksal im Exil tragenden, aber auch ein wenig resignierenden Mannes entspricht sein letztes Gedicht: „*Le Soliloque d'un Vieillard*"[222].

«*J'ai parcouru le cercle de la vie, / J'ai de chaque âge éprouvé les désirs; Tout ce qu'on craint, tout ce qu'on envie, / Les biens, les maux, les chagrins, les plaisirs*».,

und in der letzten Strophe seinen Lebensabend herbei sehnend:

«*Contents du sort, sans regrets, sans alarmes, / A votre terme allez, ô mes vieux jours!*
De l'amitié goûtez encore les charmes, / Et dans le calme achevez votre cours».
[Selbstgespräch eines Greises:

---

[219] Dieser erhielt als Pionierleutnant 1821 einen längeren Urlaub und verbrachte mehrere Monate in Magdeburg. H. Carnot, Mémoires, a. a. O., II. 616. Welchen wissenschaftlichen Einfluss Carnot auf die Arbeit seines Sohnes hatte, lässt sich nicht ermitteln. Die Arbeit wurde 1824 unter dem Titel « Réflexions sur la puissance motrice du feu et sur les moyens propres à développer cette puissance » in Paris veröffentlicht.
[220] Amson, a. a. O., 351. Carnot hatte noch vor, die „Chants helléniens" des jungen Wilhelm Müller zu übersetzen.
[221] H. Carnot, Mémoires, a. a. O., II. 620.
[222] Abgedruckt bei Mathiot, Pour Vaincre, a. a. O., 326 – 328, sowie bei H. Carnot,. a. a. O., II., 604-605. Die Tatsache, dass sich dieses Gedicht noch nicht in den „Opuscules" von 1820 findet, scheint zu bestätigen, dass es sich zumindest um eines der letzten Gedichte Carnots handelt.

Ich habe meinen Lebenskreis durchlaufen, ich habe in jedem Lebensabschnitt meine Wünsche erlebt, alles was man befürchtet, alles, was man begehrt, Das Gute, das Schlechte, den Kummer, die Freude – und – Zufrieden mit dem Schicksal, ohne Bedauern, ohne Schrecken, oh, meine letzten Tage geht zu eurem Ziel, genießt noch den Zauber der Freundschaft und vollendet in Ruhe euren Lauf].

Am Abend des 2. August 1823 beschließt der ehemalige Kriegsminister und General Carnot, seit vielen Jahren in der Stadt etabliert, sein bemerkenswertes Dasein an einem Magenleiden. Die Beisetzung findet in kleinem Kreis in der Johanniskirche statt, der evangelischen Hauptkirche Magdeburgs. Im Zusammenhang mit einer Umbettung auf den Nordfriedhof 1832 läßt sich ein geistiges Weiterleben Carnots in der Stadt mit Presseverlautbarungen, ja sogar mit Gedichten zu seiner Erinnerung konstatieren[223]. 1864 stellt der Rat der Stadt, das Grab unter „immerwährenden Schutz"[224]. Dieses historische Weiterleben führt noch zu der Namensgebung einer Straße bis zur Errichtung eines Denkmals am 23. Mai 1989 in der Nähe der ehemaligen Grabstelle.

Ein Beschluss der französischen Nationalversammlung vom Juli 1889, initiiert von dem Präsidenten der Französischen Republik und Enkel Carnots, Sadi Carnot, führt zu einem Antrag an die preußische Regierung zur Überführung der sterblichen Überreste Carnots nach Paris[225]. Für das von französischen Revanchegedanken, insbesondere mit der Boulanger-Krise von 1887[226], und gegenseitigem Misstrauen geprägte politische Verhältnis zwischen der Republik und dem bald

---

[223] Stadtarchiv der Stadt Magdeburg, Akte Vorbereitung und Durchführung der Carnot-Ehrung 1989, Sign.: Rep 41 615, Band 1,4, 5, 9. Siehe auch Stadtarchiv, Akten 1816 – 1898, A II., Sign. B 75, Bd. 1, Blatt 217 ff, 228 f., 231 ff.
[224] Gießmann, Geschichte um Carnot nach seinem Tode, a.a. o., 11. Dadurch wurde eine erste Überlegung für eine Überführung nach Frankreich hinfällig.
[225] Trotz Einschaltung von Bismarck und des Kaisers wurde unter Umgehung des [ehemals hannoverschen Politikers] Botschafters in Paris, Graf Münster (London 29. 12. 1820 – Hannover 28. 02. 1902) auf dem „kleinen Dienstweg" verhandelt. Der Kaiser selbst ordnete militärische Ehren an.
[226] Der Kriegsminister von1886 bis 1887 Georges Boulanger (Renne 29. 04. 1837 – Brüssel 30. 09. 1891 durch Selbstmord) schürte den Revanche-Gedanken und versuchte durch Armeeverstärkungen zum Krieg gegen das Reich zu treiben.

neben den anderen Mächten auch einen „Platz an der Sonne" suchenden Kaiserreich erfolgten die diplomatischen Verhandlungen mit ungewöhnlicher Schnelle und „auf kleiner Flamme". Schon am 02. August konnte nach offizieller und protokollierter Öffnung des Grabes[227] der Sarg unter militärischen Ehren für einen Verstorbenen im Generalsrang und unter hoher Beteiligung der bürgerlichen Öffentlichkeit zum Bahnhof begleitet werden, von wo aus er per Bahn nach Paris überführt wurde. Im Zusammenhang der deutsch-französischen Beziehungen letztlich eine ungenutzte Chance zu einer vorsichtigen politischen Annäherung, unabhängig von dem baldigen erfolgreichen Attentat auf den Präsidenten im Jahre 1894.

In Paris wird Lazare Carnot am 05. August 1889 feierlich in das Pantheon überführt.

---

[227] Graböffnung im Beisein preußischer Beamter sowie des fr. Präfekten Poubelle und Mitgliedern der Familie Carnot am 31. 07., Überführung am 02. –08. 1889.

IV. Carnots Handeln, seine Werke und Denkschriften

„Je jure d'employer les armes remises en mes mains à la défense de la patrie et à maintenir contre tous les ennemis du dedans et du dehors la constitution décrétée par l'Assemblée nationale; de mourir plutôt que de suffrir l'invasion du territoire français par les troupes étrangères et de n'obéir qu'aux ordres qui seront donnés en conséquence des décrets de l'Assemblée nationale"[228].

[Ich schwöre, die meinen Händen übergebenen Waffen zur Verteidigung des Varterlandes einzusetzen und die durch die Nationalversammlung beschlossene Verfassung gegen alle inneren und äußeren Feinde erhalten; eher zu sterben als das Eindringen ausländischer Truppen auf französisches Teritorium zu erleiden und nur den Befehlen zu gehorchen, die nach den Weisungen der Nationalversammlung gegeben werden].

Die Darstellungsmöglichkeit und Bewertung von Carnots Handeln wird weitgehend bestimmt, wenn auch durch die Komplexität und Divergenz in den Aussagen nicht unbedingt erleichtert, durch einen allgemein hohen Informationsstand auf Grund der seit Mitte des 18. Jahrhunderts erfolgten, alle politischen Entscheidungen direkt verfolgenden, steigenden „Bedeutung des Faktors Öffentlichkeit". Die Publizistik allgemein, vor allem aber auch die öffentliche Sprachentwicklung und die Direktpublikation von Essays, Mémoires und Briefen mit folgender Zirkulation, der häufig publik gemachten „cahiers de doléances" von 1788/89 als Bitt- und Klagebriefe vor allem des Dritten Standes und damit Vorboten der Revolution, oder von Reden in der Nationalversammlung, sofort im Moniteur veröffentlicht, wurde ein nicht zu unterschätzendes Mittel in der geistigen, mehr noch in der politischen Auseinandersetzung schon vor, besonders aber während der Revolution[229]. Die von Necker[230] später beschriebene „*pro-*

---

[228] Eid (sermont de fidélité) auf die Verfassung des Hauptmanns Carnot am 06. 07. 1791 in Aire, abgedruckt bei Charnay, Carnot, a.a.O., II. 221. Im Grundsatz wird diese hier beschworene Verfassungstreue Carnots weiteres Handeln bestimmen.
[229] Die Bedeutung dieses „Faktors Öffentlichkeit", als offener Diskurs und als eine Grundlage für die Meinungsbildung wird anschaulich herausgestellt bei Ernst Hinrichs, Ancien Régime und Revolution. Studien zur Verfassungsgeschichte Frank-

gression morale"²³¹, aber auch die weitere Entwicklung von Schlüsselbegriffen, die allgemein für die Revolution, aber auch persönlich für Carnot gelten, wie Nation und Republik, Vaterland und Vaterlandsliebe, Bürger zwischen Freiheit und Bürgerpflicht bis hin zu Patriotismus und Enthusiasmus, lassen sich an den folgenden Analysen bestimmter Schriften Carnots verfolgen²³².

1. Theorie des Festungsbaus und der Kampf um Festungen

„La guerre, considérée en elle même, est une très grande calamité – Der Krieg an sich ist ein sehr großes Unheil "²³³.

Nicht nur als Ausbildungsthema in Theorie und Praxis, sondern für jeden jungen Ingenieuroffizier auch als Beispiel täglicher dienstlicher Betrachtung war der Marschall Vauban, der „Ingenieur de France", ein besonderes Vorbild. Bei Carnot tritt der burgundische Landsmann ergänzend hinzu, und es ist damit sicherlich kein Zufall, dass sich Carnot, zudem im wirtschaftlichen wie kulturellen Regionszentrum

---

reichs zwischen 1589 und 1789, Frankfurt/Main 1989. Hier in dem Aufsatz „Justice Versus Administration". Aspekte des politischen Systemkonflikts in der Krise des Ancien Régimes, 99 – 125, 118. Auch Raymonde Monnier weist auf die Dynamisierung des demokratischen Prozesses durch die „Öffentliche Meinung" hin. Monnier, a.a. O., 60 ff.

²³⁰Jacques Necker (Genf 30. 09. 1732 – Coppet 09. 04. 1804), Schweizer Bankier, Vater von Madame de Stael, 1776 bis 1781 Generaldirektor der Finanzen (Finanzminister) unter Ludwig XVI., sein 1781 veröffentlichtes „Compte Rendu" über die Staatsfinanzen beschäftigte die „Öffentliche Meinung". Nochmals Minister Anfang 1789 riet er zur Einberufung der Generalstände. Seine erneute – kurzzeitige – Entlassung heizte die revolutionäre Stimmung an. Nach dem Rücktritt 1790 verlässt er Frankreich.

²³¹ Zitiert nach Hinrichs, a.a.O., 99.

²³² Die Wandlung über die Zeit im Verständnis von einzelnen Begriffen, wie z. B. französischer Patriotismus in der Spannbreite von Nationalismus zu Imperialismus, von Enthusiasmus in der Bewertung zwischen nationaler Leidenschaft und aufgeputschtem Hass oder von Republikaner in der Differenzierung zwischen Robespierre und Carnot kann hier nur angedeutet werden. Diese Begriffe werden unter IV. 5. und V. in Bezug auf Carnot nochmals angeführt.

²³³ Wilhelm Graf von Schaumburg-Lippe, Mémoires pour servir a l'art militaire défensif. In: Wilhelm Graf von Schaumburg-Lippe, Schriften und Briefe II, Militärische Schriften, hrsg. von Curd Ochwaldt, Frankfurt/Main 1977, 243.

Dijon, an die Aufgabe einer Würdigung heranwagt. Die Würdigung eines Soldaten, der sich als Truppenführer und Festungsingenieur sowie als Anreger für politische und soziale Reformen in patriotischem Verständnis und als Stimme des „France profonde" einen Namen gemacht hatte und nach Saint-Simon „unter dem Elend des Volkes litt"[234]. Unter diesem vorrevolutionären Aspekt, Kriegskunst und Politik umfassend, erhält Carnots „Éloge de Vauban"[235] eine besondere Bedeutung, denn diese ist nicht nur eine reine Würdigung, sondern auch eine eminent politische Aussage. In einem, für den gerade dreißigjährigen Offizier bemerkenswert logisch durchstrukturiertem Papier mit klarem und schnörkellosen Stil formuliert er am Beispiel Vaubans im ersten Teil seine Gedanken zu Tapferkeit und Vertrauen in die Zukunft, über das Festungswesen und die Kriegskunst mit dem vorrangigen Ziel, den Feind zu besiegen, aber die Verluste gering zu halten und die bedrohte Zivilbevölkerung zu schützen, einem militärischen wie politischen Ziel, dem Carnot zumindest im Bereich des Festungswesens treu bleiben wird. Der Staat kann gewissermaßen als eine große Festung gesehen werden, deren verschiedene Punkte und Redouten sich gegenseitig unterstützen müssen, mit dem letzten und einzigen Ziel, den Verlust an Menschen zu reduzieren (*...uniquement destinées à diminuer la consommation des hommes*[236]). Für diesen Ansatz wählt Carnot einen überaus modernen Begriff: Die Ökonomie der Kräfte (*économie des forces*[237]). Damit wird aus einem militärischen Generalprinzip die wahre Grundlage der Politik. Für die Eigenschaften von Intuition, Erfindungsgeist und Präzision in der Umsetzung bemüht Carnot die mathematische Kunst und die Be-

---

[234] Vgl. hierzu Joachim Fritz Vannahme, Frondeur der Vernunft, in: Die Zeit, Nr. 14 , 29. 03. 2007, Hamburg 2007, 102.
[235] Charnay, Carnot. Révolution et.., a. a. O., I. 397, 398, 399. Die gesamte Würdigung ist nur bei Charnay (S. 391 – 406) abgedruckt, eine gute Analyse des militärischen Aspekts findet sich bei Warschauer, Robert, Studien zur Entwicklung der Gedanken Lazare Carnots über Kriegführung 1784 – 1793, Berlin 1937, 37 – 40. Warschauer entwickelt hierbei auch Gedankenlinien zu Clausewitz.
[236] Ebda. I. 398.
[237] Ebda . I. 398. Carnot geht es hierbei auch um das Verhältnis von Festungstruppe zu Feldheer, sowie die Anzahl von Festungen überhaupt. Dieser Frage wird er sich 1788 und vor der Nationalversammlung 1792 erneut stellen.

griffspräzision des Euklid[238], in dessen geistiger Nachfolge Vauban den Festungsbau (300 Festungsbauten oder -erweiterungen) und dem Kampf um oder besser gegen diese (53 siegreiche Belagerungen und 140 Gefechte) zu neuen Höhen der Kriegskunst entwickelt hat[239]. Mit seiner in diesem Kontext formulierten Feststellung, *„c'est aussi la Géométrie qui est necessaire aux Généraux pour saisir en un instant, la disposition, l'ordonnance & la marche des troupes* – es ist auch die Geometrie, welche für die Generale notwendig ist, um in einem Augenblick die Stellungen, die Befehle und den Marsch der Truppe zu überblicken"*[240] reiht sich Carnot selbst noch mit ein in die Reihe der systemverhafteten und das Gefecht geometrisch vorausberechnenden militärischen Denker seiner Zeit, eine Kriegslehre, die sich noch bei Bülow[241] und selbst bei Jomini[242] wiederfindet.

---

[238] Ebda. 396. Euklid (um 360 v. C. – um 280 v. C.), griechischer Mathematiker, dessen Bedeutung in erster Linie in der Erfassung des damaligen mathematischen Wissens (13 Lehrbücher), in der Präzisierung von Begriffen und der Hervorhebung eines klaren und gesicherten eigenen Ausgangspunktes (Vergl. Clausewitz` „Standort"). Auch Fernando Raul de Assis Neto, „Géometrie de position". Eine Studie zum Werk von Lazare Carnot (1753 – 1823), Bielefeld 1992, weist auf S. 10 und 15 auf die Verbindung von Euklid und Carnots Ziel einer „Methodenreinheit" hin.
[239] Ebda. I. 395.
[240] Lazare Carnot, Éloge de Vauban, Dijon 1784, 48, Anmerkung 8.
[241] Dietrich Heinrich von Bülow (Falkenberg 1757 – Riga 16. 07. 1807), gescheiterter Offizier und Unternehmer, in sich widersprüchlicher Militärschriftsteller mit seinen Werken: „Geist des neuern Kriegssystems" von 1799, mit geometrischem System der geraden „Operationslinien" mit Winkelbezug und der „Operationsbasis" als Grundlagen und noch ganz dem Magazinwesen verhaftet. Letzteres wird Carnot mit seinem Verfahren der Requirierung aufheben. Die „Lehrsätze des neuern Krieges" von 1805, in dem er das Tirailleurfeuer als schlachtentscheidend preist. Genauer militärischer Beobachter aber mit politisch wirren Vorstellungen.
Die Suche nach einem berechenbaren Regelwerk für den Feldzug oder die Schlacht zieht sich durch die gesamte Kriegsgeschichte. Ein Anzeichen hierfür ist die Mathematik als die wesentliche Grundlage für militärisches Wissen. Erst Clausewitz hat mit dieser „gedanklichen Zwangsjacke" aufgeräumt.
[242] Baron Henri (de) Jomini (Payerne 06. 03. 1779 – Paris 24. 03. 1869), schweizerisch-französischer General unter Napoleon, Stabschef von Ney, trat nach persönlichen Unstimmigkeiten 1813 in russische Dienste. Kehrte nach dem Krimkrieg nach Frankreich zurück. Einflussreichster Militärschriftsteller (Précis de l'Art de Guerre) des 19. Jahrhunderts. Bis heute ein systembezogener Gegenpol zu Clausewitz (insbesondere in den USA). Ebenfalls weitgehend auf der Grundlage des Geometrischen Systems ist Jomini der Verfechter einer Strategie der „Inneren Linie" und des zentrieten Massenstoßes.

Auffallend ist, dass Carnot die Forderung Vaubans nach den natürlichen Grenzen Frankreichs, mit „*se faire une frontière*" umschrieben, und als solche mit einem doppelten Festungsring in Schlüsselregionen sowie einem entsprechenden „pré carré" als Glacis davor versehen, noch nicht anführt[243].

Mit Vauban als „*militaire, philosophe und citoyen*"[244] stellt Carnot Tugenden vor und Forderungen auf, die nicht durch Zufall oder Glück (*fortune*), sondern durch persönliche Leistung entstehen wie die Vaterlandsliebe (*l'amour pour la patrie*), die sich durch die Leidenschaft großer Seelen für die Tugend (l'*enthousiasme de la vertu s'allume de lui-même dans ces âmes fortes*[245]) auszeichnet oder wie die Pflicht des Bürgers (*devoir du citoyen*) ggf. auch gegen seinen Souverän aufzutreten. Bemerkenswert ist jedoch der Wechsel in der Wahl der Begriffe. Aus Vaubans „état" werden bei Carnot „nation" und „patrie" und aus dessen „sujet" wird „citoyen". Für das Erreichen des Allgemeinen Wohls („*le bien général*") des Staates und seiner Einwohner werden vor allem seelische Kräfte angeführt, wie Leidenschaften oder „*la douce impulsion d'un*

---

[243] Bernard Pujo, Vauban, Paris 1991, 212, 229, 247, 302. Pujo weist an den genannten Stellen auf Vaubans Forderungen nach den „natürlichen Grenzen" Frankreichs, ggf. auch durch Tausch oder Kauf, und deren Befestigung hin. Dies zeigt, dass der Begriff nicht erst in der Revolution aufkam, wie vielfach für (Anacharsis) Jean-Baptist Cloots als Urheber kolportiert, auch wenn er in der Revolution an Bedeutung gewann. Neben einer Formulierung in Richelieus „l'Avis au Roi" vom 13. 01. 1629 wurde der Begriff völkerrechtlich erstmals im Pyrenäenfrieden von 1659 verwandt. Hans Medick Grenzziehung und die Herstellung des politisch-sozialen Raumes, in: Richard Faber, Barbara Naumann (Hrsg.), Literatur der Grenze – Theorie der Grenze, Würzburg 1995, 221. Bei diesen natürlichen Grenzen handelt es sich neben den Alpen um die Pyrenäen zu Spanien, vor allem aber um den Rhein. Mit dieser Idee eines Festungsgürtels und dessen teilweiser Realisierung, durch die Jahrhunderte mit einigen Varianten, trotz der ein oder anderen Kritik konsequent erhalten, kann Vauban als der Begründer des „Maginotdenkens" als verteidigungspolitisches Prinzip der 30er Jahre des 20. Jahrhunderts angesehen werden.

[244] Auf Grund dieser drei Zuordnungen erscheint Dhombres Sicht wahrscheinlich, dass Carnot ursprünglich auch eine Dreiteilung seiner Würdigung vorgesehen hat, in Vauban guerrier, Vauban géomètre und Vauban politique. Die Urfassung ist nicht mehr vorhanden. Dhombres, Carnot, a. a . O., 636, Fußnote 59. Eine Schlussbemerkung des Königlichen Zensors, Cortot, zu der Würdigung hebt ebenfalls diese ursprüngliche Dreiteilung heraus. Carnot selbst habe die ersten beiden Teile [Militär und Geometrie] zusammengeführt. Lazare Carnot, Éloge, a. a. O., 60.

[245] Charnay, Carnot. Révolution et..., a. a. O., I. 391.

heureux instinct - *der behutsame Anstoß durch einen glücklichen Naturtrieb"*, die zwar durch die Vernunft zu zügeln, aber dennoch unerlässlich für den Erfolg sind.

Weiterhin gehören hierzu auch der Weg, durch Gehorchen das Befehlen zu erlernen und schließlich die Menschlichkeit als erste aller militärischen Tugenden *(l'humanité devient la première des vertus militaires*[246]*)*, die mit persönlicher Tapferkeit des Soldaten und moralischem Mut des Bürgers verbunden ist und dadurch erst zur Befähigung in der Menschenführung *(l'habilité à ménager les hommes)* wird. Modern gesehen kann dieser Teil der Abhandlung über immerwährende militärische Grundwerte als eine frühe wie klassische Definition von „leadership" gelten.

Im zweiten Teil der Eloge wagt sich Carnot auf ein neues Terrain, das des politisch engagierten Bürgers. Neben Patriotismus stehen nun Gerechtigkeit in der Gesellschaft *(tout droit nuisible à la société est injuste – jedes die Gesellschaft schädigende Recht ist unrecht"*[247]*)* und Bürgersinn im Vordergrund, beide mit dem Ziel, durch „*humanité*" zum „*bonheur de la patrie*" beizutragen. Auslöser hierfür ist der von Vauban nach mehreren Vorarbeiten kurz vor seinem Tode 1707 veröffentlichte Vorschlag für eine generelle Steuerreform, das „Projet d'une Dixme Royale"[248], welches Carnot in den Mittelpunkt seiner Überlegungen stellt. Demnach sah Vauban die Grundlage allen sozialen Übels und daraus folgender Unruhe *(la source du désordre)* in der Ungleichheit der Vermögen und in der Ungleichheit im Steuersystem *(„Tout privilège qui tend à l'exemption de cette contribution étant injuste & abusif – jedes Privileg, welches zur Ausnahme von dieser Steuer führt, ist daher ungerecht und mißbräuchlich"* [249]*)* als eine doppelte Ungerechtigkeit und schlug vor, eine der Kirchensteuer nachempfundene Einheitsteuer für alle durch eine Regierung einzuführen, die unter ihren Bürgern (citoyen bei Carnot) ausgleichen muss und nicht trennen darf[250]. Carnot greift Vaubans

---

[246] Ebda. I. 394.
[247] Ebda. I. 401.
[248] Vauban fiel in Ungnade und das Werk wurde nicht nur verboten, sondern auch verbrannt.
[249] Vauban, La Dime Royale, Paris 1707, 171, zitiert nach Général Nicolas, Vauban, sa vie – son oeuvre, Saint-Léger- Vauban 1988, 37.
[250] Charnay, Carnot. Révolution et.., a. a. O.,I. 401.

Feststellung über die Mehrheit im Staat auf, die am meisten zu dessen Wohlbefinden beiträgt, jedoch durch das Steuersystem dieses Staates ruiniert wird[251], also den Bürger und den Bauern, und setzt noch eigene Akzente dazu. Seine Aussage, dass schon Vauban *"le commencement des maux qui désoleront sa patrie – den Beginn der Übel, die das Vaterland verheeren werden"*[252] gesehen habe, ist zwar hochgradig aktuell, aber für 1784 auch nicht ungefährlich. Der Hauptgegner ist jedoch – noch – nicht der Souverän selbst, sondern es sind die ersten beiden Stände; eine Sicht, die allgemein auch in der beginnenden Revolution bis 1792 gilt. In der die Würdigung durchziehenden Wertung hebt Carnot noch drei der Aufklärung geschuldete allgemein politische Gedanken hervor; die Übereinstimmung zwischen der Moral des Einzelnen und seiner Nation, die Hochschätzung des Lebens im Sinn der schon erwähnten „*conservation des hommes*"[253] und den Enthusiasmus, der Selbstvertrauen und Erfolg inspiriert. Die Eloge schließt daher, ebenfalls auf Vauban anspielend, mit dem bald in der Revolution verfolgten Beglückungsgedanken, dass sich unter der französischen Flagge in friedlichem Handel ein gnädiges Asyl für alle Nationen öffnen solle, die Freiheit der Meere mit der Freiheit Frankreichs verbindend. Ein wahrhaft zukunftsweisender und gleichzeitig nationaler Schluss[254], der sich zumindest indirekt auch gegen die britische Seeherrschaft richtet. So stellt diese Eloge nicht nur eine Würdigung Vaubans dar, die auch für den aktuellen Forschungstand noch ihre Gültigkeit besitzt, sondern erhebt gleichzeitig Forderungen an den Staat und seine Bürger,

---

[251] „*La partie la plus ruinée et la plus misérable du royaume, c´est celle cependant qui est la plus considérable par son nombre et par les services réels qu´elle lui rend - der am meisten ruinierte und miserabelste Teil des Königreiches ist der, der gleichzeitig durch seine Größe und die tatsächlich geleisteten Dienste der bedeutendste ist*", zitiert nach Nicolas, Vauban, a. a. O., 37.
[252] Charnay, Carnot. Révolution et.., a. a. O.,I. 405.
[253] „*La vie d´un seul citoyen vaut mieux que la mort de mille ennemis - das Leben eines einzigen Bürgers zählt mehr als der Tod von tausend Feinden*". Ebda., I.. 403. Die Revolutionskriege jedoch halten dieser Forderung Carnots nicht mehr stand. Trotz des rein nationalen Bezuges steht dieser Satz in krassem Gegensatz zu der Napoleon gegenüber Metternich am 26. 06. 1813 in Dresden zugeschriebenen allgemein gefassten Äußerung: „ un homme comme moi se fout de la vie d´un million d´hommes". Ein Mann wie ich schert sich nicht um das Leben von einer Million Menschen. Günter Müchler, 1813, Napoleon und das weltgeschichtliche Duell von Dresden, Darmstadt 2012, 221.
[254] Ebda, I. 406.

die den Zeitraum der Revolution mitbestimmen werden und verbindet diese mit einer teilweise mehr als nur subtilen Zeitkritik. Weiterhin scheint der Inhalt, auch in der wohl ursprünglich vorgesehenen Dreiteilung, fast auf ihn selbst, Carnot, zugeschnitten zu sein, und der Satz über Vauban *"il devance son siècle, et sa langage ne peut être entendu que par la postérité – er ist seinem Jahrhundert weit voraus, und seine Aussage kann nur von der Nachwelt verstanden werden"* erhält damit eine eigene Bedeutung. Die enge geistige Verwandtschaft wird sich Carnot erhalten; sie drückt sich weiter aus in der Rede zur Überführung von Vaubans Herz in den Invalidendom am 26. Mai 1808[255] und in seinen späteren Werken über die Verteidigung von Festungen.

Ausgehend von den im Lebenslauf angesprochenen militärwissenschaftlichen Auseinandersetzungen legt Carnot 1789 sein erstes eigenständiges, durchdachtes und konzeptionelles Papier vor, das „*Mémoire....au sujet de places fortes qui doivent être démolies ou abandonnées ou examen de cette question: – Est-il avantageux au roi de France qu'il y ait des places fortes sur les frontières de ces États?*"[256] [Denkschrift über die Festungen, die geschleift oder aufgegeben werden müssen, bzw. Prüfung der Frage: Ist es für den König von Frankreich vorteilhaft, Festungen an den Grenzen seiner Länder zu unterhalten?]. In diesem untersucht er den Zusammenhang von Festungen, der Anzahl und Stärke von Festungstruppen und Feldheer sowie der Stehzeit der Soldaten. In einer schon dialektischen Methode nimmt er Punkt für Punkt die gegnerische Argumentation, immerhin seines höchsten fachlichen Vorgesetzten, auseinander, um darzulegen, dass sich Festungen, ein mobiles Feldheer und ein neues Rekrutierungssystem für die Reserve gegenseitig bedingen. Im Weiteren geht er auf den Kostenfaktor ein, wenn sich der Festungsbau trotz der Instandhaltungskosten im Vergleich zu immer wieder neu aufzustellenden und auszubildenden Feldtruppen schneller amortisiert. Die Bedeutungen der Festungen leitet er nicht nur von Vauban ab, sondern auch aus der Kriegsgeschichte, weil nur diese verhindern, mit nur einer Schlacht besiegt werden zu können. Hierzu zitiert er Montecuccoli: „*Les places fortes sont les ancres sacrées qui sauvent les États – Festungen sind die geheiligten Klammern, welche die Staaten*

---

[255] Dupre, Carnot, a. a. O., 30.
[256] Auszüge der Denkschrift bei H. Carnot, Mémoires, a. a. O.,I. 130 ff. und Charnay, Carnot, Révolution et.., a. a. O., I. 411 ff. Siehe auch Fußnote 109.

*retten"*²⁵⁷. Gleichzeitig will er mit dem defensiven Festungsgedanken die „*vivacité gauloise*", das so „kostbare Ungestüme" und damit auch Unberechenbare eines französischen Nationalcharakters in feste Bahnen lenken. Auch in dieser Studie verfolgt er den schon in der Éloge formulierten Gedanken der Humanität, wenn er betont: „*La guerre est par excellence l'art de conserver: l'art de détruire en est un abus – Der Krieg im wahrsten Sinn des Wortes ist die Kunst des Bewahrens, die Kunst der Zerstörung ist sein Mißbrauch*" oder „*Toute guerre juste, toute guerre qui mérite son nom, est essentiellement défensive et le droit du plus faible – Jeder gerechte Krieg, der diesen Namen verdient, ist im Wesentlichen defensiv und das Recht des Schwächeren*"²⁵⁸ und die Festungen selbst als „*monuments de la paix*" bezeichnet. Diese Grundgedanken wird Carnot später unter dem Verständnis „*das Vaterland ist in Gefahr*" und mit seinem Werk „*De la défense des places fortes*" weiter verfolgen. Unter der Forderung "*tous les efforts de la France doivent être tournés vers la sûreté de ses frontières – alle Anstrengungen Frankreichs müssen auf den Schutz seiner Grenzen gerichtet sein*" endet er mit zwei Vorschlägen, die etwas variiert 1913 von Jean Jaurès wieder aufgenommen werden²⁵⁹. Diese sind – dem Nationalcharakter wie dem Kostendruck geschuldet – eine aktive Verteidigung durch bewegliche Truppen und eine passive Verteidigung aus dem Festungsgürtel. Letztere, die vorherrschend sein soll, bedient sich hierzu einer sächlichen berechenbaren Betriebsamkeit (*l'industrie*), die die menschliche Kraft (*la force*) ersetzen soll, denn zur Not verliert man mit einer Festung fast nur das Werk von Menschen, mit einer Schlacht jedoch nur diese. Durch den Erhalt der Festungen kommt er zu dem Schluss, dass im Frieden an Stelle der aktuellen 300 000 Mann des Feldheeres nur ein

---

[257] H. Carnot, Mémoires, a.a. O.,I. 131. Raimondo Graf Montecuccoli (Familienschloss bei Modena 21. 02. 1609 – Linz 16. 10. 1680), habsburgischer Feldmarschall (Dreißigjähriger Krieg, Türkenkrieg und Pfälzischer Krieg), über seine Zeit hinaus bedeutender Militärschriftsteller.

[258] Ebda., I. 133.

[259] Jean Jaurès, Die Neue Armee, Jena 1913. Jaurès übernimmt in der heftigen Vorkriegsauseinandersetzung über die Armeestruktur von Carnot neben inneren Organisationsformen die Zweiteilung aus Deckungstruppen der Festungen und einem personell im 1 ¾ jährlichen Rhythmus wechselndem Feldheer und einer zusätzlichen Miliz. Jean Jaurès (Castres 03. 09. 1859 – Paris 31. 97. 1914, erlag einem Attentat), reformsozialistischer Politiker, Mitgründer der Zeitung „L'Humanité", pazifistisch orientierter Verständigungspolitiker, gleichzeitig jedoch französischer Patriot.

Bedarf von 100 000 Soldaten besteht und geht damit weit über das ursprüngliche Ziel der Studie hinaus. Dieses Feldheer kann als eine Art Militärschule („*espèce d'école militaire*") mit einem für die Ausbildung ausreichenden 18monatigen Wechsel strukturell für alle im Kriege erforderlichen 300 000 Soldaten ausgelegt werden. Hier wird – in anderer Größenordnung – das Krümpersystem[260] Scharnhorsts von 1808 gedanklich vorweggenommen. Im Verständnis einer auf Patriotismus aufbauenden französischen Nationalarmee will er die Gemeinden von der Aufstellung einer „*désordre*" verursachenden Miliz befreien, dafür aber auch Familienväter in die Pflicht nehmen, denn diese besäßen einen höheren Grad an Patriotismus als irgendwelche eingezogenen Leute. Damit habe man für den Krieg ausgebildete und disziplinierte Soldaten und könne im Frieden 70 000 Männer der Landwirtschaft und den Künsten zurückgeben, „*rendre la levée du soldat douce, facile et économique* – die Aushebung sanft, mühelos und wirtschaftlich gestalten"[261] und auf dem Wege zu einem generellen Frieden („*paix universelle*") könne man „*convertir les forces destructives en forces conservatrices* – die zerstörerischen Streitkräfte in bewahrende Kräfte umwandeln"[262].

Während der Koalitionskriege der Revolution wird der Kampf mit und um Festungen, insbesondere an der Nordost- und Ostgrenze sowie Italien, ein zentrales Anliegen Carnots werden, in dieser Studie in Kapitel IV.3. weiter betrachtet.

Die nächste ernsthafte wissenschaftliche Beschäftigung Carnots mit dem Handwerk des Festungsbaus, wenn man von seinen Direktiven während der Revolutionskriege absieht, stellt sich erst wieder 1809. Möglicherweise im Zusammenhang mit einer Art Wiedergutmachung und einer Intervention Clarkes als Kriegsminister unter Napoleon (s. o.), beauftragt ihn dieser mit einem Werk über die Verteidigung von Festungen mit doppelter Zielrichtung. Einerseits als histo-

---

[260] Von Scharnhorst 1808 eingeführtes System, um die Begrenzung des preußischen Heeres auf 42 000 Mann nach dem Frieden von Tilsit und den Folgebestimmungen der Pariser Konvention vom 08. 08. 1808 zu umgehen. Monatlich, später alle zwei Monate, wurden aus jeder Kompanie Soldaten (Krümper) entlassen und durch neue Rekruten ersetzt. Durch dieses Verfahren konnten bis 1812 zusätzlich fast 40 000 einsatzfähige Soldaten mehr ausgebildet werden. Eine gedankliche „Anleihe" bei Carnot ist jedoch nicht nachzuweisen.
[261] H. Carnot, Mémoires, a. a. O. I. 139.
[262] Ebda., I. 140.

risch unterlegtes Unterrichtsmittel für die neue von ihm selbst gegründete Genieschule in Metz – an Stelle von Mézières –, andererseits um weiteren frühzeitigen oder sogar unnötigen Kapitulationen von Festungen vorzubeugen, worauf Carnot in seiner Einleitung auch hinweist. Carnot stellt seine Schrift unter das doppelte Motto: „*Dans la défense des places fortes, la valeur et l'industrie ne suffisent point l'une sans l'autre, mais elles peuvent tout, étant réunies* – Für die Verteidigung von Festungen bewirken Mut und Technik nichts ohne einander, aber vereint erreichen sie alles"[263]. Wie schon in seinen bisherigen Schriften stehen emotionale Moral und berechenbare Technik nebeneinander. Auf der Grundlage von historischen Beispielen von – zumeist erfolgreicher – Verteidigung ist dieses voluminöse Werk von 616 Seiten als eine Art Vorschrift für die Verteidigung zu sehen. In einem ausgiebigen Vorwort bezieht Carnot sich wieder und wiederholt auf Vauban, Montalembert sowie weitere Festungsingenieure und ergänzt deren Ideen mit Vorstellungen von Cormontaigne[264], wobei hier wohl eher dessen persönlicher Bezug zu Metz als publikumswirksamer Grund, auch gegenüber Napoleon, zu unterstellen ist. Die wesentliche Leistung Carnots be-

---

[263] Lazare Carnot, De la Défense des Places Fortes, Paris^{3eme} 1812, in mehreren erweiterten Auflagen seit 1810 erschienen, von Napoleon allerdings nicht sonderlich geschätzt, nach Dhombres, Carnot a. a. O., 539, möglicherweise, weil er, Napoleon, außer im Titelblatt und der Zitierung einer „Durchhalteweisung" fast als einziger Kriegsherr im Text und bei den historischen Beispielen unerwähnt bleibt. Damit wurde das Werk auch in Metz nicht als Lehrbuch verwandt. Weiter zitiert Dhombres , ebda., 703, Anmerkung 157, Napoleon in St. Helena mit dessen grundsätzlicher Kritik an Carnot: „[*Carnot*] *a composé en ces matières des ouvrages qui ne peuvent être avoués que par un homme qui n'a aucune pratique de la guerre*" (aus Bibl. Hist. et Mil., t.VI. 641) [Carnot hat zu diesen Themen – dem Festungsbau – Werke verfasst, die nur von einem Menschen anerkannt werden können, der keine Ahnung vom Krieg hat].
Übersetzungen in das Englische (durch einen emigrierten, in englischen Diensten stehenden Montalembert, sowie in das Deutsche durch den bayrischen Leutnant von Bressensdorf, den preußischen Major Rühle von Lilienstern u.a. Hauptpunkte in der Kritik richten sich allgemein gegen die Übertragung historischer Beispiele (43 Lehrbeispiele, die immerhin 134 Seiten füllen) bei anderer Technik auf die Jetztzeit, gegen die – einseitige - Hervorhebung der Verteidigung mit der blanken Waffe, sowie gegen technische Details in Carnots Vorschlägen.
[264] Louis de Cormontaigne (Straßburg 1695 – Metz 1752), Ingenieuroffizier in der Nachfolge Vaubans, von 1728 bis zu seinem Tode Festungsbaumeister in Metz und den umliegenden Festungen, Verfasser mehrerer technischer Werke.

steht in einer Umkehr Vaubans, um durch Lernen von dem Angreifer Gegenmittel für eine erfolgreiche und vor allem Blut sparende Verteidigung zu finden. Sein Thema, in zwei Teile aufgegliedert, hat zum Schwerpunkt die Moral *(valeur)*, Tapferkeit und Ehre des Verteidigers mit seiner erfolgreichen Taktik, um „*y défendre sa vie, sa famille, sa liberté*"[265], sowie eine diese zwingend ergänzende und gemeinsame *(qui peuvent ...tout, lorsqu'ils sont combinés*[266]) technisch-materielle Leistung *(industrie*[267]*)*, als eine Kunst, die Verteidigung so lange wie möglich durchhalten zu können. Sich erneut an seinem ehemaligen Pioniergeneral, Fourcroy, reibend kritisiert er die Absurdität, die Dauer einer Verteidigung nach bestimmten Tageszeiträumen rein rechnerisch gemäß der jeweiligen festungsbautechnischen Anlage vorherbestimmen zu wollen[268]. In einer eingegliederten Denkschrift stellt Carnot zwölf aktuelle Fehler des bisherigen Systems vor und wendet sich dann der „aktiven Verteidigung" mit einigen allgemeinen Regeln zu. Daraus abgeleitet hebt Carnot den Willen, ja geradezu den Zwang zum Durchhalten als ein wesentliches Element der Gesamtkriegsführung hervor. Dieser Wille, verbunden mit Vaterlandsliebe, ist es dann auch, der die Truppe befähigt, nur durch den direkten Kampf Mann gegen Mann die Verteidigung zu verlängern *(de défenses prolongées que par les coups de main)*[269]. Unabhängig von den zu schaffenden technischen Möglichkeiten wie durch in Kasematten geschützte Wurfbatterien für

---

[265] Carnot, De la Défense..., a.a.O., 45.
[266] Ebda., 432.
[267] „industrie", allgemein als Kunst übersetzt. Gemeint ist hier die Gesamtheit technisch-materieller Vorkehrungen und Mittel (z. B. Versorgung, Brandschutz, Schutz und Einbeziehung der Bevölkerung, Bastionsbau etc.) und die Fähigkeit des Kommandanten, diese Mittel auch richtig einzusetzen.
[268] Die Tagesvorgaben zur Verteidigung, zwischen 10 und 40 Tagen, gedacht als Maximum, bewertet Carnot als Minimum, die der Besatzung mit dieser „*durée provisionelle*" moralisch eine frühere und noch nicht erforderliche Übergabe zugestehen und die Tapferkeit zu Nichte machen *(echafauder)*, Ebda, 66 ff.
[269] Carnot, De la Défense..., a. a. O., 70. Die Macht der Moral, als einzige Hoffnung des Sieges, als *"seul espoir de vaincre"* (ebda. 60) wird zum Schlüssel der erfolgreichen Verteidigung. Im zweiten, hier zu vernachlässigenden Teil beschäftigt sich Carnot mit der Diskussion um den Bau von Kasematten (Montalembert), mit dem Magazinwesen, der wechselhaften Beziehung von Steilfeuer und Ausfällen, dem Erhalt von Verbindungslinien sowie mit allgemeinen technischen Vorsorgemaßnahmen zur Versorgung oder mit dem Brandschutz.

indirektes Feuer, durch den Einsatz von „*Contremines*", durch verdeckte Gänge, um an jeder Bresche rechtzeitig aufzutauchen oder durch pausenlose Ausfälle, wird die blanke Waffe, das Bajonett, zum entscheidenden Vorteil des Belagerten, insbesondere in den Händen der Franzosen[270]. So bleibt ein Element vorherrschend, welches sich in der Tat allen Berechnungen entzieht, und dieses ist „*l'enthousiasme, cet amour de la patrie et de la gloire qui animait les héros de l'antiquité...que nos contemporains* – *der Enthousiasmus, die Liebe zum Vaterland und zum Ruhm, der die Helden des Altertums wie unsere Zeitgenossen beflügelte*"[271]. An der tatsächlichen Wirksamkeit von diesen so propagierten und – letztlich doch auch für den Verteidiger – verlustreichen Ausfällen und an dem Sinn der verdeckten Wurfbatterien entzündet sich dann auch die fachbezogene Kritik[272]. Andererseits scheint der geniale Generalstabsoffizier wie Truppenführer Gneisenau mit der aggressiven und erfolgreichen Verteidigung von Kolberg 1807 Carnots Lehren schon vorweg genommen zu haben, in dem er mit ständiger Ausbesserung, auch unter Feuer, und überraschenden Ausfällen „Valeur" und „Industrie" verbindet. Keine Aussagen dagegen gibt es in dieser Technikkritik über den von Carnot wieder einmal hervorgehobenen Nationalgeist, den er mit der ehrenvollen Verteidigung am Thermophylen-Pass verbindet, und mit folgenden Worten erklärt: „*Le caractère national du Français est d'attaquer toujours; il gagne de l'audace en allant à l'ennemi; il en perd s'il attend; un rôle passif ne lui convint jamais* – *Der Nationalcharakter des Franzosen ist es, immer anzugreifen, er gewinnt an Kühnheit im Angriff gegen den Feind, er verliert diese, wenn er zögert; eine passive Rolle geziehmt ihm

---

[270] „*l'arme blanche au contraire est la plus favorable à l'assiégé*" ..."*et la plus décisive entre les mains des Français* - *die blanke Waffe dagegen ist für den Belagerten die günstigste...und in den Händen des Franzosen die entscheidendste*", ebda. 74, 76, und vgl. in den Schlussfolgerungen 433 ff. Man erinnert sich an Carnots Rede über die Bewaffnung der Freiwilligen mit Piken (s. o) und an seinen Bajonettbefehl..
[271] Ebda, 60.
[272] Zu Grunde gelegt ist hier die kritisch kommentierte und mit Verweisen versehene Leipziger Ausgabe von 1841: Carnot und neuere Befestigung oder Ausführliche Darstellung und unpartheiische Beurtheilung aller von diesem Ingenieur gemachten Vorschläge über Festungsbau und Festungskrieg und Einfluß derselben auf die neuere Befestigung. Der unbekannte Autor hebt jedoch heraus, dass "*Carnot vielleicht aus eigener Erfahrung fühlte, wie wichtig es ist, Lehren dieser Art, die mehr zum Gemüt als zum Verstande des Menschen sprechen, in eine würdige Sprache zu kleiden*", ebda., 191.

*nie"*²⁷³. Dieser fatalen, aus den Revolutionskriegen bis in den Ersten Weltkrieg herüber geretteten Sicht ist nichts hinzu zufügen. Bezeichnender Weise findet sich dieser Satz auch nicht bei Charnay, Dhombres oder anderen seiner Biographen wieder.

Als sich Carnot 1814 Napoleon zur Verfügung stellt, wird er unversehens wieder mit seiner „Défense des Places Fortes" konfrontiert. Der Verfasser hat kein Indiz für die nun von ihm vorgestellte These gefunden, aber es ist nicht unwahrscheinlich, dass Napoleon ihm gerade auf Grund dieser Arbeit das Kommando als Gouverneur der Festung Antwerpen übertragen hat. Denn Carnot hatte im Zusammenhang mit unnötigen Festungsübergaben ausdrücklich die Übertragung der Verteidigung dieser Festung an den General Colaud am 11. August 1809 durch Napoleon dargestellt²⁷⁴. Es ist nicht uninteressant, Napoleons damalige Weisung zu zitieren: *"La place d`Anvers…nous avons résolu de nommer, pour commandant de cette place, un officier d'une bravoure distinguée, dont nous aurions éprouvé le zèle et la fidélité dans maints combats…. Nous lui ordonnons de nous conserver cette place, et de ne jamais la rendre sous aucun prétexte"* [Die Festung Antwerpen …wir haben uns entschieden, als Kommandanten dieser Festung einen Offizier von herausragender Tapferkeit einzusetzen, dessen Diensteifer und Treue wir in vielen Gefechten erprobt haben würden…Wir befehlen ihm, uns diese Festung zu erhalten und diese niemals zu übergeben, unter welchem Vorwand auch immer]²⁷⁵. Zweifellos war Antwerpen eine wichtige Hafen- und Industriestadt in strategisch bedeutender Lage, doch man kann über Napoleons Beweggründe rätseln,

---

²⁷³ Carnot, De la Défense…, a. a. O., XXViij. des Vorwortes.
²⁷⁴ Während eines größeren britischen Unternehmens (ca. 20 000 Mann) gegen die Scheldemündung von Juli bis Dezember 1809 hatte Vlissingen unter dem französischen General Monnet mit 4 000 Mann am 15. 08. schon nach 16 Tagen kapituliert, das weiter im Hinterland liegende Antwerpen konnte sich unter Colaud behaupten. Monnet (1766 – 1819) wurde in Abwesenheit (Gefangennahme) wegen Feigheit vor dem Feind zum Tode verurteilt und kehrte erst nach Napoleons Sturz nach Frankreich zurück.
Claude Sylvestre Colaud (Briancon 11. 12. 1754 – Paris 03. 12. 1819), Leutnant zu Beginn der Revolution, später als General fast immer im Norden eingesetzt. Nach der Verteidigung Antwerpens wurde er Gegner Napoleons, Pair unter der Restauration.
²⁷⁵ Carnot, De la Défense…, a. a. O., 83, 85.

ob die Bestellung eine Probe auf das Exempel Carnot sein sollte, eine persönliche Sottise gegen diesen, oder tatsächlich in der Erkenntnis von dessen Fähigkeiten erfolgte[276]. Wie dem auch sei, am 02. Februar 1814, nun als wirklicher Divisionsgeneral und Gouverneur der Festung übernimmt er das Kommando in Antwerpen. In den folgenden Wochen macht er alles richtig, in dem er das ausführt, was er vier Jahre vorher in seiner Vorschrift niedergelegt hat. Er überprüft persönlich alles, ist überall präsent und führt selbst; er verhindert ein unnötiges Niederbrennen von Vorstädten und nimmt die Bevölkerung mit, wodurch feindliche Flugblattaktionen zu Aufforderung zum Überlaufen oder zu passivem Widerstand wirkungslos werden; er lässt sogar mit einer Weisung vom 10. März eigene Münzen prägen, um die – interne – Wirtschaft in Gang zu halten und macht erfolgreiche Ausfälle. „Valeur" und „Industrie" verbinden sich in der von ihm geforderten Einheit. Selbst die gewaltsame Austreibung von fast 15 000 „*bouches inutiles*" [unnützen Mäulern] tut der allgemeinen Stimmung der Einwohner keinen Abbruch, so dass Carnot am 26. März melden kann: „*Unsere gegenwärtige Situation ist ausgezeichnet. Die Stadt befindet sich im besten Verteidigungszustand. Die Artillerie der Wälle zeigt fürchterliche Wirkungen, Armee und Marine harmonieren vollkommen. Die Bürger Antwerpens bezeigen mir großes Vertrauen.*"[277] Er befolgt unter diesen Umständen sogar noch einen Befehl Napoleons, die Hauptmasse seiner Truppen dem neu formierten I. Armeekorps abzustellen. Die verbleibenden 3 000 Marinesoldaten ergänzt er durch Gendarmerie und bietet Bürgerwehren auf. Mit der Gesamtheit seiner Dispositionen folgt er auch seiner Feststellung aus der „Défense", in der er schrieb: „*L'Essence de la Guerre est malheureusement de sacrifier une partie pour sauver la généralité.*

---

[276] Dieser Sicht entspräche die Aussage Napoleons General Clarke gegenüber: „*Wenn ein Mann wie er seine Dienste anbietet, bin ich sicher, daß er treu auf seinem Posten ausharren wird. Sagen Sie ihm, ich vertraue ihm die bedeutendste Festung Frankreichs an*". Carnot wird sodann einen Tag nach seinem schriftlichen Angebot vom 24. Januar 1814 vom Chef de Bataillon des Jahres 1795 über mehrere Stufen hinweg zum General befördert.
[277] Vgl. die Schilderung der Verteidigung durch Piet Lombardaere, Carnot à Anvers, in: Charnay, Carnot Savant, a. a. O., 121 – 133. Siehe auch Mathiot a. a. O., 312 ff. und H. Carnot, Mémoires, a.a O., II. 315. Immerhin lässt Carnot fast ein Viertel der Bevölkerung ausweisen, eine Zahl, die in etwa der Stärke seiner Truppe entspricht. Viele der Ausgewiesenen sterben in der Winterkälte.

Elle ne laisse pas le choix entre le bien et le mal, mais seulement entre le mal et un autre plus grand- [Das Wesen des Krieges besteht leider darin, einen Teil zu opfern, um die Allgemeinheit zu retten. Dies lässt keine Wahl zwischen dem Guten und dem Übel, sondern nur zwischen diesem und einem noch größeren Übel]"[278]. Diese militärisch bezogene Aussage, dass der Mensch immer nur die Wahl zwischen zwei Übeln hat, und es gilt, das geringere zu wählen, trifft im Übrigen auf Carnots gesamtes Handeln zu und kann damit als eine durchgängige politische Handlungsdirektive angesehen werden, die sich in seinen Denkschriften, oft in anderer Form formuliert, immer wiederfindet.

Schmeichelhafte Aufforderungen zur Übergabe und damit zum Sturz Napoleons durch den preußischen General von Bülow, der Carnot an Napoleons Undank erinnert, und des schwedischen Kronprinzen[279] weist er beharrlich und konsequent zurück. Auch als er am 10. April von der Abdankung Napoleons vom 06. April erfährt, bleibt er auf seinem Posten mit der Antwort: *"Ich befehlige die Festung Antwerpen im Auftrag der französischen Regierung, nur sie kann das Ende meiner Funktion bestimmen"* und lässt noch am 18. April mit einem Tagesbefehl die Verteidigung des Platzes im Namen von Ludwig XIII. *„jusqu'à la dernière extrémité"* anordnen und die weiße Kokarde anlegen[280]. Carnot hält also durch bis zum Ende seines Auftrages, anders als Napoleon 1799 in Ägypten, und öffnet, wieder ganz im Verständnis der staatlichen Legalität im Namen des Vaterlandes, erst auf Weisung der Provisorischen Regierung des Grafen von Artois die Stadt. Am 03. Mai 1814 verlässt Carnot nach der Veröffentlichung seines Dankes an

---

[278] Carnot, De la Défense..., a. a. O., 267. Schon 1810 begründete Carnot mit diesen Worten eine ggf. notwendig werdende Ausweisung der Stadtbevölkerung bei einer Belagerung.

[279] Jean Baptiste Bernadotte (Pau 26. 01. 1763 – Stockholm 08. 03. 1844), aus bürgerlichem Umfeld einfacher Soldat, Offizier während der Revolution, in „Hassliebe" mit Napoleon verbunden. 1804 Marschall und Gouverneur in Hannover. Im August 1810 Kronprinz von Schweden, damit auch politische Lösung von Napoleon, trotz dessen Werbens. 1818 bis 1844 König unter dem Namen Karl XIV. Carnot antwortet, auch hier sich treu bleibend: *„ Ich war ein Freund des französischen Generals Bernadotte, ...aber ich bin ein Feind des ausländischen Prinzen, der die Waffen gegen sein Vaterland kehrt".* In: Histoire des armées françaises de terre et de mer de 1792 à 1837, hrsg. von Abel Hugo, Band 5, Paris 1838, 244.

[280] Charnay, Carnot. Révolution et..., a. a. O., I. 304 – 308.

die Bürger an der Spitze seiner Truppen mit klingendem Spiel die Festung Antwerpen, unter Ovationen der Bevölkerung. In der kriegsgeschichtlichen Betrachtung fand diese Verteidigung keinen großen Widerhall, jedoch war es durchaus ungewöhnlich, dass die Bevölkerung dem letztlich landfremden Carnot eine Dankadresse zukommen ließ und ihm noch 1865, nunmehr belgisch, ein Denkmal setzte, welches 1945 durch Bombenangriffe zerstört wurde.

Im Magdeburger Exil schließt sich der militärtheoretische Kreis um den Festungsbau. Hier schreibt Carnot 1820/21 seine letzte Denkschrift, immer noch und wieder mit Bezug auf den Vauban des 17. Jahrhunderts, eine kleine Abhandlung über die einfache Befestigung[281], die an sein oben behandeltes Werk "Über die Verteidigung der Festen Plätze" anschließt. Im Schwerpunkt stehen auch hier in Variation, Ergänzung und Zusammenfassung des Bisherigen die „Kombination aus Handstreich und der Anwendung von Feuerwaffen" als überraschende Ausfälle, "retours offensifs", unter dem Schutz der eigenen Festungsartillerie, um wieder die Überlegenheit der Verteidigung gegenüber dem Angriff herzustellen. Ohne auf die technischen Aspekte genauer eingehen zu wollen, bestehen die Neuerungen in gekrümmten, der Natur angepassten Formen, in vorgeschobenen unterirdisch zugänglichen Forts, in der Nutzung von Mörserfeuer[282], aber auch vor dessen Schutz und in den später als Carnot'sche Mauern[283] bekannt gewordenen „Kontrescarpe-Mauern" und dem „Couvreface" zum Schutz der für einen Ausfall vorgesehenen Truppe, der dahinterliegenden Bastion und der Festungsartillerie. Insofern bleiben Carnots Grundideen wie die Reduzierung von Verlusten und Kosten, diesmal

---

[281] Lazare Carnot, Mémoire sur la Fortification Primitive, Paris 1823 (möglicherweise auch schon 1821 in Paris veröffentlicht). Hier in der Übersetzung von Intertext Sprachendienst der DDR In: Technische Universität „Otto von Guericke" Magdeburg 33 (1989) Heft 2, Carnot-Ehrung der DDR 1989, Magdeburg 1989, 91-108. Siehe auch im Text bei III. 3.

[282] Carnot bezieht sich hierbei auf die von Scharnhorst beschriebenen Vorteile des Steilfeuers der Mörserwaffe (Mémoire, a.a.O., 106.). Auf innere Widersprüche z. B. hinsichtlich der Unterschiede in bastionierter oder in kreisförmiger Gestalt einer Festung kann hier nicht eingegangen werden.

[283] Z. B. Magdeburg (Bernhard Mai, Christiane Mai, Festung Magdeburg, Dößel 2005, 7, 97, 125.), jedoch ohne persönliche Beteiligung Carnots und die Festung Germersheim.

für den Verteidiger bei gleichzeitiger Erhöhung des Risikos für den Angreifer, erhalten. Eine Bestätigung oder Bewährung dieser Ideen hat es jedoch nicht gegeben, die zeitlich nächstliegende große Belagerung fand um Sewastopol im Krimkrieg 1854-56 statt, hier allerdings unter erheblicher Weiterentwicklung der artilleristischen Komponente

Insgesamt kann festgestellt werden, dass Carnot kein Erneuerer der von Vauban und Montalembert vorgegeben Theorien war. Aber auf der Grundlage moralischer Prinzipien in der Kriegführung hat er diese Theorien verfochten und sie, technisch wie praktisch, behutsam weiterentwickelt. Auch wenn, wie oben dargestellt, sein direkter Einfluss auf die weitere französische und die neuere preußische Festungsbautechnik nur in Teilbereichen nachgewiesen werden kann[284], gehört er zu den Großen der klassischen Festungsbaukunst. Es bleibt ihm mit der oben geschilderten Verteidigung von Antwerpen auch der seltene Ruhm, seine eigenen Forderungen in der Praxis an sich selbst erprobt und erfolgreich angewandt zu haben.

2. „Le Pouvoir de L´Habitude" von 1787 und die Bürgerrechtserklärung von 1793

„Nichts drückt einen Staat mehr, als die Neuerungen. Die Veränderung veranlaßt schon allein Ungerechtigkeit und Tyranney ....Alle großen Veränderungen erschüttern den Staat, und bringen ihn in Unordnung[285].

---

[284] Siehe Anmerkung 8. Der preußische Autor Alexander von Zastrow ordnet Carnot aber immerhin in eine Reihe mit den großen Festungsbaumeistern ein (Alexander von Zastrow, Geschichte der beständigen Befestigung oder Handbuch der vorzüglichsten Systeme und Manieren der Befestigungskunst. Neudruck der 3. Auflage Leipzig 1854. Mit einem Vorwort von Rudolf Schott, Osnabrück 1983. Vgl. auch Philippe Truttmann, Lazare Carnot et l´Art de la Fortification in: Charnay, Lazare Carnot, Révolution et.., a .a . O., I. 143 – 154 bzw. Jean-Marie Goënaga, Aspects techniques de la Fortification selon Lazare Carnot in: Charnay, Carnot Savant, a. a. O., 378 -379.

[285] Michel de Montaigne, Essais, durchges. Neuausgabe nach der ersten deutschen Gesamtausgabe von Johann Daniel Tietz, Frankfurt/Main 2010, 1052. (Drittes Buch, IX. Hauptstück, Von der Eitelkeit, wenig später -1094- sagt Montaigne „*Ich bin also übel auf die aufrührerische Vernunft zu sprechen*"). An anderer Stelle -129- zitiert Montaigne Livius (XXXIV c. 54.)mit „*So viel ist gewiß, daß keine Neuerung zu billigen ist*". Hauptsächliche Bezüge bestehen zu I., XXII.; II., III.; III., IX. und XIII. Michel de Montaigne (Montaigne 28. 02. 1533 - 13. 09. 1592), Staatsmann und

Am 25. Mai 1787 hält Carnot in Arras zur Aufnahme in eine der ältesten Akademien Frankreichs diese erst 1971 wieder aufgefundene Antrittsrede[286]. Weder die Leichtigkeit der „ROSATI", noch militärpolitische Überlegungen oder mathematisches Formelwerk stehen im Vordergrund, sondern aus der französischen Philosophie heraus gebildete Gedanken zu einer naturgemäßen Entwicklung von Moral zu Pflicht und der daraus erwachsenden Tugend[287] aller. Ohne Montaigne direkt zu zitieren, folgt er dessen Aussage: *„Die Gesetze des Gewissens, welche unserm Vorgeben nach aus der Natur entspringen, entspringen vielmehr aus der Gewohnheit"*[288], so dass die Gesetze des Staates aus Verehrung, aus Einsicht und damit *„innigem Vergnügen"* befolgt werden. Ein Vergleich der Essays, allein mit ihren Überschriften, von Montaigne mit Carnots Text, lässt indes mehrere gedankliche Anleihen vermuten. Nach Dhombres[289] geht die Idee für diese bedeutende Rede aus einem Artikel der Enzyklopädie hervor, in dem „Habitude" (Carnot) mit „Coutume" (Montaigne) gleichgesetzt wird und dessen Kernaussage lautet: *„Les hommes s´entretiennent volontiers de la force de la coutume, des effets de la nature et de l´opinion. Peu en parlent exactement – die Menschen erhalten sich gerne die Kraft der Gebräuche, der Einwirkungen der Natur und der Meinung. Nur wenige sprechen jedoch darüber"*. Anreiz und Auslöser scheint die abschließende Feststellung zu sein, dass bisher über dieses Thema wenig und wenn ungenau gesprochen worden ist. Ausgehend von der ma-

---

einflussreicher philosophischer Autor [Que sais-je?], insbesondere durch seine sprachlich wie inhaltlich bedeutenden Essays.
[286] Diese erst 1971 wieder aufgefundene Rede ist, in Teilen kommentiert, abgedruckt bei Dhombres, a. a. O., 212 ff. und 206 ff., bei Charnay, Lazare Carnot Savant II., a. a. O., 395 ff. Sachlich richtig und sprachlich korrekt in das Deutsche übersetzt wie kommentiert von Ursula Wilke und Joachim Wilke, Ethik am Vorabend der Revolution: Carnots Rede über die Macht der Gewohnheit in: Wissenschaftliche Zeitschrift der TU „Otto von Guericke" Magdeburg, 34 (1990), Heft 3, Carnot-Ehrung der DDR, Magdeburg 1990, 92 – 98.
Robespierre hatte seine ebenfalls philosophische Antrittsrede 1784 gehalten.
[287] Wilke, a. a. O., 94.
[288] Montaigne, a. a. O, 124, Erstes Buch, XXII. Hauptstück, Von der Gewohnheit, und daß man ein einmal eingeführtes Gesetz nicht leicht ändern soll.
[289] Dhombres, a. a. O., 207, 652. Dhombres erweitert die Anleihe mit einem Bezug auch auf Pascal.

thematischen Sicht von Gleichgewicht und Stabilität[290] wird in Carnots Text die aufklärerische Grundtendenz deutlich, nach dem Ursprung und dem Zusammenhang von Gut und Böse in einer Gesellschaft zu suchen. Aus konservativer, d.h. bewahrender Geisteshaltung zieht Carnot die Verbindung von Erfahrung und Denken zu aktiver und geduldiger Umsetzung in praktische und formende Tätigkeit als Grundlage der Gewohnheit und damit am Ende des Vortrags auch zu den Prinzipien der universellen Moral (*les principes de la morale universelle*). Damit entspricht Gewohnheit in Carnots Verständnis einem langfristigen und sich wiederholenden Erziehungsprozess der gewollten Aneignung und bewusster Verinnerlichung „gewohnter" moralischer Grundsätze, und geht über in ständige Übung (*exercise*). Gewohnheit gewinnt dadurch eine Eigenrationalität und eine besondere Anziehungskraft und damit Macht (*pouvoir*) und wird als sozialer Wert („*valeur sociale*"[291]) eine normative Kraft. In Abgrenzung, aber auch im Zusammenhang zu ähnlichen Begriffen wie Brauchtum und Sitte, Ritualität und Routine, Herkommen und tradierter Orientierung oder Konformität des Althergebrachten bis hin zu der unbestreitbaren Kraft von unterschiedlichen Einflüssen und der diesen folgenden Anpassung, stellt Carnots Gewohnheit mehr als nur eine vordergründige Gewöhnung dar. Sie wird eine Art Erkenntnis, dass Etwas, wie eine bestimmte Moral oder eine verantwortliche Staatsklugheit zum allgemeinen Wohl, einfach zum – rechten und naturbedingten[292] – Leben dazugehört[293]. Anders als die mehr äußere Beschaffenheit der lateinischen „habitudo" entspricht sie eher der „habitas" als Gesinnung oder erworbene und anerzogene Eigentümlichkeit. In der Ab-

---

[290] Wilke, a,. a. O. 92. In diesem Kontext kann man der schon mehrmals (Vgl. Arago, Fußnote 95) geäußerten Feststellung über die mathematisch geprägte Grundlage allen Denkens bei Carnot durchaus folgen. Ebenso Gillispie, Lazare Carnot, a. a. O., 102, 105.

[291] Dhombres, a.a .a O., 211.

[292] Carnot zitiert hier (Dhombres a.a.O., 216) Pascal: "*La nature même n´est peut-être autre chose qu´une première habitude – die Natur selbst ist vielleicht nichts anderes als eine erste Gewohnheit*", die nach Carnot aber wiederum durch Geduld und die Macht der Gewohnheit selbst überwunden wird.

[293] Vgl. hierzu Tilman Allert, Weihnachten ist Zumutung und Entlastung zugleich, in: FAZ, Nr. 299 vom 23. 12. 2010, Frankfurt/Main 2010, 4. Der Verfasser hat aus Überlegungen des Frankfurter Soziologen zu der Tradition und der Gewohnheit des Weihnachtsfestes einige von dessen Gedanken analog auf Carnot übertragen.

lehnung einer Ausschließlichkeit allein von Gesetzen, des Ehrbegriffs als Vorurteil *(préjugé)*, der Religion, der Vernunft oder auch allgemeiner Gebräuche *(coutumes)*, ja sogar des Naturgesetztes selbst, die zusammengenommen durchaus ihren Einfluss haben, aber in der Anwendung auf Furcht *(crainte)* vor Unterlassung beruhen, stellt Carnot mit der Selbstbefreiung *(délibération)* des Menschen von diesen sein Konzept einer *„forte habitude du bien, le long exercice de la vertu - die starke Gewöhnung an das Gute, die lange Einübung der Tugend"*²⁹⁴ dagegen. Der oben angesprochenen Philosoph Baron Holbach schrieb hierzu 1770: *„Der freieste Mensch ist der, welcher die wenigsten Vorurteile besitzt"*²⁹⁵. Mit dieser inneren Selbstbefreiung des Menschen, die wiederum eng mit dem Gedanken der Toleranz verbunden ist, und mit der Hervorhebung einer kontinuierlichen Erziehung steht Carnot auch hier ganz im Zeichen der Aufklärung²⁹⁶. Die Hervorhebung von Pflicht und Einsatz für das öffentliche Wohl des Staates weisen dagegen auf die Gedanken einer doch eher bürgerlichen Werthierarchie im Vorfeld der kommenden Revolution hin, auch wenn zu diesem Zeitpunkt die von Wilke gesehene *„Idee der Wandlung, als Veränderung in der und durch die Kontinuität"*²⁹⁷ doch etwas vorausgegriffen ist. Anknüpfend an mehrere Essays von Montaigne im Sinne des Eingangszitats, auf welches Carnot einmal Bezug nimmt, tritt Carnot hier dennoch eher als Bewahrer oder Verfechter eines allmählichen Anpassungsprozesses auf, denn als Veränderer oder gar als Revolutionär²⁹⁸. Damit zeigt sich Carnot wieder einmal als ein Vertreter von historischer wie philosophischer und sich formender Sequentialität, die allerdings auch positiv in die

---

²⁹⁴ Dhombres, a. a. O., 217. Der Begriff „vertu" wurde ein Schlüsselwort von Aufklärung wie Revolution.
²⁹⁵ Paul-Henri Thiry d´Holbach, Essay über die Vorurteile, Leipzig 1972, 113.
²⁹⁶ Auch H. Carnot, Mémoires, a. a O., I. 10 und 32, weist in seiner Biographie auf den Zusammenhang von Gewohnheit und Erziehung in Carnots Denken hin und sieht darin eine Grundlage für eine Äußerung Carnots von 1798 über die sich nur daraus entwickelnde moralische Freiheit des Bürgers für den Dienst am Staat.
²⁹⁷ Wilke, a.a.O., 92.
²⁹⁸ Die intensive Beschäftigung mit diesem Thema, die Bedeutung, die Carnot der Gewohnheit und der daraus resultierenden Einbindung des Einzelnen in die Gesellschaft zumisst, wird auch durch ein Sonett deutlich. Unter dem Titel „L ´Empire de la Coutume" [sic!] darf der Mensch sich nicht *„singulariser"*, sondern nur unter der Organisation in ein *„corps de nation"* wird er zivilisiert und trägt zum *„bien-être commun"* bei. Carnot, „Opuscules", a. a. O. 95.

Zukunft wirkt, gegenüber einer Zyklizität der Entwicklung[299]. Nur die Gewohnheit sichert letztlich die Entwicklung der Moral und ihr Weiterleben. So kann diese Rede auch als eine Mahnung zur Berechenbarkeit menschlichen Handelns und als Warnung vor dessen natürlicher Unbeständigkeit gesehen werden, zumal den Ablauf der Gewohnheit störende Begriffe wie Enthusiasmus oder Leidenschaft hier gar nicht auftreten. Die dargestellte fast zögerliche, ja behutsame und nüchterne Art des Denkens und des daraus zu entwickelnden gesellschaftlichen Handelns wird, von wenigen Ausnahmen abgesehen, Carnots eigenes Auftreten während der Revolution bestimmen. Daher muss diese Rede als wichtiger Schritt in Carnots Leben, aber auch als grundlegender Baustein für seine historische Bewertung gesehen werden.

Am 12. Mai 1794 hält Carnot als Präsident des Konvents in Paris zu Ehren Rousseaus, anlässlich der Überführung von dessen Urne in das Pantheon, vor der Genfer Delegation eine Ansprache. Ganz in Fortsetzung seiner Rede über die Macht der Gewohnheit führt er am Beispiel Rousseaus aus, dass sich „*le bonheur individuel de la prospérité publique*", das individuelle Glück aus dem öffentlichen Wohlergehen ableitet, und nicht umgekehrt. Er, Rousseau, sei der Mann, der die Moral und die Wahrheit dadurch wiederbelebt habe, dass er in praktischer Philosophie, bei den Kindern beginnend, den Menschen zu der „*l'amour de la vertu*" angeleitet habe[300].

Diese wiederholt angesprochene wechselseitige Beziehung aus allgemeinem Wohl des Staates und Glück des Einzelnen durch Moral und freiwillige Pflicht findet sich auch in Carnots Entwurf für eine Bürgerrechtserklärung vom 10. März 1793 wieder[301]. Nachdem Con-

---

[299] Unter diesem Gedanken der Zyklizität passte Carnot gut in das Gedankengebäude materialistischer Geschichtsschreibung. Aber gerade dieser Zuordnung wird vom Verfasser widersprochen, der bei Carnot ein Kontinuitätsdenken bestätigt sieht.

[300] Charnay, Lazare Carnot, a. a. O., 401. Auch hier kann auf Montaigne zurück gegriffen werden: „*Je suis de cet avis, que la plus honorable vocation est de servir au public et être utile à beaucoup* – ich bin dieser Meinung, dass die ehrenvollste Berufung die ist, der Allgemeinheit zu dienen und zu vielem nützlich zu sein". Montaigne, Essais, 3 Bände, hrsg. von Daniel Ménager, Tours 1986, livre troisième, IX. De la vanité, 47.

[301] Gedruckt in: Ètienne Charavay, Correspondance Générale de Carnot, Tome Premier (Août 1792 – Mars 1793 Paris 1892, Actes de Carnot à la Convention, 401 – 407. Die in Klammer gesetzten fr. Begriffe sind diesem Text ohne weitere An-

dorcet[302] am 15. Februar ein neues Verfassungskonzept und mit dreiundzwanzig Artikeln eine neue Deklaration über die natürlichen, die zivilen und die politischen Rechte des Menschen vorgelegt hatte, beschloss der Konvent, dass jedes Mitglied ein eigenes Projekt vorlegen könne. Carnot folgt diesem Aufruf mit seinem Entwurf aus zweiundzwanzig Artikeln, die er mit einem erklärenden Vorspann versehen als Grundlage für eine Verfassung selbst vorstellt. Wesentliche Aussagen in seiner Begründung sind die Suche nach Klarheit (*grande clarté*) und Einfachheit (*plus parfaite simplificité*), um jede Möglichkeit späterer Interpretationen unter dem Vorwand eines Missbrauchs zu vermeiden. In Bezug auf die eingeforderte Klarheit beschränkt sich Carnot an Stelle der unbegrenzten Rechte im Naturzustand auf die Bürgerechte des Menschen in der Gesellschaft. Ihm geht es hierbei also nicht um die mehr philosophisch und moralisch begründeten universellen Menschenrechte, sondern um den zweiten Schritt, deren praktikable und ebenfalls universell mögliche Umsetzung in einem Staat[303], in der sozialen und staatlichen Entwicklung des Menschen zum Bürger. Dies sieht er nicht als Einschränkung, sondern als lenkende Ordnung, um auch den Willen des Stärksten in das Wohl der Gemeinschaft einzubinden. Das natürliche menschliche Eigeninteresse (*intérêt propre*) und die ebenfalls natürliche Eigenliebe (*l'amour de lui-même*) des einzelnen Bürgers werden damit eingehegt und jeder Bürger erhält zum Aus-

---

merkung entnommen. Eine Übersetzung mit vorangestellter ausführlicher – allerdings zu eng auf ein antifeudales und radikaldemokratisches Jakobinertum verweisende – Interpretation, findet sich bei Hermann Klenner, Carnots Bürgerrechtserklärung von 1793, in: Technische Universität „Otto von Guericke" Magdeburg, Wissenschaftliche Zeitung 34 (1990) Heft 3, Carnot-Ehrung der DDR 1989, Magdeburg 1990, 99 – 104. Der Verfasser sieht diese Bürgerrechtserklärung eher politisch-pragmatisch als materialistisch, wie von Klenner interpretiert, der diese Erklärung in die Reihe der Vorläufer des „Kommunistischen Manifests" von 1848 einordnet.

[302] Marie Jean Caritat, Marquis de Condorcet (Ribemont 17. 09. 1743 – Paris 18. 03.1794 in der Haft), Mathematiker, Philosoph und Politiker, versuchte 1990 vergeblich in den Katalog der Menschen- und Bürgerrechte die Frauen aufzunehmen. Wie Rousseau oder Carnot Befürworter einer Nationalerziehung. Stimmte gegen den Tod des Königs. Nach seiner Flucht 1793 in Paris 1794 verhaftet, die Todesursache bleibt ungeklärt.

[303] Noch lässt sich nicht von einer Verbindung von „citoyenneté" und nationaler französischer „identité", die später das Republikverständnis bestimmt, sprechen.

gleich hierfür den gleichen gesellschaftlichen Schutz (*protection sociale*) und kann in der Gesellschaft seine Rechte, ohne anderen zu schaden, sogar mehren (*agrandir*). Carnot bezeichnet dies als Recht des [gesellschaftlichen oder staatlichen, der Verf.] Wohlwollens (*droit de bienveillance*), das jedoch wieder mit den Pflichten (*devoir*) des Bürgers reziprok und damit untrennbar verbunden ist, wodurch das ganze Gebäude zu einem freiwillig unterzeichneten, aber dennoch verbindlichen „*pacte social*" wird. In logischer Weiterführung des vorangegangenen Textes über die Gewohnheit stellen auch hier Erfahrung, nationale Erziehung[304] und die Gewohnheit („*soc de l'habitude"*) selbst, treffend mit dem Wort Pflugschar verbunden, die Voraussetzungen *„für das Wohl der Generationen, die nach uns kommen"*, wie Carnot selbst in einer Anmerkung zu seinem Text sagt. Eine für Carnots politischen Pragmatismus und Realitätssinn aussagekräftige Bemerkung ist hier noch anzufügen. Im Gegensatz zu der in der späteren Deklaration[305] in ihrem Artikel 6. tatsächlich verwendeten Goldenen Regel der praktischen Ethik und dem alttestamentarischen Bibeltext „*Was Du nicht willst, das man Dir tu, das füg' auch keinem andern zu*"[306] verändert Carnot diesen jedoch wesentlich zu "*Chacun doit aider ses semblables, autant qu'il le peut sans nuire à ses propres avantages, et nul ne peut blesser les intérêts d'autrui sans nécessité pour lui-même – jeder muss seinesgleichen helfen, soweit er es kann, ohne sich selbst zu schaden, und niemand darf die Interessen anderer ohne Notwendigkeit für sich selbst verletzen*"[307]. In einer Anmerkung begründet er, hier ganz Soldat und Realpolitiker, dass der ursprünglichen Regel die Machbarkeit fehle und diese damit ihre eigene Moral aufhebe, weil niemand gezwungen werden könne, [z. B. in der Vertei-

---

[304] Eine durchaus denkbare Anleihe aus Rousseaus Überlegungen zu einer patriotischen Erziehung in seinen „Considérations sur le gouvernement de Pologne" aus den Jahren 1771/2 ist nicht nachzuweisen.

[305] Weitgehend Condorcet folgend wurde am 24. Juni 1793 die 2. (von vier der Revolution) Verfassung gebilligt. Nach der Deklaration der Menschen- und Bürgerrechte (35 Art.), die mit einer Widerstandspflicht bei deren Verletzung endet, folgt die Verfassung, beginnend mit „*La République française est une et indivisible*". Jean Tulard u. a., Historie et dictionnaire de la Révolution française 1789 – 1799, Paris 1987, 694 ff.

[306] Tobias 4. 16. In der Lutherbibel.

[307] Charavay, Correspondance, a. a. O., I. 403.

digung, der Verf.] gegen seine eigenen Interessen zu handeln oder jeglichen Konkurrenzgedanken aufzugeben.

Bemerkenswert für die dem erklärenden Vorspann folgenden Artikel sind – auch hier seinen bisherigen Veröffentlichungen folgend – die Hervorhebung von dem „*Wohl des Volkes als oberstes Gesetz*" [Art. I.] und nicht von dem Wohl des Bürgers, obgleich die Übereinstimmung mit dem Interesse des Einzelnen anzustreben ist. Damit wird dem Volk als Ganzes die exklusive Souveränität zugesprochen, und jeder Bürger muss, nach seinen Fähigkeiten, einen nützlichen Beruf erlernen und zum öffentlichen Wohlstand (*prospérité*) beitragen. Im Gegenzug erhält er u.a. bürgerliche Freiheits- und Sicherheitsrechte, soweit sie das allgemeine Wohl nicht einschränken. Weiterhin die Freigabe, als Bürger oder Volk aus der Gemeinschaft auszutreten (*le droit de s´isoler*) [Art. II. und III.], dabei jedes Anrecht auf Schutz oder das Recht auf Wohlwollen verlierend.

Wichtiger jedoch, und nicht nur für diese Studie, ist Carnots Forderung nach einem neuen Verständnis von dem Bürger, der als Bürger gleichzeitig auch sein Vaterland verteidigt. Zwar war gerade am 24. Februar diesen Jahres die erste Aushebung von 300 000 Mann verfügt worden, aber mit dem Art. VI. in Carnots Vorschlag, *"tout citoyen est né soldat: la societé a le droit d´exiger que chacun de ses membres concourre à repousser par la force quiconque attente à la souvraineté qui appartient à tous et blesse d´une manière quelconque les intérêts communs"* [Jeder Bürger ist ein geborener Soldat: Die Gesellschaft hat das Recht zu fordern, dass jedes ihrer Mitglieder auf der Stelle dazu beiträgt, jeden Versuch gegen die Souveränität, die allen gehört und Verletzung welcher Art auch immer der gemeinsamen Interessen mit Gewalt zurück zuweisen.], ist erst die Idee der „*Levée en masse*" geboren[308], welche dann am 23. August 1793 auch per Gesetz eingeführt wird[309]. Dieses mythen-

---

[308] Scharnhorst wird 1808 fordern *"Jeder Bürger eines Staates ist der geborene Verteidiger desselben"*.

[309] Eine allgemeine Wehrpflicht nach heutigen Vorstellungen (fünfklassige Altersgruppierung, beginnend mit 25 Jahren, aber Ausnahmen zulassend) wurde erst auf Jourdans Vorschlag am 05. 09 1798 beschlossen. Siehe zu diesem Komplex u. a.: Ute Planert, Der Mythos vom Befreiungskrieg, Paderborn 2007, 103 f., sowie A. Leonard, JAPD au Consulat der France vom 12. 04. 2008, www.aix-mrs.iufm.fr vom 14. 01. 2011, sowie Anne Crépin, Soldats et citoyens. Naissance du service militaire en France et en Prusse in: Annales historiques de la Révolution française,

bildende Gesetz[310] war zuvor eine politische Entscheidung, die dann erst später in feste Strukturen organisatorisch umgesetzt werden musste. Die Wechselwirkung von „*citoyen-soldat*" und „*soldat-citoyen*" hat hier ihren Ausgangspunkt. Hatte Rousseau noch gefordert, dass „*tout citoyen soit soldat par devoir* [Pflicht], *aucun par metier*"[311], dem Guibert 1780 mit seinem Werk "*le soldat citoyen, ou vues patriotiques sur la manière la plus avantageuse du pourvoir à la défense du royaume*" [Der Bürgersoldat, oder die patriotische Sicht über die vorteilhafteste Art der Fähigkeit zur Verteidigung des Königreiches] in etwa folgt, verändert sich nunmehr jedoch die "*esclavage militaire*" des Absolutismus in den „*citoyen – soldat*" als den entscheidenden Pfeiler der politischen Freiheit. Der Soldat wird nicht nur ein gesellschaftlich gleichberechtigter Bürger (*soldat – citoyen*), sondern jeder Bürger wird Soldat (citoyen – *soldat*), so dass mit dieser Idee einer neuen „*citoyenneté*"[312] sogar von einem Synonym von Bürger, Patriot, Freund der Freiheit, Republikaner und

---

348, 2007, 209 -211. Diese innerfranzösische Diskussion über das Verhältnis von Bürger, Soldat und Nation zieht sich durch die letzten Jahrhunderte und wird noch heute unter der Forderung des „lien armée – nation" weitergeführt.

[310] Gerd Krumeich, Zur Entwicklung der «nation armée» in Frankreich bis zum Ersten Weltkrieg, in: Roland G. Foerster (Hrsg.), Die Wehrpflicht. Entstehung, Erscheinungsformen und politisch-militärische Wirkung, München 1994, 133 – 145. Noch 1789 wurde der Vorschlag des zu Unrecht fast vergessenen - außer bei Jean Jaurès – Deputierten und Militärtheoretikers Edmond Dubois-Crancé auf Einführung einer Allgemeinen Wehrpflicht von der Nationalversammlung abgelehnt.[Edmond Louis Alexis Dubois-Crancé, Charleville 24. 10. 1746 – Rethel 29. 06. 1814, Subalternoffizier im Ancien Regime, während der Revolution Deputierter, als Präsident der Nationalversammlung - teilweise in Gegnerschaft zu Carnot- Erfinder des „Amalgame-Prinzips", der Mischung von Linien- und Freiwilligeneinheiten. 1793 Divisionsgeneral, letzter Kriegsminister des Direktoriums, 1800 Rückzug in das Privatleben].

Monnier bezeichnet dieses Gesetz kritisch als eine „*réquisition permanente*", also als eine ständige Aushebung. Raymonde Monnier, Républicanisme, Patriotisme et Révolution française, Paris 2005, 275.

[311] Zitiert nach H. Carnot, Mémoires, a. a. O., I. 244.

[312] Daniel Lindenberg, Du statut au contrat, in: Martine Storti, Jacques Tarnéro, L´Identité Française, Paris 1985, 92 – 95. Diese Theorie des französischen Bürgers verbindet in der Weiterführung einer Utopie des 18. Jahrhunderts die Verteidigung des Vaterlandes mit der Verteidigung der Freiheit und weniger der Verteidigung seiner nationalen Grenzen.

Soldat gesprochen werden kann[313]. Die Revolution macht mit diesem Wehrdienst als „*palladium des peuples libres*" jeden Bürger zu einem „*défenseur de la patrie*"[314]. Gleichzeitig eröffnet diese Idee der Absolutheit der Vaterlandsverteidigung durch seine Bürger als „*nation armée*" nicht nur den Weg zu dem später besonders in Deutschland umgesetzten „Volk in Waffen", sondern theoretisch in eine Absolutheit des Krieges selbst, wenn auf dieser Grundlage ein generelles und umfassendes „*armement général du peuple*" tatsächlich ermöglicht wurde[315]. Der Konvent verändert in seiner Verfassung auch diesen Vorschlag Carnots, jedoch in ein das ganze Volk einbeziehendes weitergehendes „*La force générale de la République est composée du peuple entier*" und formales „*Tous les Français sont soldats; ils sont tous exercés au maniement des armes – Jeder Franzose ist Soldat, alle sind in der Handhabung der Waffen auszubilden*,"[316], dem die von Carnot unterlegte republikanische Bürgerlegitimation damit fehlt. Dennoch gilt für beide Vorstellungen, dass im Gegensatz zum absolutistischen Staat der Krieg aus einer Angelegenheit der Regierung verfassungsgemäß eine Angelegenheit jeden Bürgers geworden ist[317], eines Bürgers nicht mehr in der Arbeitsteilung des Untertanen zum Soldat, sondern in der Verbindung von Bürger und Soldat, der gleichzeitig auch in der Wirtschaft und Politik und damit in der Gesellschaft allgemein gebraucht wird.

Auch auf die Gefahr hin, dass eine solche Kurzverfassung der Bürgerrechte, die, wie von Carnot vorgeschlagen, fast ganz auf die Pflichten des Staatsbürgers ausgerichtet sind, in ihrer Umsetzung bzw. in der Einforderung von diesen Pflichten auch zu einem Despotismus um des Staates willen führen kann, so ist diesem intellektuell klaren, in der Intention auch eine menschliche Ungleichheit akzeptierenden und

---

[313] Jacques Guilhamau, Républicanisme, Patriotisme et Révolution française, in: Annales historiques de la Révolution française, 345, Nancy 2006, 211 – 213.
[314] Monnier, a. a. O., 116.
[315] Eine Generalmobilmachung des Volkes. Die Absolutheit des Krieges hier im Sinne von Clausewitz, aber auch als eine gewisse Vorstufe zu Ludendorffs wirtschaftlich-administrativen Weisungen der Obersten Heeresleitung aus den Jahren 1916 und 1917 bis hin zu seinen Ausführungen in seinem Buch „Der Totale Krieg" von 1935.
[316] Vgl. Anmerkung 169. Die Art. 107 und 109 der Verfassung.
[317] Vgl. Reinhard Höhn, Die Armee als Erziehungsschule der Nation. Das Ende einer Idee, Bad Harzburg 1963, 3 ff.

berücksichtigenden Vorschlag eine Hochachtung nicht zu versagen. Manche andere Forderung, wie über die größtmögliche Einfachheit juristischer Bestimmungen oder nach einer Steuer, die nur aus den Gewinnen (*la portion superflue du revenu*) der Bürger in der Verbindung von Freiheit und Gleichheit erhoben werden kann, klingt auch heute geradezu nachahmenswert[318].

3. Carnot als „organisateur de la victoire"

„Depuis le matin jusqu'au soir, et souvent pendant la nuit, Carnot ne cessait de travailler, ...,à organiser les armées, et à preparer des plans de champagne pour arrêter l'invasion étrangère, commencée sur toutes les parties extrêmes du territoire français....Il est impossible de se faire une juste idée,...., des efforts constants, des travaux immenses, des nombreuses innovations que Carnot dut faire pour organiser, diriger et surveiller la marche des opérations de quatorze armées, pour leur donner des chefs éclairés et fidèles, vaincre des résistances et les rivalités de quelques généraux, et présenter la bataille aux ennemies en temps opportun."[319]. [Von morgens bis abends und oft bis in die Nacht hörte Carnot nicht auf zu arbeiten,… die Armeen zu organisieren und die Kriegspläne vorzubereiten, um die fremde Invasion anzuhalten, die an allen Grenzen des französischen Territoriums begonnen hatte…Es ist unmöglich sich hierüber klare Vorstellungen zu machen, ständige Anstrengungen, immense Arbeit, zahllose Innovationen, die Carnot machen musste, um den Ablauf der Operationen von vierzehn Armeen zu organisieren, zu führen und zu überwachen, diesen fähige wie loyale Führer zu geben, die Widerstände und Rivalitäten einiger Generale zu überwinden, und den Feinden zur richtigen Zeit die Schlacht zu liefern].

Bei aller taktischer und kriegswirtschaftlicher Neuerung, aber auch einer modernen zukunftsweisenden inneren Entwicklung, wie hinsichtlich eines volksbezogenen und enthusiastischen Angriffsgeistes, der mit republikanischem Patriotismus verknüpft war, sowie einer

---

[318] Vgl. hierzu Hanno Kube, Freiheit vor dem Steuerstaat, FAZ, Nr. 304/2010, Frankfurt/M. 2010, 6. Aus einem anderen Kontext heraus kann Carnots Vorschlag als Element einer "Freiheit und Gleichheit verwirklichenden Basis-Solidargemeinschaft aller Bürger" gesehen werden und damit als große rechtskulturelle Leistung.

[319] Zitiert nach den „Mémoires" von Barère (Hippolyte Carnot und David d`Angers, Paris 1842, IV., 118 – 122) bei Charnay, Carnot, a. a. O., I. 19.

menschenwürdigen Behandlung im französischen Revolutionsheer kann mit McNeill gefolgert werden, dass einerseits die strukturellen Institutionen des „Ancien Régime", andererseits auch die traditionellen Kriegslehren bei aller Modifikation und Weiterentwicklung weiterlebten, wenn auch im Dienst revolutionärer politischer Bestrebungen[320]. Dennoch gelang es allein Carnot, die von McNeill zu Recht herausgestellten vier Begrenzungen[321], die weit über rein militärische Organisationsstrukturen hinausgehen, weitgehend in den Griff zu bekommen, wenn nicht sogar aufzuheben. Es sind dies erstens die Kommandotechnik, um Armeen zu bewegen, die mehr als ca. 50 000 Mann zählen; zweitens der Nachschub, den er in der so wesentlichen Kontinuität, einschließlich von Requisitionen, sicherstellt und mit einer gleichzeitigen ausreichenden Waffenproduktion untermauert; drittens eine starre Personal- und Organisationstruktur nach dem Anciennitätsprinzip, die allzu häufig die Eigeninitiative hemmt, und schließlich die soziologischen und psychologischen Auswirkungen, welche die ersten drei Beschränkungen verbunden mit der Monopolisierung und Bürokratisierung reiner Berufsarmeen hervorrufen. Zu Beginn und bis in die ersten Jahre der Revolution verharrte die Armee in der alten Struktur[322], blieben ja auch der Kriegsminister und die Mehrheit der höheren Offiziere anfänglich im Amt, analog zu einer erstaunlich langsamen und nur allmählichen politischen Ablösung des „Ancien Régimes", welche nach der – vergeblichen – Flucht der Königsfamilie am 20. Juni 1791 eine andere und radikale Brisanz erhielt. Auf unterer militärischer Ebene war das Schützengefecht als „zerstreutes Gefecht" strukturell mit der Musketierkompanie, personell mit den in diese integrierten Scharfschützen und ausbildungsmäßig in einer gelockerten Ordnung schon ein wesentlicher Anteil des taktischen Konzepts und besaß eine lange Tradition. Und dies, obwohl

---

[320] William H. McNeill, Krieg und Macht. Militär, Wirtschaft und Gesellschaft vom Altertum bis heute, München 1984, 134. Ebenso Bernhard R. Kroener, Kriegerische Gewalt und militärische Präsenz in der Neuzeit, hrsg. von Ralf Pröve und Bruno Thoß, Paderborn u. a. 2008, 13.
[321] McNeill, a.a .O.,145-149.
[322] Infanterie ca. 143 000 Mann in Regimentsgliederung, zusätzlich eine Grenadier- bzw. Füsiliermiliz von ca. 44 300 Mann, dazu Kavallerie von ca. 30 000 und Artillerie mit 8 000 Mann. Nach Alfred von Pawlikowski-Cholema, Heere und Völkerschicksal, Berlin – München 1936, 304 -305.

das erste, weitgehend vom preußischen „Vorbild" inspirierte Infanteriereglement der Revolution vom 01. August 1791 die Lineartaktik noch im Schwerpunkt behandelte[323]. Um den Rahmen nicht zu sprengen, sollen einige Bemerkungen hierzu genügen[324]. Das eigenständige Schützengefecht ist, von Ausnahmen eines Detachements abgesehen, in den Bereich der Legende zu verweisen[325]. Die Grenzen liegen begründet in der allgemein unzureichenden Waffentechnik des Gewehrs, in dem organischen Fehl von Unterstützung wie durch Infanterie und Artillerie und in dem kaum möglichen Aufwand in solider Ausbildung[326]. Dennoch wurden Erfahrungen aus dem amerikanischen Freiheitskrieg, beispielsweise durch Rochambeau, Custine, Lafayette[327] oder Berthier, sowie ältere Theorien wie von Folard oder

---

[323] Das preußische Vorbild lässt sich auf den Schock der totalen Niederlage von Roßbach (05. 11. 1757) und der von Minden (01. 08. 1759) zurückführen. In seinen General-Principia schreibt Friedrich II. (Siehe Anmerkung 68) über den Einsatz von leichten Truppen (XVII[ter] Articul, S. 44) „*Weil ihre Art zu fechten ist, dass sie sich auseinander zerstreuen, so können sie gegen regulirte Truppen nicht stehen*". Das „neue", also inhaltlich noch klassische Exerzierreglement wurde in 500 000 Exemplaren an die Truppe verteilt. Das Reglement gilt über die Napoleonischen Kriege weiter bis 1832.

[324] Für die Zusammenfassung des aktuellen Forschungsstands mit zahlreichenLiteraturverweisen siehe Planert, Ute, Die Kriege der Französischen Revolution und Napoleons in: Dietrich Beyrau u.a. (Hrsg.), Formen des Krieges. Von der Antike bis zur Gegenwart. Paderborn u. a. 2007, 149 ff.

[325] In seiner Éloge äußerst sich Carnot hierzu folgendermaßen, sogar den Nationalcharakter anführend: „*Une expérience de dix siecles & plus prouve que la guerre des postes détachés, est véritablement celle qui convient à la Nation française – die Erfahrung aus zehn Jahrhunderten und mehrbeweist, dass der Krieg durch abgesetzte Kräfte wahrlich derjenige ist, welcher der französischen Nation am besten geziemt*". Nach der Schilderung weiterer Schwächen wie Unvorsichtigkeit und Ungehorsam, und Stärken wie konstantem Heroismus und *Leidensfähigkeit* sieht er in diesen „*le génie de la Nation*" verbunden mit der Ehre als „*mobile* [Triebfeder] *du Français*" zuweilen sogar mit „*fureur*" verbunden. Lazare Carnot, Éloge, a.a. O., 50 – 51, Anmerkung 11.

[326] Bewertung u.a. so von Franz Uhle-Wettler, Höhe- und Wendepunkte Deutscher Militärgeschichte, Mainz 1984, 97 – 103. Ebenso der von diesem zitierte Fritz Doepner, Über die Tirailleurlegende, Wehrkunde 8-10/75. Ein wesentlicher Auftrag dieses integrierten Tirailleurgefechts lag in dem Befehl "*tirez aux officiers – schießt zuerst auf die Offiziere*", sowie in dem Aufbau und Erhalt eines schützenden Schleiers um die marschierende oder angreifende Truppe.

[327] Marie-Joseph Motier, Marquis de La Fayette (Chavaniac 06. 11. 1757 – Paris 20. 05. 1834), „Held der zwei Welten" auf Grund seiner Rolle im amerikanischen Unabhängigkeitskrieg (Yorktown 1781),Befehlshaber der Nationalgarde nach dem 14.

Guibert verarbeitet. Die große gedankliche wie organisatorische Leistung von Carnot, umgesetzt von einer Garde junger Generale, ist hierbei die integrale Zusammenführung von dem neuen, revolutionären Tirailleurgefecht, massiertem Kolonnenangriff *("ordre profond")* und weiterhin dem Liniengefecht *("ordre mince")* im Wechsel oder bei größeren Truppenkörpern auch gleichzeitig. Die selbstständige, aus allen drei Waffengattungen gebildete neue Divisionsstruktur, mit einer beweglichen Artillerie als Rückhalt eingegliedert, war die eine und der nationale Impetus aus republikanischem Enthusiasmus nach Valmy[328] die andere wesentliche Voraussetzung. Dieser nationale Impetus ließ sich allerdings nur mit der Gewährung von Freiheits- und damit Bürgerrechten erreichen und schuf damit einen neuen Kriegertyp, der im Gegensatz zu den Soldaten der preußischen Frey-Bataillone Friedrich des Großen seinen Einsatz idealistisch und damit als nationale Aufgabe erkannte. Sozialpolitische und republikanische Umwandlung ging mit der militärischen geistigen wie organisatorischen Neuordnung Hand in Hand. Insbesondere Scharnhorst hat auf diesen Aspekt eines politischen Soldaten, der aus Überzeugung sein Vaterland verteidigt, ausdrücklich hingewiesen[329], um die Argumentation für seine eigene Heeresreform zu stärken.

Doch zurück zu den Anfängen. Ohne eine kurze Behandlung der politischen Entwicklung von 1791 bis 1793 kann die Leistung

---

Juli 1789. Flieht als Verräter gebrandmarkt 1792 nach Flandern, wo er sich gefangen nehmen lässt, anschließend bis 1797 in Österreich und Preussen (Magdeburg) interniert. Auf Grund der Bemühungen Carnots in Freiheit. Kehrt nach dem 18 brumaire (Napoleon) nach Frankreich zurück, ohne weitere offene politische Betätigung als Gegner Napoleons. Während der Restauration in Opposition zu den Bourbonen.

[328] 20. 09. 1792, erster – vor allem psychologischer – „Sieg" der Revolutionstruppen unter Kellermann, mit dem Ruf „Vive la Nation", und Dumouriez in der Kanonade von Valmy gegen die zögerlichen Preußen unter dem König und dem Herzog von Braunschweig. Vgl. die Bedeutungszuweisung durch Goethe.

[329] Uhle-Wettler, a.a. O., 89. Die nicht nur bei Scharnhorst auftretende Verbindung von Kampfweise und Nationalcharakter muss allerdings kritisch hinterfragt werden, insbesondere dann, wenn diese zu moralisierenden Wertungen und Vorurteilen führt. Dennoch sind die Nationen selbst oder manche ihrer Vorkämpfer an dieser Entwicklung nicht unschuldig. So hat auch Carnot in seiner Éloge auf einen besonderen und kriegerischen Teil eines französischen Nationalcharakters hingewiesen (Vgl. Anmerkung 142) und wird auch weiterhin aus diesem Anleihen nehmen.

Carnots nicht eingeordnet werden. Dabei geht es weniger um die Arbeits- und Energieleistung im Verständnis des Eingangszitats, sondern um die militärfachlichen Inhalte. Für das politische Umfeld kann Herzfelds[330] Analyse gefolgt werden, wenn er, von der Grundidee eines mit den 1789 propagierten Menschenrechten universellen Friedens ausgehend, eine allmähliche Entwicklung zum Krieg hin sieht und sich die Konstituante anfänglich ja auch für den Frieden ausgesprochen hatte. Am 22. Mai 1790 wird per Gesetz Folgendes festgelegt und noch 1791 in die Verfassung aufgenommen: „*La nation française renonce à entreprendre aucune guerre dans la vue de faire des conquêtes et n'emploiera jamais ses forces contre la liberté d'aucun peuple – die französische Nation schwört davon ab, irgendeinen Krieg mit dem Ziel der Eroberung zu führen und wird seine Truppen niemals gegen die Freiheit irgendeines Volkes einsetzten*"[331]. Doch mit der einsetzenden revolutionären Dynamik und mit den Wechselwirkungen innen- wie außenpolitischer Entscheidungen ändert sich das Bild, wozu das o. a. Dekret vom 19. November 1792 mit dem außenpolitischen Interventionsrecht gegenüber allen Völkern, die die Freiheit „wiedererlangen" wollen, nicht unerheblich beigetragen hat. Zwischen dem 20. Juni 1791 und den ersten wesentlichen und nachhaltigen militärischen Erfolgen Ende 1793 kann man in den Auswirkungen auf den Staat und damit auch auf das Französische Heer von einem Zusammentreffen außergewöhnlicher und nicht zusammenhängender Umstände sprechen, genau zu dem Zeitpunkt, an dem Carnot in seine Aufgaben hineingewählt wird und langsam hineinwächst. Diese Umstände bestehen, um den Rahmen nicht zu sprengen, knapp zusammengefasst und auf das Wesentliche beschränkt in:

Einer durchweg unruhigen, teilweise brodelnden politischen inneren Lage, die ganz Frankreich erfasst, und die in besonderem Maße von der Angst vor einer Konterrevolution geprägt ist und sich in allgemeinem Misstrauen, Denunziantentum, öffentlicher Erregung und einzelnen Revolten auswirkt. Wirtschaftlichen Schwierigkeiten, die besonders durch die laufende Entwertung der Assignaten und Versorgungsengpässe deutlich werden. Einer Desertation und Emigration

---

[330] Hans Herzfeld, Die moderne Welt 1789 – 1945, I. Teil. Die Epoche der bürgerlichen Nationalstaaten, Braunschweig 1966, 20 ff.
[331] Pierre Savinel, Moreau. Rival Republicain de Bonaparte, La Guerche 1986, 37.

von bis zu 60% der Offiziere[332] in Heer und Marine, verbunden mit Verrat, Insurrektionen und Aufständen, wie mit Nancy 1790 begonnen. Die Sammlung des emigrierten Adels und Klerus in England, Hamburg und vor allem grenznah im Trierer und Koblenzer Raum mit öffentlicher Propaganda und Hetze gegen die Revolution und der Aufstellung einer eigenen Armee[333]. Die von den Emigranten mit ausgelöste Pillnitzer Deklaration vom 27. August 1791 mit den dazugehörigen Briefen der Brüder Ludwigs XVI. ist hierbei nur der herausragende Aspekt[334]. Die französischen Kriegserklärungen nach dem

---

[332] Von ca. 10 000 Offizieren, je nach budgetärer oder tatsächlicher Zählweise, des Jahres 1789 haben zwischen 47% bis über 60% die Armee verlassen. Die wesentlichen Aussagen sind entnommen, Jean-Paul Bertaud, Daniel Reichel, L´armée et la guerre. Atlas de la Révolution Française, Paris 1989.

[333] Aufstellungsbeginn am 23. 02. 1791 durch den Prinz von Condé in Worms. Im Übrigen eine Armee, deren militärischer Wert äußerst gering war.

[334] Nach der ersten öffentlichen Unterstützungsforderung Kaiser Leopold II. vom 06. 07. 1791 für Ludwig XVI. und vorerst diplomatischer Auseinandersetzungen um reichsdeutsche Fürstenrechte in linksrheinischen Gebieten [den „Französischen Souveränitätslanden" auf der Grundlage der Bestimmungen des Westfälischen Friedens], folgte als Ergebnis der Pillnitzer Begegnung (der Kaiser, der preußische König Friedrich-Wilhelm II. und der Graf von Artois – Bruder Ludwig XVI. -) am 27. 08. 1791 die gemeinsame Deklaration auf Französisch mit dem Ziel „*mettre le roi de France ..*", Frankreich also in seinen alten Zustand zu versetzen, wobei das Verfahren hierzu offen blieb. In Frankreich wurde diese Deklaration zu Recht nicht nur als Einmischung in innere Angelegenheiten sondern auch als eine direkte Drohung empfunden. Von diesem Zeitpunkt an lässt sich von einem allmählichen, dann immer schneller werdenden „Aufheizen" der Stimmungen sprechen, die zusätzlich von den Emigranten geschürt wurden. Vgl. hierzu auch Friedrich Glagau, Die Französische Legislative und der Ursprung der Revolutionskriege 1791-1792, Berlin 1896 [mit detaillierter Dokumentenauswertung], u. a. 41 f., 127, 146.
Die Bedeutung und die Auswirkungen sind in der Forschung umstritten. Legt man jedoch die oben dargestellte allgemeine Stimmung zu Grunde und ergänzt man diese Deklaration mit dem ebenso törichten wie überheblichen Manifest des Herzogs von Braunschweig [eine vorgezogene wie freiwillig für die Gegenseite erstellte „Emser Depesche"] vom 25. Juli 1792 lässt sich unschwer die Entwicklung eines nationalen Impetus herleiten, der weit über den Ruf der Gefahr für das Vaterland hinausgeht. Dennoch muss man die „taumelnde Begeisterung", die ja mehr ist als nur ein kriegerischer Elan, als ein "erstaunliches, vielleicht auch unbegreifbares Phänomen" betrachten, so Renate Riemeck. Renate Riemeck, 1789. Heroischer Aufbruch und Herrschaft des Schreckens, Stuttgart 1988, 129. Ein Anzeichen dieser Begeisterung sind die sich schnell verbreitenden Nationallieder wie u.a. die Marseillaise. Siehe hierzu auch Taine, a. a. O., 142 und V. im Text.

20. April 1792 sind denn auch als ein verzweifelter Versuch eines Ausbruchs aus dieser verworrenen Lage zu sehen, der dann in den Ausruf der Legislative „*la patrie en danger*" vom 11. Juli 1792 gipfelt. Die Feststellung von Paret, dass „*anders als der Staat, die Revolution den Krieg brauchte*"[335], gilt zu diesem Zeitpunkt noch eingeschränkt, erst mit den ersten militärischen Erfolgen wuchs auch der missionarische Eifer der Revolution.

Die weitgehend durch den britischen Premier Pitt zu Stande gekommene 1. Koalition, Anfang 1793, führte dann zu einem Krieg an allen Grenzen, der sich mit dem beginnenden Volksaufstand in der Vendée nach dem 11. März 1793 auch auf das Innere Frankreichs ausweitete. Die Lage der Armee ist mit ihrem Personal-, Struktur- und Disziplinverlust um die Mitte des Jahres 1792 katastrophal, eine Situation, die eher zufällig mit Carnots erstem oben angesprochenen Einsatz als „Commissaire de l'Assemblée" korrespondiert und sich trotz des bald schon mythisierten „Sieges" der Kanonade von Valmy auch im folgenden Jahr nicht grundsätzlich bessert. Diese innere Unruhe in der Armee bleibt auch unter Carnot erhalten, hier exemplarisch an zwei Bildern angeführt. Von 1789 bis 1799 gab es zweiundzwanzig Kriegsminister, davon zwei mit einer doppelten Amtsführung und zwischen 1792 und 1795 wurden dreiundvierzig, andere zählen vierundachtzig Generale aus der Front heraus abgezogen und guillotiniert[336], dazu kommen zahlreiche Absetzungen, dann auch Wiedereinsetzungen oder auch nur, oftmals willkürliche, Kommandowechsel. Und dies bei einem personellen Aufwuchs von ca. 200 000 Soldaten 1791 auf bis zu ca. 750 000 oder sogar 953 000 Mann Mitte des Jahres 1794[337].

---

[335] Peter Paret, Clausewitz und der Staat, Neudruck der 3. Aufl. 1985, Bonn 1993, 37.
[336] K. G. von Berneck, Geschichte der Kriegskunst, Berlin 1867, 195 spricht von 43 Generalen. Darunter der Eroberer von Mainz, Custine, und der Marschall Graf Luckner, dem Roget de L'Isle die Marseillaise gewidmet hatte.
[337] Gunther Rothenberg, Die Napoleonischen Kriege, Berlin 2000, spricht auf S. 28 von 84 Generalen und auf S. 27 von über 750 000 Mann. John Keegan, A History of Warfare, New York 1993, 352, kommt auf 983 000 Mann, Marcu zählt 1 026 000 Mann (Valeriu Marcu, Das Grosse Kommando Scharnhorsts, Leipzig 1918, 91), andere Zahlen gehen bis zu 1,5 Millionenen bis Ende 1794. Carnot selbst spricht von zwölfhundert Tausend Mann in einem Brief an den Abgeordneten Garrau vom

Umso bemerkenswerter wird dann die Leistung Carnots, als es ihm gelingt, nach anfänglicher Improvisation den Krieg zwar zu bürokratisieren, aber doch unter Einsatz aller Hilfsquellen des Landes mit ungewöhnlichen, zum Teil drakonischen Maßnahmen[338] erfolgreich zu führen. Dieser frühe vorindustrielle Wirtschaftseinsatz erleichterte nicht nur später Napoleons Kriegführung, sondern begünstigte langfristig die folgende Industrialisierung Frankreichs, wenn auch wesentlich langsamer als in England. Dieser Aspekt darf in seiner Bedeutung nicht hoch genug eingeschätzt werden und tritt in der Forschung hinter den rein militärischen Erfolgen zurück. Der Verfasser folgt hier einer fast vergessenen Bewertung aus dem Jahre 1867, die diesen Aspekt gleichberechtigt neben die militärische Organisation und Taktik stellt und damit in die Grundlagen für den Sieg einordnet[339]. In diesen Zusammenhang gehört auch die wiederholte Feststel-

---

15. 03. 1794, in dem er seine Aufgaben zum Unterhalt der Armeen aufzählt. Charavay, a. a. O., IV. 304.

[338] Carnot als Ludendorff der Revolution? Michelet nennt Carnot den „Diktator des Krieges" in Michelet, Bilder aus der Französischen Revolution, a. a. O., 324. Zu den Maßnahmen zählen nicht nur Dienstverpflichtungen, sondern die Gewinnung von Salpeter als *„Leitmotiv de l'epoque"* [Barthélemy, Les savants sous la Révolution, Les Mans 1988, 29, 37 - 38], aber auch Blei und Bronze, vor allem aber ein fast unglaublicher Aufbau einer „Rüstungsindustrie" mit allein 65 Betrieben (vorher 6) für Kanonen, Gewehre und Blankwaffen. Zusätzlich ein geheimer Forschungsbetrieb in Meudon, u.a. für die Ballonentwicklung.

[339] *„Les armes, les munitions avaient manqué autant que les hommes. Ici on fit des prodiges. Guidée par la science, assistée par tous, une industrie nouvelle s'improvisa, la France ne fut qu'un vaste atelier où l'on fabriquait les canons, les fusils, la poudre. C'était un des efforts qu'on ne peut pas souvent demander aux peuples.....; mais dans la fièvre dont la France était saisie alors, il eut des créations qui devaient former une partie définitive de notre établissement militaire – Es fehlte an Waffen, Munition wie auch an Männern. Hier vollbrachte man Wunder. Angeleitet durch die Wissenschaften, unterstützt durch alle entstand eine neue Industrie aus dem Nichts, ganz Frankreich wurde ein gewaltiger Industriebetrieb in dem man Kanonen, Gewehre und Pulver herstellte. Dies war ein Kraftaufwand, wie man nicht oft Völkern zumuten kann…aber in dem Fieber, welches Frankreich ergriffen hatte, entwickelten sich Erfindungen, die einen entscheidenden Anteil unserer Rüstungsindustrie bilden sollten».* Les institutions militaires de la France: Louvois, Carnot, Saint-Cyr. Paris 1867, Bibliobazaar, Amazon, Leipzig 2010, 65. Auch Bernard Deschard, l'armée et la Révolution, Paris 1989, 25 ff., hebt diesen Aspekt hervor, allerdings auch nur aus militärischer Sicht. Durch die Einrichtung neuer Fabrikationen (aus 2 Anlagen werden 17) und Reduzierung der Modellvariationen konnten allein von 1794 bis 1795 ca. 20 000 Kanonen ausgeliefert werden, bei einem Bestand von ca. 10 000 Kanonen 1789. Es geht nicht nur um die reine Be-

lung, in welch hoher Anzahl und mit welchem Forscherdrang sich die Wissenschaftler, von denen im Übrigen keiner emigriert ist[340], mit einem „*enthousiasme du monde scientifique*" der Revolution zur Verfügung gestellt haben und dass es Carnot gelang, diese erfolgreich für seine Aufgabe zusammenzuführen[341]. Hierbei darf jedoch nicht unerwähnt bleiben, dass mit dieser Kraftanstrengung auch eine erhebliche Zerstörung und Einschmelzung von Kunstschätzen der „Tyrannei", darunter nicht nur Kirchengut, erfolgte, die mit dem Namen Carnot verbunden bleiben[342]. Die mit der Unterschrift von Monge versehene Gründung einer Wissenschaftler-Kommission vom 18. Oktober 1793 für die Aufnahme aller Kulturgüter Frankreichs konnte oder wollte dies nicht verhindern.

Carnots eigene, persönliche und fast alleinige[343] Verantwortung, immer noch in dem Dienstgrad eines Stabskapitäns, beginnt endgültig am 14. August 1793 mit der Wahl in den Wohlfahrtsausschuss als Ergebnis seiner Leistungen als Kommissar bei den Armeen. Dennoch darf in der anschließenden erfolgreichen Umsetzung seiner Entschei-

---

waffnung von ca. 900 000 Soldaten, es zeigt sich auch die neue, verstärkte Bedeutung der Artillerie. Auch Versuche zu einer künstlichen Nitrifikation von Schießpulver wurden vorgenommen.
Wolfgang Mager z. B. schreibt immerhin noch 1980, dass der industrielle Aufschwung mit der Revolution abbrach. Wolfgang Mager, Frankreich vom Ancien Régime zur Moderne. Wirtschafts-, Gesellschafts- und politische Institutionsgeschichte 1630 – 1830, Stuttgart u. a. 1880, 227. Soboul dagegen spricht von einer "Nationalisierung der Wirtschaft" in unterschiedlichem Ausmaß, Soboul, a. a. O., 355 f. Als ein Beispiel kann Carnots Bericht vom 03. 11. 1793 über die Einrichtung einer „manufacture extraordinaire d´armes" in Paris für den Bau von Kanonen herangezogen werden. Charavay, Correspondance Générale de Carnot, a. a. O., III, 483 ff.
[340] Barthélemy, Les Savants, a .a. O., 20.
[341] Ebda., 32. Grégoire scheint das allgemeine Verständnis mit seiner Vorhersage, dass „ la France sera la métropole du monde savant – Frankreich wird das Zentrum der Wissenschaftswelt werden", gut getroffen zu haben, ebda., 65. Diesen Einsatz der Wissenschaft besonders für militärische Zwecke und zur bessren Nutzung der Eroberungen hat Napoleon dann weiter geführt. Siehe auch die Zusammenstellung bei Soboul unter dem Stichwort „Totale Mobilmachung". Soboul, a. a. O., 317.
[342] Ebda., 34 f.
[343] Mit ihm sein burgundischer Landsmann, Freund und ebenfalls Genieoffizier Prieur [de la Côte-d´Or] mit der Aufgabe für die materielle Ausstattung und Robert Lindet für die Versorgung.

dungen die Macht des Wohlfahrtsausschusses selbst, aber auch die Angst vor diesem nicht unberücksichtigt bleiben[344]. Mit seinem Bericht vom 01. April 1794 über die *„supression du Conseil exécutif"* überzeugt er den Konvent, die Ministerien aufzulösen, zwölf Kommissionen einzurichten – und damit die Macht des Wohlfahrtsausschusses zu stärken[345]. Schon einen Tag später gibt Carnot die neuen Weisungen für die Kriegsführung heraus. Eine seiner wichtigsten Entscheidungen wird mit dem Wegfall des Kriegsministeriums die Institutionalisierung des schon eingerichteten „Cabinet historique et topographique", einer Art Planungsabteilung und damit frühem „Generalstab", den Carnot sogar bis in das Direktorium herüber retten kann und als dessen Leiter er den General Clarke einsetzt. Die topographische Landesaufnahme und die Erstellung wie Sammlung akkurater Karten war seit 1750 ein Kernbereich französischer Kriegsplanung und kam Carnots eigenem fachlichem Hintergrund entgegen[346]. Carnot gliedert seinen Bereich in fünf Divisionen in moderner Diktion für allgemeine Planung, Politik und „Kriegstagebuchführung", für Wehrwirtschaft, für Verkehrsführung und Transport sowie für den militärischen Einsatz selbst[347]. Eine einheitliche Führung der Operationen und diese für den Gesamtbereich der Kriegsschauplätze war damit sichergestellt. Nach Halder ist mit dieser Einrichtung eines zentralen „Gehirns" für alle militärischen Angelegenheiten der „Gosse Generalstab" begründet[348]. Zur Untermauerung des Eingangszitats dieses Kapitels sollen hier im Gesamtzusammenhang zwei Belege für die große Arbeitsleistung Carnots herangezogen werden. Zum Einen

---

[344] Vgl. Adolphe Thiers, Révolution Française, Brüssel[22] 1844, I. 421 – 422.
[345] Charnay, Carnot, Révolution et.., a. a. O., I., 107, 235 ff. In einer fast leidenschaftlichen Rede bewertet er die Ministerien als Relikte des Royalismus. Im Namen des Rechts des Volkes, welches sich selten täuscht, sollen gleichzeitig die bisherigen Rechte der „Prokonsuln" (s. o.) eingeschränkt werden. In die neue Struktur sollen auch alle bisherigen Sonderkomitees eingegliedert und die zwölf Ausschüsse direkt dem Wohlfahrtsausschuss unterstellt werden. Der Vorschlag wird vom Konvent angenommen.
[346] William H. McNeill, Krieg und Macht, München 1984, 148 f. Kroener, Kriegerische Gewalt, a. a. O., 59.
[347] William Maurice Culp, The Work of Lazare-Nicolas-Marguerite Carnot as a member of the Committee of Public Safety in France, 1793-1795, o.O. 1912. Nachdruck bei General Books, Breinigsville [USA] 2010, 8.
[348] Bor, Gespräche mit Halder, a. a. O., 55 f.

Charavay, bei dem sich die Tagesleistung im Lesen, Bearbeiten und Beantworten von Berichten und Erstellen von neuen Schreiben in unterschiedlichen Aufgabenbereichen nachvollziehen lässt[349], zum Anderen Culp mit der zahlenmäßigen Auswertung der Verfügungen (arrêts) Carnots. Culp kommt auf 2.202 dieser Befehle, die Carnots Unterschrift tragen, entweder allein oder mit den in anderem Zusammenhang angesprochenen Mitzeichnungen durch die anderen Mitglieder des Wohlfahrtsausschusses; für einen Zeitraum von nicht einmal zwei Jahren eine beeindruckende Zahl[350]. Die Schilderung über Carnot als „arbeitsame und unermüdliche Spinne im Netz" ist hierzu ein treffendes Bild[351]. Sein nächtelanger Arbeitseifer führt sogar zu dem Verdacht der Konspiration durch Robespierre, der glaubt, Carnot würde in diesen Nächten geheim arbeiten und Depeschen vorenthalten[352]. Die Studie von Warschauer bestätigt und ergänzt die Angaben zur Arbeitsleistung Carnots, weist aber zusätzlich auf eine seltene Aufgabenzusammenführung fast in alleiniger Hand hin. Aufstellung und Strukturfestlegung der Truppenteile und zeitweilig von 14 Armeen auf bis zu sechs unterschiedlichen Kriegsschauplätzen, deren Ausrüstung, Bewaffnung und Ausbildung, ihre Personalführung, die Finanzierung mit Zuweisung von Geldern im Zusammen-

---

[349] Nur einige Beispiele aus der von Charavay veröffentlichen Korrespondenz. 02. 03. 1793: 1 Bericht, 4 Dekrete ähnlichen Inhalts über Beitritte zu Frankreich (I. 390 ff.); 27. 05. 1794: 3 Briefe an Abgeordnete, 1 Befehl an Jourdan als Kommandeur der Mosel-Armee, 1 Befehl an General Charbonie als Kommandeur der Ardennen-Armee sowie 1 Befehl an General Michaud als Kommandeur der Rheinarmee als dessen Nachbarn(IV. 380 ff.). Diese drei Befehle sind zusätzlich ein gutes Beispiel für die Kenntnis der Lage bei Carnot selbst in Paris, für seine Übersicht im Gesamtzusammenhang und für seine Fähigkeit, mit ausreichender Auftragstiefe in allen drei Einzelbefehlen eben diese Armeen zu koordinieren.
[350] Culp, a. a. O., 28 – 29. Culp gliedert diese Verordnungen einmal auf nach den Hauptadressaten, dem Kriegsminister, den Deputierten oder den Truppenführern, zum anderen nach den Namen der Mitzeichnenden. Neben Prieur sind es vor allem Barère, Billaud-Varenne, Collet d´Herbois mit jeweils über 500 Mitzeichnungen, aber auch St. Just mit über 160. Diese Angaben sollen nur deutlich machen, welch ein zeitlicher Aufwand allein hierfür erforderlich gewesen sein muss, unabhängig von zu leistender fachlicher Überzeugungsarbeit oder von den bekannten persönlichen Animositäten im Ausschuss.
[351] Ebda., 31.
[352] Stanley Loomis, Ein Jahr, zwei Wochen und ein Tag. Paris 1793/94, Tübingen 1964. 308 f. Ebenso Dhombres, Carnot, a. a. O., 399.

hang mit deren Versorgung und nicht zuletzt deren Einsatz selbst sind die Fäden, die bei Carnot zusammen laufen, ergänzt durch vermeintlich periphere Aufgaben wie die Sicherstellung von allgemeinen zivilen Versorgungsleistungen bis hin zum Einsatz von zivilen Arbeitskräften[353].

Drei Schlachten dieses Krieges hängen mit Carnot persönlich zusammen, Furnes, Wattignies und Fleurus, wobei nur letztere wirklich operativ-strategische Bedeutung hat. In dem Gefecht bei Furnes am 31. Mai 1793 führt Carnot, als Abgesandter des Konvents, selbst eine kleine Truppe, gibt der Nord-Armee nach dem Verrat ihres Kommandeurs Dumouriez (02. April) wieder Mut, kann aber den Sieg nicht ausnutzen[354]. In der Schlacht von Wattignies, als erstem Sieg der jungen und noch weitgehend schlecht ausgebildeten Soldaten der „levée en masse" am 16. Oktober desselben Jahres beharrt Carnot auf dem weiteren – verlustreichen, aber taktisch richtigen - Einsatz seines Flügels, und reißt mit dem Ruf an den kommandierenden General Jourdan „Weniger Vorsicht, General!"[355], und selbst im Feuer stehend, die Truppe zum Sieg mit und entsetzt das belagerte Maubeuge. Bei dem Sieg Jourdans in der Massenschlacht von Fleurus dagegen am 26. Juni 1794 hat der Einsatz der von Carnot aufgestellten Ballonkompanie (s. u.) wesentlichen taktischen wie psychologischen Anteil mit operativen Folgen durch die Aufgabe von Brüssel und Antwerpen durch die Koalition, sowie dem Rückzug des englischen Expeditions-

---

[353] Warschauer, a. a. O., 124 ff. Warschauer stützt sich hier weitgehend auf die Auswertung der Akten des Wohlfahrtsausschusses durch Aulard. Die Kriegsschauplätze waren: Pyrenäen, Alpen mit Italien, Süd- und Mittelrhein bis in das Reich, Flandern, die fr. Nordküste und zusätzlich die Vendée.
[354] Charavay, a. a. O., II. 289 ff. Darstellung dieses durch Carnot von vorn geführten Angriffs von 3 000 Mann. Dumouriez war zu den Österreichern nach seiner Niederlage vom 18. 03. bei Neerwinden übergelaufen, um sich einer Anklage vor dem Konvent zu entziehen. Carnot führte daraufhin kurzzeitig auch die gesamte Armee.
[355] Marcu, a. a. O., 90. Hier standen, am Tage der Hinrichtung der (Ex-)Königin Marie Antoinette, 45 000 Franzosen 23 000 Österreichern gegenüber. Nach Bonnal de Ganges soll Napoleon diese Schlacht als „*le plus beau fait d´armes de la Révolution*" bezeichnet haben. Edmond Bonnal de Ganges, Paris 1888, XV.

korps, wodurch diese Schlacht als Wendepunkt dieses ersten Koalitionskrieges gilt[356].

Zur Darstellung seiner allgemeinen militärischen und sonst eher organisatorischen Leistungen sollen, beginnend mit seinen Einsätzen als Kommissar, folgende wenige, dafür aber besonders aussagekräftige Beispiele genügen. Bei der Rhein-Armee gelingt es ihm *„avec enthousiasme",* am 15. August 1792 und den Tagen danach den ersten Eid von Fronttruppen auf die neue republikanische Verfassung[357] zu erlangen. Reinhard bezeichnet dieses Gelöbnis, zu Recht, als ein Schlüsselereignis der Revolution[358]. Sodann sein Bericht über den Einsatz als Abgesandter bei der Pyrenäen-Armee (23. September bis 12. Dezember 1792) vom 12. Januar 1793, der wie ein moderner Bericht zum „nation building" abgefasst und damit hochpolitisch ist. Mit der Zielrichtung des Wiederaufbaus *(régénération du peuple)* streift er in der Tat die auch heute – wieder – geltenden Voraussetzundgen hierfür: Erziehung und Bildung, wirtschaftliche Entwicklung und Verwaltungssicherheit auf der Grundlage gesicherter und aktueller Erkenntnisse *(état annuel des ressources),* die durch Spezialisten einzuholen sind[359]. Sein Aufruf zur „levée en masse" und das darauf folgende Gesetz vom 23. August 1793 wurden schon unter IV. 2. angesprochen.

Bleiben die oben angesprochenen Feldzugsweisung vom 02. Februar 1794 als «*Système Générale des Operations Militaires de la Cam-*

---

[356] Bei Fleurus stehen sich 90 000 Franzosen und 52 000 Soldaten der Koalition gegenüber.

[357] Tissot, a. a. O., 37 ff. Nur wenige Offiziere, die Carnot entlässt, verweigern den Eid, darunter der General Victor de Broglie (guillotiniert am 27. 06. 1794) und der Dichter der „Marseillaise" aus der Nacht vom 25. auf den 26. 04. 1792, Rouget de Lisle (1760 – 1836). Charavay, a. a. O., I. 158 ff. Die Hymne hatte dieser persönlich dem Marschall Luckner gewidmet (E. Guillon, Les Généraux de la République, Paris o. J., [vor 1866], 17, der dann selber 1794 auf das Schafott musste. Gleichzeitig versichert sich Carnot in diesen Tagen der Treue der Festung (sic!) Landau und durch Verhandlungen mit Schweizer Kantonen der Sicherung der Südwestgrenze.

[358] Reinhard, a. a. O., 256. Die knappe und Carnots Diktion entsprechende Forderung selbst an den General Biron ist dagegen wenig enthusiastisch: *„ Vous soumettez-vous purement et simplement aux décrets de l'Assemblée nationale, oui ou non? – Unterstellen Sie sich einzig und allein den Weisungen der Nationalversammlung, ja oder nein?".* Dieser antwortet ebenso knapp: *„Oui – sans restriction".* Bonnal de Ganges, a. a. O., 55.

[359] Charnay, Carnot, Révolution et..., a. a. O., I. 93, sowie Auszüge aus dem Text, 171 f.

pagne Prochaine» und der folgende Operationsbefehl an Pichegru, den Kommandeur der – wichtigsten – Nordarmee[360]. Noch auf der Basis der natürlichen Grenzen, wobei er die eroberungssüchtige Kreuzzugspolitik z. B. eines Saint Just ablehnt[361], legt Carnot dem Konvent und seinen Armeekommandeuren an allen Fronten ein differenziertes Gesamtkonzept vor, das mit der Suche nach einem baldigen Frieden alle Armeen auffordert, *„agir offensivement, mais non pas partout avec la même étendue de moyens – offensiv handeln, aber nicht überall mit dem gleichen Aufwand der Mittel"*. Weiter gelten als neue allgemeine Regeln, strenge Disziplin zu üben, die Truppe stets in Bewegung zu halten, diese aber dabei nicht zu ermüden oder in den Festungen nur die zu deren Schutz notwendige Besatzung zu belassen. Die Weisung endet mit einigen grundsätzlichen Gefechtsregeln für die Generale wie: *„d`obliger les officiers généraux à les [des postes] visiter eux-mêmes très fréquemment, d'engager en toute occasion le combat à la baionnette, et de poursuivre constamment l'ennemie jusqu'à sa destruction complète – die Generale zu verpflichten, die Außenposten häufig und selbst aufzusuchen, den Kampf mit dem Bajonett bei jeder Gelegenheit zu suchen und den Feind bis zu seiner vollständigen Vernichtung ständig zu verfolgen"*[362]. Diesen Grundsatz der vollständigen Vernichtung durch beharrliche Verfolgung wird dann Gneisenau später bei Waterloo erfolgreich befolgen. Der am 11. März erfolgte knappe Operationsbefehl an Pichegru entspricht einem modernen Befehl, beginnend mit der Idee des Gefechts, dann den nach Raum und Zeit differenzierten Aufträgen – für diese erhält er noch entsprechende Mittel – und der entsprechenden Situation bei den Nachbarn. Der Befehl endet mit der Verpflichtung zur Geheimhaltung und der als moralische Aufmunterung zu verstehenden Forderung *„il nous faut une guerre des plus offensives, des plus vigoureuses décisions – wir benötigen einen Krieg voller Offensive und voller Entschlossenheit "*[363]. Der deutsche General von der Goltz wird 1883 fordern: „Krieg führen heißt angreifen"[364].

---

[360] Charavay, a.a. O., IV. 279 – 283, 300 bis 304. Bonnal de Ganges, a. a. O., XX., Watson, a.a. O., 98.
[361] Furet, Richet, a. a. O., 433 f.
[362] Charavay, a. a. O., 283.
[363] Ebda., IV. 300 – 304. Carnot befolgt nicht nur die von Clausewitz später formulierte Raum-Zeit-Kräfte (Mittel)-Relation, sondern fügt noch hinzu, dass mit mehr als diesen – unzulänglichen – Kräften nicht zu rechnen ist.
[364] Colmar von der Goltz, Das Volk in Waffen, Berlin[2] 1883, 238.

Eine weitere Grundlage für die militärischen Erfolge bilden Carnots strukturelle und organisatorische Entscheidungen[365] bis hin in die territoriale Gliederung, die es ihm unabhängig von der Verringerung der Kriegsschauplätze ermöglichte, auch die Anzahl der Armeen zu reduzieren. Carnot gelang es hierbei, aus der in der Not geborenen Improvisation der ersten Jahre zu einer systematischen Organisation der gesamten Armee überzugehen, einer Organisation, ohne die Napoleon seine späteren Erfolge nicht hätte realiseren können. Die in sich uneinige Koalition ließ ihm zudem hierfür ausreichend Zeit[366]. Die wesentlichen Strukturentscheidungen liegen in der Aufstellung frischer Truppenteile, der Mischung von alten Truppenteilen der Linie mit den jungen Truppenteilen der Freiwilligen (Amalgamität, genauer Embrigadement[367]) verbunden mit der Einführung von Halbbrigaden. Die darauf aufbauende einheitliche Divisionsgliederung als Organisationstruktur für das bewegliche Gefecht der „verbundenen Waffen" ermöglichte dann auch eine neue taktische wie logistische Führung und erleichterte die Ausbildung und den Austausch von Führungspersonal. Carnots Strukturentscheidungen enden mit der unangenehmen Aufgabe 1796/7, die „Reform" von ca. 13 000 über-

---

[365] Hierbei ist darauf hinzuweisen, dass traditionell Armeen ständig einem Prozess der Umstrukturierung oder Erneuerung aus personellen wie materiellen Gegebenheiten erliegen.

[366] Vgl. hierzu Reinhard Höhn, Sozialismus und Heer, Band I, Heer und Krieg im Sozialismus, Bad Homburg u.a.², 1961, 49.

[367] Vorschläge von Dubois-Crancé 21. 02 und 12. 08. 1793, von Carnot nur zögerlich angenommen, vor allem auf Grund der Wählbarkeit der Offiziere. Nach dem Februar 1793 mussten 543 neu aufgestellte Bataillone integriert werden. Aus psychologischen Gründen „*pour exciter l'enthousiasme*" erhielt jedes Bataillon eine Fahne mit der Inschrift:" *Le peuple français debout contre les tyrans- das französische Volk aufrecht gegen die Tyrannen*" Bonnal de Ganges, a. a. O., 91. Die Republik wurde entsprechend der neuen Departementsstruktur in 92 Militäraushebungsbezirke aufgeteilt. Vgl. Albert Soboul, Die Große Französische Revolution, Frankfurt 1973, 261 und Charnay, Carnot. Révolution et..., a. a. O., I. 103. Jaures, a.a. O., hat sich ausführlich mit dieser Neuorganisation beschäftigt und sie als eine Grundlage für seine Vorschläge für eine Armeereform von 1913 genommen.

Carnot veränderte in der Folge das Mischungsverhältnis von 2:1 durch die weitere Integration der von ihm nicht geliebten und an der Front wenig effektiven Nationalgarde. Die Halbbrigaden, bedingt zum Gefecht der „verbundenen Waffen" befähigt, hatten eine Stärke von 3.200 Mann (ohne Stab und Artillerie), Bonnal de Ganges, a. a. O., 92 ff. Die Umsetzung der Struktur zog sich bis 1796/97 hin.

zähligen Offizieren vorzunehmen und durchzusetzen[368]. Die Gründe auch hierfür sind nicht monokausal und beruhen auf einer desolaten Finanzlage des Staates, den Nachwehen aus der Wählbarkeit der – teilweise überforderten – Offiziere, aber auch auf der Reduzierung der Kriegsschauplätze und damit der Armee generell. Es gelingt Carnot, dieses vor allem menschliche Problem mit Rückstufungen, Halbsold oder Unterbringung in anderen Institutionen ohne offen ausbrechenden Unmut zu lösen.

Zwei außergewöhnliche technische Innovationen sind noch zu erwähnen, die Einrichtung eines Telegraphendienstes am 24. September 1793 und der Aufbau von insgesamt zwei Fesselballonkompanien mit dem 25. Oktober 1793[369]. Die, später (28. Januar 1799) allerdings selbst von Jourdan wieder bestrittene, Bewährung der Beobachtungsballons bei Fleurus und in der Rheinarmee während der Belagerung von Mainz 1794 bestätigt Carnots Weitsicht. Langfristig erfolgreicher war dagegen der Auftrag an Chappe[370] zur Aufstellung von optischen

---

[368] Hans Delbrück, Geschichte der Kriegskunst. Die Neuzeit. Vom Kriegswesen der Renaissance bis zu Napoleon. Sonderausgabe der Neuausgabe von 2000 des Nachdrucks 1960 der 1. Aufl. 1920, Hamburg 2003, 519, spricht sogar von 23 000 Offizieren. Vgl. Tissot, a. a. o., 81 f. und Wohlfeil, a. a. O., 53. Ein Teil dieser Offiziere wird später bei Napoleon wieder Dienst leisten. Nach Connelly betrug die Stärke des Fr. Heeres im Oktober 1797 nur noch ca. 360 000 Mann, Owen Connelly, A Critique of John Lynn´s „Toward an Army of Honor: The Moral Evolution of the French Army, 1789 – 1815, French Historical Studies, 16,1/1989, Duke University 1989, 177[http://www.jstor.org/stable/286438, Zugriff vom 08. 04. 2010].
[369] Lucien Robineau, Lazare Carnot et les compagnies d´aérostiers in : Revue Historique des Armées. Armées et Révolution, SHAT (Hrsg.), Vincennes 1989, 101 – 110. Carnot weist den Hauptmann Coutelle zur Aufstellung dieser BallonKompanien an (Aufstellung der 2. Kompanie 1795), verbunden mit einer Ausbildungseinrichtung für diese in Meudon. Die Ballons werden trotz technischer Schwierigkeiten (*il ne s´agit plus d´en calculer les difficultés, mais de les vaincre. La fortune suit l´audace!- es handelt sich nicht mehr darum Schwierigkeiten zu errechnen, sondern diese zu überwinden. Der Erfolg folgt der Kühnheit!* ", so Carnot am 21. 06. 1794) erstmalig am 22. Juni bei Charleroi eingesetzt. Trotz Erfolgen auch bei der Rheinarmee gerät nach der Vernichtung einer der Kompanien bei Abukir 1798 dieser Einsatz selbst bei Jourdan in Vergessenheit, und wird auch von Napoleon nicht weiter verfolgt. Erst 1870 werden Fesselballons, dann auf preußischer Seite, wieder zur Beobachtung eingesetzt. Siehe auch Text III. 1., Carnots Denkschrift von 1784.
[370] Claude Chappe (Brûlon 25. 12. 1763 – Paris 23. 01. 1805), ehemaliger Abbé, mit seinem Bruder Ignace der Erfinder des optischen Telegraphen (Abhängigkeit von

Telegraphenlinien. Am 1. September 1794 kann Carnot selbst während einer Sitzung des Konvents den eine Stunde vorher erfochtenen Sieg bei Condé verkünden, und er ist auch der Erste, der durch eben diesen Telegraphen am 18. Juni 1815 in Paris von der Niederlage bei Waterloo erfährt.

Und noch eine, im Übrigen weitgehend unbeachtete Besonderheit wie Innovation soll aufgezeigt werden[371]. Carnot, der selbst weder aus dem Journalismus kam noch Demagoge war wie Marat, Desmoulins oder Mirabeau hat gespürt und erkannt, welchen Einfluss man über die Presse, zumal eine eigene, nehmen konnte. Daher gründete er zweimal, und bezeichnenderweise in Krisensituationen, eine reine Militärzeitschrift als Massenblatt mit einer für den Kreis und die Zeit beachtenswerten Auflage von 10.000 bzw. über 4.000 Exemplaren. Nur so konnte er die Vorstellungen seines „topographischen Büros", d. h. aus dem Hintergrund seine eigenen Absichten, kundtun. Es handelte sich bei diesen um den Platz und die Rolle der Armee in Gesellschaft und Staat, Fragen der Disziplin und Informationen über die militärische Lage. Mit *„La soirée du Camp"*, im Juli 1794 für einige Wochen publiziert, versicherte er sich der Loyalität der Armee im Zuge des 9. Thermidor gegen Robespierre. Mit *„Le Journal des Défenseurs de la Patrie"*, ab April 1796 für über ein Jahr veröffentlicht, mit dem Ziel, während der Auseinandersetzung um und mit den Babouvisten die Armee *„de réunir tout ce qui est relatif aux armées de terre et de mer – alles was die Streitkräfte zu Wasser und zu Lande betrifft, zu vereinigen"*. Als Organ des „Einsatzführungskommandos" hatte diese Zeitung damit

---

Tageszeit und Witterung) mit 92 Codezeichen als Stellungen der Signalbalken. Die Bedeutung dieses Systems wurde von Napoleon erkannt und als „Kontur seiner Eroberungsträume" genutzt. Bis 1844 entstanden in Frankreich 5 000 km mit 534 Stationen. Jean-Luc Chappey, Die Beherrschung des Raumes in: Napoleon und Europa. Traum und Trauma, Bundeskunsthalle (Hrsg.), München u.a. 2010, 79 ff. Vgl. auch Culp, a. a. O., 72.

[371] Nur sein Biograph Reinhard widmet dem einige Zeilen. Eine eigenständige Arbeit liegt mit dem Essay von Marc Martin vor, aus dem die obige Darstellung entnommen ist. Marc Martin, Les journaux militaires de Carnot, in: Annales historiques de la Révolution française, N. 229, 1977, 405-428. Bei einer schon angesprochenen Armeestärke von 1.169.000, davon über 750 000 tatsächlich im Einsatz, für 1794 und über 450 000 für das Frühjahr 1796 tatsächlich ein Exemplar für gut einhundert Soldaten.

sowohl eine Informations- als auch eine Steuerungsfunktion, um den frischen Korpsgeist der neuen Armee zu stärken. Und erstmalig erschien eine Zeitung, die sich ausschließlich von innen heraus an alle eigenen Soldaten, und nur an diese und auch nicht nur an deren Führung, richtete. Mit diesen Informationsblättern setzte Carnot erfolgreich auf den von ihm selbst schon so oft beschworenen mitdenkenden Gehorsam, die *„nouvelle obéissance raisonnée"*. Dies alles unter dem „Leitbild" des Soldaten der Republik: *„le soldat français est patriote, il s´enthousiasme pour la liberté, il tient à l´unité national* – der französische Soldat ist Patriot, begeistert sich für die Freiheit, er legt besonderen Wert auf die nationale Einheit". Dies galt analog natürlich auch für den citoyen des Inneren, aber die Bedingungen des Kriegsalltags einschließlich einer eigenen Soldatensprache stellen dann doch eine ganz spezifische Besonderheit dar. Und schließlich nutzte Carnot als Mann der Ordnung seine Zeitungen auch als ein zusätzliches Disziplinierungsmittel der Streitkräfte. Die damit verbundene äußerst erfolgreiche *„Klugheitsregel"*, *„alle bei einer Armee glücklichen Ausrichtungen"* allen Soldaten zur Erhöhung ihres Mutes bekannt zu machen, wird Scharnhorst neun Jahre später aufgreifen[372]. Im April 1806, also noch vor der katastrophalen Niederlage von Jena und Auerstaedt ergänzt er in einer Denkschrift (noch als mémoire bezeichnet!) an den Herzog von Braunschweig die soeben zitierten Feststellungen mit der Forderung: *„Dieser Zeitung von Armee=Nachrichten…und denjenigen des Vaterlandes, welche die Armee interessieren…bediene man sich zu diesem Zwecke* [siehe oben] *gewissermaßen unvermerkt"*. Scharnhorsts Sätze klingen so, als habe er selbst die Militärzeitungen Carnots in Händen gehabt.

Der Kampf um Festungen – ganz Carnot, mit einer Verstärkung der Festungsfront im Norden schon im August 1793 beginnend – kollidiert mit den Einsätzen der Feldarmeen und auch mit Vorstellungen Robespierres und St. Justs. Carnot lehnt sowohl ab, gegnerische Besatzungen „über die Klinge springen zu lassen", wie er auch den Erhalt (Maubeuge) oder die spätere Wiedereroberung (Landau) von eigenen Festungen für vordringlicher hält als die Vernichtung des Feindes[373]. Hier decken sich wieder operative Sicht und humanitäres

---

[372] Cölmar Freiherr von der Goltz, Roßbach und Jena, Berlin 1883, Anhang, 44.
[373] Warschauer, a. a. O., 103, 134. Der Gegensatz Carnots zu Robespierre und St. Just wird die gesamte weitere Arbeit im Wohlfahrtsausschuss beeinflussen.

Gedankengut[374]. Diesem zentralen Gedanken folgt er möglicherweise auch, wenn er in Anbetracht des nur Linien abdeckenden, weitläufigen und Kräfte unnötig bindenden wie verbrauchenden gegnerischen Kordonsystems fast ganz auf eine – möglicherweise entscheidende – Durchbruchsschlacht verzichtet und sich auf wenige Punkte konzentriert. Ausgehend von dem Vorteil der „Inneren Linie" versucht er vor allem über die Flanken den Gegner, wenn nicht zu umfassen, so doch zumindest ohne Schlacht zurück zu drängen und seine Verbindungslinien zu unterbrechen[375]. Dennoch – auch die Massenschlacht nimmt er, wenn erforderlich, an. Dieses operative Konzept stellt zwar keine Revolution dar, aber war trotz seiner Berechenbarkeit erfolgreich und wurde vom Gegner nicht erkannt. Doch nicht nur die Verteidigung der eigenen Festungen beschäftigt Carnot, sondern auch die Zerstörung der strategisch wichtigen des Gegners nach deren Eroberung, um eine mögliche spätere weitere Nutzung durch diesen auszuschließen. Hierzu ergeht eine Weisung über die *„démantèlement des grandes places limitrophobes"* vom 21. Juli 1794 für die Schleifung der Grenzfestungen Namur und Dinant, die mit einem besonderem Befehl an Napoleon zur Schleifung Mantuas am 26. März 1797 erneuert wird[376].

---

[374] Hier ist der Sicht von Andreas über ein in „rücksichtslosem Angriffsgeist" Carnots erzogenes Heer zu widersprechen. Andreas, a.a. O., 117.

[375] Warschauer, a. a. O., 61. Siehe auch Galitzin, Kriegsgeschichte, Neueste Zeit, 1. Band a .a. O., 323, von diesem als „Carnots Kriegssystem" bezeichne, sowie 2. Band, 146. Charavay II. 276 ff., Bericht zur Kriegsführung. Auch der militärisch nicht vorbelastete Thiers hebt dieses operative Konzept hervor. Thiers, a. a. O., II. 306. Der Vorteil der „inneren Linie" geht allerdings mit dem Ausgreifen des Krieges über den Rhein und die Alpen verloren. Jomini hingegen kritisiert 1849 Carnot als „demi-habile", weil er die napoleonischen schnellen Konzentrationen zur Entscheidungsschlacht nicht gesucht habe. Henri Jomini, Appendice au Précis de l´Art de la Guerre, Paris 1849, 15 – 17.
Ergänzend ist hier anzumerken, dass sich in den Revolutionskriegen zahlenmäßig zwar nicht immer die bisher größten Heere gegenüberstanden, dafür aber zeitlich die mit 3 bis 4 Schlachten pro Monat die größte Dichte an Schlachten zwischen dem Dreißigjährigen Krieg 1618 (0,3/Monat) und erst wieder 1870/71 zu verzeichnen ist. Hervé Coutau-Bégarie, Traité de Stratégie, Paris ² 1999, 333. Warschauer, a. a. O., 155, gibt als Beispiel für die Größe einer Armee Angaben über die Nordarmee vom 30. 07. 1793 mit 159 850 Mann im Raum Lille, Maubeuge, Valenciennes, verteilt auf 40 Stellungsbereiche, davon nur jeweils einer mit 45 000 bzw. 23 000 Mann und fünf mit jeweils ca. 7 000 bis 10 000 Mann.

[376] Charnay, Carnot. Révolution et.., a. a. O., II. 229 ff.

1795 sieht Carnot seine Aufgabe als erfolgreich beendet an – *„mission accomplie"* in der Militärsprache – und verkündet am 04. Februar den Erfolg „seines" Feldzuges der 17 Monate unter dem Titel „*Exploits des Français"*[377]. Nach einer kurzen Einführung über die „*République triomphante*", die „*traits héroiques et monumens emphatiques*" kommt er zu einem Resümee mit folgender Aufzählung:

27 Siege, davon acht größere Schlachten, 120 mittlere Gefechte, 80 0000 gefallene Gegner, 91 0000 Kriegsgefangene, die Einnahme von 116 Festungen oder Städten, davon 36 nach Belagerungen, 230 Forts, 3 800 Kanonen, 70 000 Gewehre, Pulver für 1 900 000 Schuss und, psychologisch besonders wichtig, 90 Regimentsfahnen. Dieser Aufzählung folgt eine chronologische Darstellung des Kriegsablaufs, und die Dokumentation endet mit dem Bericht über die Einnahme der ersten Festungen im Norden auf Grund einer *„bravoure et fidelité républicaine"* und einer *„intrépidité* [Kühnheit] *des jeunes gens"*[378]. Carnot beendet seinen Rapport nach der Hervorhebung der Tugend als Vaterlandsliebe, der Disziplin als Vertrauen und Brüderlichkeit mit einem Ausblick auf den Seekrieg und fordert: *„Que l'Europe s'éclaire, et que de tous les points des deux mondes parte ce crie unanime: la liberté des mers!- Dass Europa sich erleuchte und das von allen Punkten der zwei Welten einstimmig dieser Ruf ausgehe: Freiheit der Meere!"*.

---

[377] Lazare Carnot, Exploits des Français depuis le 22 Fructidor an I. jusqu'au 15 Pluvoise an III. de la République française. 8 Septembre 1793 – 3 février 1795 par Le Citoyen Carnot, membre du Directoire Exécutif. Basel 1796. Carnot hebt als Präsident des Direktoriums diese Siege nochmals in einer Dankesrede an Bevölkerung und Soldaten am 29. Mai 1796 hervor als Ausdruck einer Ehrung von „*vertus amies de la Patrie et de l'humanité*". In der langen Bindung aus Wohltaten und Dankbarkeit sieht er sich und seine Landsleute verpflichtet diese Gedanken „dans l'éducation de nos enfants" weiterzugeben." Discours prononcé par le Président du Directoire Exécutif, à la fête de la Reconnaissance et des victoires, célébrée au Champ –de-Mars, le 10 Prairial, l'an quatrième de la République», Bibliothèque nationale de France, Lb42-1040,
über : http : //gallica.bnf.fr./ark:/12148/cb37241698z, Zugriff vom 03. 11. 2010.
[378] Ebda,. 96- 97. Bei den Festungen handelt es sich um Landrecies, Le Quesnoy, Valenciennes und Condé. In diesem Text greift Carnot wiederum Robespierre an wegen dessen unmenschlicher Forderung, die tapferen Besatzungen der eroberten Festungen zu töten und nicht der „*générosité française*" zu überlassen. Die tatsächlichen Gegner sind die Könige und die Emigranten, nicht die einfachen Soldaten.

Dieser Aufruf bietet den Anlass, noch eine Bemerkung über Carnots Verhältnis zu England anzufügen. Für Carnot scheint England nicht nur ein politischer und wirtschaftlicher, sondern auch ein emotionaler Gegner gewesen zu sein. Welchen Anteil sein Ordnungsbegriff der „Freiheit der Meere" (s. o.) oder die mit Jeanne d´Arc mythisch verbrämte Erbfeindschaft als *„ennemi héréditaire"* dabei hatte, muss offen bleiben[379]. Zumindest betrachtet er England, nicht zuletzt nach dessen westindischen Eroberungen, als den politischen und vor allem wirtschaftlichen Rivalen[380]. Am 22. September 1793 ergeht eine Weisung an den Marineminister, Monge, eine – sofortige – Landung einer Armee von bis zu 100 000 Mann in England zu planen[381]. Der Mangel an seetüchtigen Schiffen verzögert eine Ausführung. 1796 bereitet Carnot mit drei Reden die Öffentlichkeit auf eine Invasion Englands vor[382]. Die dann tatsächlich unter dem Kommando des ebenfalls englandfeindlichen Hoche im November und im Dezember 1796 durchgeführten Landungsoperation in Irland scheiterten wieder einmal an Witterungsbedingungen wie 1588, aber auch an unzulänglicher Verbindung mit irischen Aufständischen, vor allem aber an „ordre und contreordre" und Kommunikationsmängeln innerhalb der

---

[379] Zumindest mit dem „French and Indian War" von 1756 bis 1763 [Siebenjähriger Krieg in Europa] wurde das „Perfide Albion" als Begriff angewandt und während der Revolution weiter gepflegt. Jacques Chatelle, Lazare Carnot, la puissance maritime et l´Angleterre in: Charnay, Carnot Savant, a. a. O., 408. Bossuet soll diesen Begriff im 17. Jahrhundert nach bretonischen Quellen zuerst aufgebracht haben, 1793 Louis de Ximenes gebraucht ihn in seinem Gedicht „L´Ére des Français" mit dem Ruf" *„Attaquons dans ses eaux la perfide Albion"*. Zitiert nach http://fr.wikipedia.org/wiki/Perfide-Albion vom 03. 02. 2011. Der Abgeordnete Garrau schreibt am 01. 07. 1796 an Carnot über das *„perfide Angleterre"*, Bonnal de Ganges a. a. O., 386.
[380] Am 17. 10. 1795 wurde öffentlich eine Art «Kontinentalsperre» gegen England gefordert. Richet Furet, Die Französische Revolution, a. a. O., 486. Spätestens mit der Beteiligung Englands am neuerlichen Aufstand in der Vendée und der missglückten Landungsoperation mit 4 000 Emigrés auf der Halbinsel Quiberon von Juni bis September 1795 verschärfte sich die politische Haltung gegen England.
[381] Culp, a. a. O., 47.
[382] Watson, a.a. o., 131.

Marine selbst, zu den Landungstruppen und zu irischen Freiheitskämpfern[383].

Wie im Festungsbau war Carnot auch in der Kriegsführung selbst kein genialer Innovator oder tatsächlich ein Feldherr noch ein übergreifend denkender kriegswissenschaftlicher Theoretiker[384]. Seine Vorstellungen vom Krieg waren doch noch mit geprägt vom Kabinettskrieg des Absolutismus, den er lagegerecht, aber ohne philosophische Auseinandersetzung, in den Krieg der Revolutionsjahre umformt, und der in seiner Praxis auch kein revolutionärer Krieg geworden ist. Vielleicht aus dieser Erkenntnis hat Carnot weder eine eigene Kriegslehre wie Jomini oder Erzherzog Carl entwickelt, noch kriegsbezogene Memoiren wie Marbot, Marmont, St-Cyr oder andere hinterlassen. Dennoch soll der Carnot gegenüber nicht gerade freundlich gesinnte Dumouriez gesagt haben: „*Carnot est le créateur du nouvel art militaire en France, que Dumouriez n'a eu le temps d'esquisser et que Bonaparte a perfectionné – Carnot ist der Begründer der neuen Kriegskunst in Frankreich, welche Dumouriez aus Zeitgründen nur andeuten konnte und die Napoleon vollendet hat*"[385].

Aus der praktischen Lehrzeit als Kommissar an fast allen Fronten, außer der Alpenfront und Italien, kannte Carnot das Kriegsthea-

---

[383] Chatelle, a. a. O., 399 - 411. Siehe auch S. 20 (Fulton). Eine Anzahl von Ideen wurden verfolgt, wie für die Konstruktion gepanzerter Ruderschiffe für den Transport von 60 000 Soldaten und 750 Kanonen (pro Schiff 7 000 Mann) oder für eine Transportflotte von 100 Mongolfièren a 1 000 Mann – nicht realisierbar, aber möglicherweise von Carnot enthusiasmiert. Schließlich betrug die „Invasionstruppe" (Invasion und Insurgenten)[nur noch knapp 18 000 Mann in auch noch getrennten Flottenverbänden. Siehe auch: Donald R. Come, French Threat to British Shores, 1793-1798, Military Affairs, 16, Nr. 4 1952, 174 – 188. Siehe auch Watson, a. a. O., 169.

[384] Unter dieser Sicht ist verständlich, dass Carnot in dem umfassenden o. a. Traité de Stratégie nicht einmal erwähnt wird, ebenso wenig wie bei Raymond Aaron, Clausewitz. Den Krieg denken, Frankfurt/M. 1980, obwohl sich dieser - als Franzose - ausführlich mit der Volksbewaffnung und Fragen von Moral und Krieg im revolutionären Zeitalter beschäftigt. Dagegen wurde Carnot von den Zeitgenossen, Bülow, Behrenhorst und auch Scharnhorst durchaus beachtet. Vgl. hierzu Paret, a. a. O., 120, oder R. R. Palmer, Frederick the Great, Guibert, Bülow: From Dynastic to National War in: Peter Paret (Hrsg.), Makers of Modern Strategy, Princeton 1988, 113.

[385] H. Carnot, Mémoires, a. a. O., I. 391.

ter aus eigener Anschauung genau. Mit Hilfe seines topographischen Büros konnte er gezielte Weisungen geben, die mit ihren Hintergrundinformationen fast schon als moderne „Entschlüsse mit Begründung" angesehen werden können. Darüber hinaus hatte er eine große Anzahl der jungen Truppenführer selbst ausgesucht oder persönlich gefördert. Operativ entspricht er mehr Jomini mit einem fertigen und mathematisch orientierten Systemdenken mit Plänen für das Schlachtfeld, die noch in der klassischen Kriegswissenschaft verwurzelt waren und auf deren Regeln man zurückgreifen konnte. Erst Clausewitz hat dieses Denken, mehr als Napoleon, revolutionär aufgebrochen. Seine beiden großangelegten Zangenbewegungen 1794 auf Brüssel und 1796 auf Wien beweisen jedoch eine bemerkenswerte Planung, auch wenn Carnot kein durchgängiges strategisches Konzept erkennen lässt und seine Entscheidungen häufig der Not oder der Gunst des Augenblicks geschuldet waren. Das politische Ziel eines vernünftigen, auch für die Gegenseite erträglichen Friedens und das humane Ziel einer Kriegführung mit möglichst geringen Verlusten haben in seinen zahlreichen Weisungen stets mitgeschwungen. Trotz seiner Einwirkung bei Furnes oder Wattignies ist Carnot anders als die intuitiven und auf dem Schlachtfeld selbst führenden Feldherren Napoleon[386] oder Gneisenau kein Truppenführer, wobei er sich durchaus der Bedeutung des persönlichen Beispiels sowie von kriegerischem Elan und Begeisterung bewusst war. Beide hat er zielgerecht eingesetzt und nüchtern genutzt. Es gelang Carnot, die zahlreichen Friktionen aus innenpolitischer Unruhe, aus gegensätzlichen Vorstellungen im Wohlfahrtsausschuss, aus Struktur- und Personalveränderungen in der Armee und schließlich auch aus dem Feindverhalten einkalkulierend, den Sieg nicht nur zu organisieren, sondern durch eigene Arbeitsleistung, Nüchternheit in der Lagebewertung und enge Kontrolle als eine Art „Techniker der Macht" auch zu erzwingen[387]. Doch ohne den gleichzeitigen Aufbau einer ersten Wehrwirtschaft, womit sich „Valeur" und „Industrie" wieder verbinden, wäre auch dieses Erzwingen nicht möglich gewesen. Die Zusammenführung von Politik, Öffentlichkeit, Militär und Wirtschaft unter einem revolutio-

---

[386] Napoleon führte nach seinem Leitsatz „*on s'engage, puis on voit – wir schlagen uns, dann sehen wir weiter*", nach Paret, Clausewitz und der Staat, a. a. O., 251.
[387] Pierre Gaxotte, Die Französische Revolution, München 1949, 251.

nären und weitgehend enthousiastischen Impetus führte zu einem gewaltigen Kräfteaufbruch, diente jedoch gleichzeitig auch einer fast klassischen „Sozialdisziplinierung"[388] der jungen französischen Nation. So gelang es ihm, den Enthusiasmus der Revolution mit fachlichem Können zu verbinden. Erst die neuere französische Militärwissenschaft scheint, zumindest teilweise, zu erkennen, dass ohne Carnots Vorleistungen die Erfolge Napoleons nicht möglich gewesen wären.

Clausewitz harsche Kritik an der Führung der Kriegsangelegenheiten von Paris aus, vom „Grünen Tisch" [der. Verf.], ist im Grundsatz berechtigt, wird aber Carnot dennoch nicht gerecht[389]. Der Beiname „organisateur de la victoire" dagegen kennzeichnet besser seine historische Leistung, bestätigt diese und wird seiner Leistung gerecht. Bebel urteilt 1884 über Carnot: *„Der 'Organisator der Siege' war ein Republikaner, ein 'bürgerlicher' Revolutionär, der diese neue militärische Organisation auf Grund neuer Ideen begründete, kein gehaltener Militär. Er war ein Mann aus dem Volke"*[390]. Dies müssen auch seine Zeitgenossen so oder ähnlich empfunden haben, als auf die Anklageerhebung gegen Carnot am 29. Mai 1795 der Abgeordnete Boudon den berühmt gewordenen Satz ausruft *„Oserez-vous porter la main sur celui qui a organisé la victoire dans les armées françaises? – Wagt Ihr es, die Hand gegen den zu erheben, der den Sieg der französischen Armeen organisiert hat?"*, worauf die Anklage sofort unter brausendem Beifall, einem *„frémissement d´enthousiasme"*, aufgehoben wird und der Konvent zur Tagesordnung übergeht[391]. Dergestalt ent-

---

[388] Kroener, a. a. O., 69.
[389] Clausewitz, a. a. O., 997. In seinem Werk « Vom Kriege » wird Carnot auch nur hier das einzige Mal erwähnt. Noch 1765 schrieb der württembergische damalige Artillerieoberst Friedrich von Nicolai (1730-1814), Carnot vorwegnehmend: *"Ich unterstehe mich zu behaupten, daß man......ohne aus seiner Stube zu gehen, durch den Fleiß alleine, mit Hilfe der Geometrie und der Geographie eine völlige Kenntnis von dem Krieg im Felde.... erlangen könne"*. Voran gesetztes Motto aus Nicolai, Nachrichten aus alten und neuen Kriegsbüchern, Stuttgart 1765, zitiert aus Rudolf Stadelmann, Scharnhorst. Schicksal und Geistige Welt, Wiesbaden 1952, 189.
[390] Bebel in der 5. Sitzung des Reichstages am 18. 11. 1884, Sten. Ber., 1884/85, Bd. 1, 87 in: Reinhard Höhn, Sozialismus und Heer, a. a. O., 268.
[391] H. Carnot, Mémoires, a. a. O., I. 599.

stand Carnots ihm bis heute unumstritten zugeordneter Beiname „*organisateur de la victoire*"[392].

4. Die „Réponse" von 1798, das „Mémoire au Roi" von 1814 mit der folgenden Rechtfertigung über seine „Conduite Politique" nach dem 01. Juli 1814

„J'ose croire que nous nous sommes tous montrées également zélés dans l'accomplissement des mandats qui nous avaient confiés...[avec]...le meme but, celui de sauver la France d'un demenbrement, celui d'assurer l'indépendance nationale et d'éviter l'effusion du sang – Ich wage zu glauben, dass wir uns alle als sehr eifrig in der Erfüllung der Mandate erwiesen haben, die uns anvertraut wurden....mit demselben Ziel, Frankreich vor dem Zerfall zu retten, die nationale Unabhängigkeit zu erhalten und Blutvergießen zu vermeiden"[393].

Diese Aussage Carnots zu seiner politischen Arbeit aus der letzten seiner drei Rechtfertigungs- oder Verteidigungsschriften gilt für sein Verständnis von Aufgabenerfüllung allgemein. Der Erhalt der nationalen Unabhängigkeit, die Verhinderung von Blutvergießen und die Rettung der französischen Nation verbinden sich als grundlegende Ziele mit der strebsamen Pflichterfüllung auf dem jeweiligen Posten, auf den man hingestellt wurde. Unter dieser Sicht gilt für alle drei Schriften nicht nur das Unverständnis, sondern auch die moralische Entrüstung darüber, dass er, Carnot, für seine patriotische Arbeitsleistung nicht nur kritisiert, sondern diffamiert oder sogar verurteilt oder exiliert wurde. Zwar sind die historischen Anlässe und die politischen Hintergründe zu diesen Schriften unterschiedlich, gemeinsam haben sie jedoch das ein wenig selbstgerecht wirkende Urteil über seine

---

[392] Auch Jomini stellt die organisatorischen Leistungen über die operativen, wenn er Carnot in seiner Bewertung dem Kriegsminister Louvois (1641 – 1691) unter Ludwig XIV. zuordnet, der ab 1666 das französische Berufsheer geschaffen hatte und ebenfalls von Paris aus die Kriege plante. Henri Jomini, Précis de l'art de la Guerre, Paris 1838, I. 135.

[393] Lazare Carnot, Exposé de La Conduite Politique de M. Le Lieutenant-Général Carnot Depuis le 1er Juillet 1814, Paris 1815, 5. Nachdruck Amazon aus der Bibliothek der Michigan University, Leipzig 2010.

Gegner, aber dann doch die abschließende Forderung nach Gemeinsamkeit und Toleranz.

Seine erste Schrift: „*Réponse de l. N. M. Carnot, Citoyen Français, l'un des fondateurs de la République, et membre constitutionnel du Directoire executif;au rapport fait sur la conjuration du 18 fructidor, an 5, au conseil des Cinq-cents par J. Ch. Bailleul, au nom d'une commission spéciale*"[394], sagt allein mit ihrem Titel schon viel über Carnots Selbstverständnis als französischer Gründerbürger der Republik und über seine Bewertung der Verfassung und des ihr als Exekutive nachgeordneten Direktoriums aus. Mit einer für Carnot ungewöhnlichen und einmaligen leidenschaftlichen, hochmotivierten und aggressiv-ironischen Ausdrucksweise werden zuerst alle die Mitglieder des Konvents und des Direktoriums angegriffen, von denen er glaubt, seine Proskription zu verdanken. Diese persönlichen Feinde werden dann von ihm auch als Feinde der Republik geschildert, insbesondere der Verfasser des Kommissionsberichts gegen ihn, Bailleul[395]. Insgesamt lässt sich die Schrift in zwei Teile aufgliedern, zuerst in die reine Rechtfertigung, sodann in ein politisches Memorandum, allerdings auch in diesem mit kräftigen Angriffen. Carnot beginnt schrittweise mit seiner Widerlegung der zehn Anklagepunkte, die auf der Grundlage ministerieller, aber nicht öffentlich gemachter Akten erhoben wurden. Die wesentlichen Punkte lauten, Carnot sei in seinen politischen Funktionen zum Mörder (assassine) geworden, er habe sich gegen die Absetzung des „Würgers" Willot[396] in Marseille gewandt, er habe in Verbindung mit

---

[394] Unter diesem Titel wurde diese (Watson a.a.O., 148 und Dhombres, Carnot, a.a. O., 475 ff.) am 28. 04. 1798 in Augsburg beendete Schrift erstmalig 1798 in London gedruckt. Später wurde sie, übersetzt, in den USA dem Präsidenten Jefferson dediziert. Eine versuchte Unterdrückung dieser Schrift in Frankreich gelang nicht, wodurch das Gerücht über Carnots Tod entlarvt wurde. Eine Lawine von Pamphleten gegen die Carnots allgemein, die „Carnuten", und gegen Carnot als hypokritischen, perversen und wilden „Carnutorix" war die veröffentlichte Antwort.

[395] Jacques-Charles Bailleul (Bretteville 12. 12. 1762 – Paris 18. 03. 1843), im Alter politischer Schriftsteller, vorher Advokat, Richter und Deputierter mit wechselnden politischen Richtungen, Gegner Robespierres, nach dem Staatsstreich vom 18 fructidor wesentlicher Betreiber der Proskription. Trug am 15. Januar 1798 seine Anklageschrift vor dem „Rat der Fünfhundert" vor.

[396] Amédée Willot (Belfort 31. 08. 1755 – Boissy-St-Léger 23. 12. 1823), 1793 General der Revolution, griff im Süden insbesondere in Marseille hart durch, wurde, wie Napoleon, während des Thermidors von Carnot mit Hilfe eines juristisch einwand-

Pichegru durch den Vorfrieden von Leoben[397] heimlich den Kaiser und die Könige der Koalition unterstützt, er habe Holland zum Wohle Englands nicht ausreichend unterstützt und habe generell unzureichende Kriegspläne entwickelt oder falsche politische Entscheidungen getroffen, wie die Bestellung von Gesandten an Stelle von Botschaftern. Es soll hier nicht um die Verteidigung im Einzelnen gehen, sondern um die Darstellung der Gegenmittel aus sachlicher Rechtfertigung, aus Ironie – wie stilecht aus der berühmten Rede des Marcus Antonius über Brutus entnommen – oder aus direkten persönlichen Angriffen. Insgesamt und mehrmals wiederholend stellt Carnot angelehnt an diese große Shakespeare-Rede fest, man, der *„honnête Bailleul"*, habe erst gar nicht versucht, Beweise als Licht in die Vorwürfe zu bringen, denn das Dasein des Lichts braucht man nicht zu beweisen *(on ne cherche point à prouver la lumière)*; man solle eben die offiziellen Akten *(pièces officielles)* und seine Briefe lesen, und das Ganze sei nichts als ein abscheulicher Betrug *(abominable imposture)*. Neben diesen allgemeinen Aussagen widerlegt er alle Punkte einzeln aus seiner Sicht, dabei nicht mit Kritik an seinen ehemaligen drei Mitdirektoren sparend, – den Triumvirn –, dem Trio der *„dictateurs républicains"*, wie er sie auch gesamt als *„nos augustes directeurs sans véracité – unsere erlauchte Direktoren ohne Wahrheitsliebe"*[398] bezeichnet. Aus der Verteidigung geht er über in eine Anklage, nach der das – alte und neue – Direktorium durch seine Taten die Verfassung aufhebt *(la constitution fut outragée*[399]*)*, einem ganzen Volk von dreißig Millionen Menschen durch unterschiedliche Machenschaften etwas vormacht *(avalit)*, dieses durch die Proskription seiner eifrigsten *(zélé)* Verteidiger demoralisiert und letzt-

---

freien Verfahrens gedeckt, nach dem 18 fructidor deportiert, kämpft nach der Amnestie gegen Napoleon.

[397] Vorfriede von Leoben vom 18. 04. 1797, welcher aus Sicht von Barras dem Kaiser zu viele Zugeständnisse machte. Carnot, Réponse, a. a. O., 92, schreibt hierzu: *"je me livre à la joie que me cause le bonheur de voir la paix rendue à ma patrie – ich liefere mich der Freude aus, die mir das Glück bringt, meinem Vaterland den Frieden zurückgegeben zu sehen"*, und wollte jetzt schon einen generellen Frieden.

[398] Ebda. So nennt er sie auch „Schreckliche Menschen", Betrüger (Imposteurs) und insgesamt als Monster, die die Freiheit in ihrer eigenen Wiege erwürgten (*„egorgés la liberté dans sa propre berceau"*, S. 108), tituliert Barras als *„homme infame"*, La Réveillère als *„petitTartuffe"* und anderes mehr. Alle gehörten mit Bailleuil *„attachés au poteau de l'ignominie"* [an den Schandpfahl], S. 89.

[399] Ebda. 147.

lich auch durch den „Durst nach Macht" (*la soif du pouvoir*[400]) das Verbrechen des Hochverrats begeht (*crime de haute-trahison*[401]). Auf sich gemünzt stellt er fest, dass „*ce sont bien les infames qui à force de poursuivre les plus pur républicains et de confondre l'innocent avec le coupable – es sind insbesondere die Ehrlosen, welche die reinsten Republikaner gewaltsam verfolgen und den Unschuldigen mit dem Schuldigen verwechseln*" und es sind diejenigen, die am 13. vendemaire Verbrechen auf sich geladen haben[402]. Aus dieser Schuldzuweisung geht Carnot über in grundsätzliche politische Erwägungen. Hier finden sich Begriffe seiner moralischen Überzeugungen wieder, die er in seinen philosophischen Schriften schon mehrmals expliziert hat. So bündelt er die in diesem Text formulierten Gedanken über die grundlegende Bedeutung einer Verfassung mit der dazugehörigen Verfassungstreue, über seine Wertschätzung von Freiheitsrechten, die Unabdingbarkeit von Pressefreiheit, über die Bedeutung der Erziehung, über den Vorrang des Friedens vor dem Krieg, die Bekämpfung von Vorurteilen, aber vor allem über die positive Wirkung der Gewohnheit in den Worten: „*Le meilleur gouvernement est celui où tout ce fait par habitude, par l'éducation et non par des préceptes variables – die beste Regierung ist die, die alles, was sie tut, durch 'Gewohnheit', durch Erziehung und nicht durch wechselnde Vorschriften macht*". Allein die Forderung nach Beachtung der verfassungsmäßigen Gesetze erscheint mehrere Male. Diesem wiederholten Bekenntnis schließt sich erneut die Ablehnung revolutionärer Bestrebungen, die Ablehnung von altem und neuem Terror zum vermeintlichen „salus populi" an, wenn er feststellt: "*La tolérance universelle et la sobriété dans l'émission des lois, sont les plus sûr moyen de rendre les peuples satisfaits, et d'éviter les révolutions – in der Herausgabe von Gesetzen sind die allumfassende Toleranz und die Besonnenheit die sichersten Mittel, um die Völker zufrieden zu stellen und Revolutionen zu verhindern*'"[403]. Auch hier beweist sich Carnot als Bewahrer republikanischer Grundsätze und nicht als Revolutionär. Daher verwundert es nicht, wenn er als Gegenbeispiel die gegen seinen Willen zu Frank-

---

[400] Edda. 195.
[401] Ebda. 136.
[402] Carnot, Réponse, a.a.O., 178. Carnot zitiert weiter Barras mit der Bemerkung, dass man nicht hier wäre, wenn man die Pariser nicht besser bestraft („*mieux châtié*") hätte. Der 13 vendemaire wird unter III. 2. und IV. 5., genauer erwähnt.
[403] Ebda. 205 zu „l'habitude", ähnlich 50 f., 135, die Rettung der Verfassung durch diese selbst 138. Siehe auch Anmerkung 64.

reich geschlagene Schweiz mit deren innerem Gleichgewicht, mit deren Beharren auf innerer Freiheit und äußerer Unabhängigkeit und deren fünfhundert-jähriger republikanischer Tradition besonders hervorhebt[404]. Seine Schrift beendet Carnot mit dem Ausruf: „*O DIEU FAITES QUE NOUS PUISSIONS SUPPORTER L'INJUSTICE* [*O mein Gott, gib, dass wir die Ungerechtigkeit ertragen können*]", nachdem er vorher auf Rachsucht verzichtet, dafür aber eine Rehabilitation und die Rückkehr aller Proskribierten als einfache Bürger gefordert hat, in einem antik römischen Verständnis ohne neue politische Aufgaben, um erneute Auseinandersetzungen zu vermeiden[405].

Für eine ausgewogene Betrachtung muss allerdings noch auf Carnots eigene Sicht über seine Rolle eingegangen werden, insbesondere wenn Carnot den Staatsstreich vom Fructidor mit der Bartholomäusnacht vom August 1572 und den Septembermorden von 1792[406] vergleicht. Mit dem Einstieg, aus seiner Verantwortung heraus niemandes persönlicher Freund oder Feind zu sein[407], oder dass derjenige, der für den Tod des Königs gestimmt habe, nun doch nicht auf einmal der Beschützer von Königen sein könne[408], leitet er über zu den Pflichten einer Regierung für Freiheit und für Unparteilichkeit. Carnot (j´ai) stellt sich hier als das Mitglied im Wohlfahrtsausschuss und im Direktorium dar, das stets versucht hat, mäßigend – zu meist für die anderen (ils) unverständlich (*inintelligible*) – einzugreifen[409]. Da

---

[404] Ebda., 109 ff. Die Schweiz, genauer die helvetische Republik wurde am 18. 06. 1798 der französischen Militärherrschaft unterstellt, nachdem durch die Initiative Rewbells französische Truppen Anfang 1798 einmarschierten.

[405] Ebda. 239, 145, den Ausruf schreibt Carnot einem Wunsch der Spartaner an die Götter zu.

[406] Nach dem 10. August 1792 gab es im ganzen Land Tausende von Festnahmen, aus denen sich u. a. durch die Panik nach der kampflosen Übergabe Verduns an die Preußen (02. 9.) unter Duldung der Regierung Danton mit Hilfe der „Commune" zwischen dem 02. und dem 07. 09.1792 (Carnot schreibt 93!) grausamste Massaker entwickelten. Wie häufig bei – urplötzlich - ausbrechenden Emotionen ergeben sich keine eindeutigen Schuldzuweisungen. Möglicherweise hat Carnot diese Morde mit dem Aufruf vom 30. 08. 1793 zum „*terreur à l'ordre du jour*" mit darauf folgenden neuen Verhaftungen verwechselt.

[407] Carnot, Réponse, a. a. O., 25. Etwas weiter, 173, formuliert er analog, dass er der Feind sowohl der Cordeliers als auch der Jakobiner gewesen sei.

[408] Ebda. 34.

[409] Ebda. 51,

er selbst auch keinen vorgezogenen Gegenstaatsstreich ausüben oder die anderen Direktoren als Gesetzlose („*hors-de-loi*") hinstellen wollte, um nicht selbst die Verfassung brechen zu müssen, begreift sich Carnot in der Aufgabe zu einer steten und nicht gewürdigten „*devoir d´une sentinelle vigilant* – Pflicht zur ständigen Wachsamkeit"[410]. Unter diesem Aspekt begreift er die Proskription als Undank gegenüber dem, der dafür gesorgt hat, dass die Republik um ihrer tatsächlichen Freiheit willen geliebt wird, dass die Bürger ihre Handlungsweisen durch Gewohnheit *(Habitude)* auf die neuen Institutionen freiwillig ausrichten und dem gegenüber, der den allgemeinen Enthusiasmus *(enthousiasme général)* genutzt hat „*pour pousser la guerre avec une vigueur auparavant inconnu* – um den Krieg mit einer bislang unbekannten Härte voranzutreiben"[411]. Carnot benutzt das passive Wort „*profiter*", um anschließend das immer wieder neue Phänomen deutlich zu machen, mit dieser Kanalisierung des Enthusiasmus nach Außen die innere Krise der Nation zu beenden. Dieses Selbstverständnis kann auch mit dem Vorwurf an den Neid *(jalousie)* der anderen durchaus nachvollzogen werden.

Kritischer wird es jedoch, wenn Carnot feststellt, dass Unterschriften unter Urteile oder Verfügungen gar nicht die persönliche Meinung des Unterschreibenden hergeben, sondern einfach durch das Gesetz vorgegebene Pflichtunterschriften sind, die nur einem einfachen Abzeichnen *(simples vus)* entsprechen[412]. Dieses wisse die ganze

---

[410] Edda., 229. In diesem Zusammenhang sieht sich Carnot selbst als den einzigen „Wall" gegen den Parteienstreit innerhalb der „Cinq-Cent" und die politische sorglose Nichtstuerei seiner Kollegen im Direktorium.
[411] Ebda., 234 f.
[412] Tissot, Mémoires, a. a. O., 62 ff. Carnot reduziert das –spätere napoleonische – «*vu et approuvé*» allein auf ein formales „vu" mit der Begründung, dass in dem durch Robespierre festgelegten Mehrheits- z.T. sogar Vetoverfahren im Wohlfahrtsausschuss mit seinen 12 Mitgliedern diese Unterschriften *(signatures en second)* erforderlich waren, um im Gegenzug nicht nur ein „vu" unter die eigenen Weisungen (arrêt) zu erhalten, sondern um dadurch auch eine kollektive Verantwortung zu etablieren. Nach Fink, Carnot, a. a. O., 16, handelte es sich zudem täglich um 400 bis 500 Unterschriften.
Diese damalige Diskussion ist historisch deshalb ausgesprochen interessant, weil sie sich unter anderem Vorzeichen aktuell im Zusammenhang mit Kenntnis und Schuld von Verbrechen des Dritten Reiches wiederholt (Beispiele hierfür sind das Auswärtige Amt, aber auch Kriegstagebücher der Wehrmacht in der Frage der Verantwortlichkeit von Henning von Tresckow).

Welt und alle, die ihn jetzt verfolgten, hätten ebenfalls Tausende solcher Unterschriften geleistet[413]. Man mag hier ein sehr rigides oder ein rein theoretisch ausgerichtetes Rechtsverständnis unterstellen, eine fast jesuitisch anmutende „reservatio mentalis" annehmen oder die philisterhafte Selbstgerechtigkeit eines Mannes sehen, der in allem, was er tut, überzeugt ist, für seine Ideale einer französischen Republik gewissenhaft sowohl das moralisch Richtige als auch das Rechte zu tun. Auch ohne die Erfahrungen des 20. Jahrhunderts mutet eine solche Selbstsicht zumindest befremdlich, wenn nicht unrealistisch und unhaltbar an. Auch im Zusammenhang mit seinen anderen Schriften scheint Carnot selbst an die Rechtmäßigkeit seiner Unterschriften geglaubt zu haben, und so ist auch sein Einschub zu Ende der „Réponse" zu verstehen:

„*Je n'ai point usé du long exercice du pouvoir qui m'a été confié pour amasser des richesses, pour élever mes parens aux emplois lucratifs; mes mains sont nettes et mon coeur pur* – während der langen Ausübung der Pflichten, die mir übertragen wurden habe ich nie davon Gebrauch gemacht, Reichtümer anzuhäufen, meine Verwandten auf lukrative Posten zu setzen; meine Hände sind sauber und mein Herz ist rein*"*[414].

Wie zu einer Bestätigung dieser Sicht Carnots kann noch eine frühere Rede[415] herangezogen werden. Am 23. März 1795 verteidigte Carnot mehrere Volksvertreter, wie Collot-d´Herbois, die „*trompette de la révolution*", Billaud-Varenne, der sich später selbst als „assassin de la liberté" bezeichnete, Barère und andere, die als ehemalige Anhänger Robespierres dennoch zu dessen Sturz (9 thermidor/ 27. Juli 1794) beitrugen. Die Anklage lautete u. a. auf kontrarevolutionäre Verbrechen im Zusammenhang mit den Septembermorden von 1792, den Massakern in Lyon und anderen Städten, sowie die Unterstützung des Terrors von Robespierre. Carnot führt in dieser Rede aus, dass nicht nur die Humanität ein gerechtes Verfahren gebiete und – erstmalig – , dass die „*signatures en second étaient une formalité prescite par la loi* – die Un-

---

[413] Ebda. 175 – 178. Carnot verschweigt nicht, dass er auch viele Fehler in einer Aufgabe gemacht habe, für die er nicht bestimmt gewesen sei. Immer aber sei er seinen Prinzipien gefolgt, die ihm als Kompass in den revolutionären Wirren gedient hätten.
[414] Ebda. 236.
[415] Charnay, Carnot, Révolution et.., a. a. O., I. 241 – 252.

terschriften als Zweiter nur eine durch das Gesetz vorgegebene Formalität" gewesen seien und absolut keine Aussage über die tatsächliche Einstellung zuließen, sondern eher die Bedeutung einer Abzeichnung gehabt hätten[416]. Eine weiter sophistische Unterscheidung führt Carnot ein, wenn er die Beschuldigten nicht als „Konterrevolutionäre", sondern als „Ultrarevolutionäre" bezeichnet, diese also nur in gutem Willen überzogen hätten und man daher das Endresultat bewerten müsse[417].

Der Abschluss seiner Rede gipfelt in einem Aufruf an die Bürger zum Zusammenschluss gegen alle gemeinsamen Feinde, mit Großherzigkeit zu handeln, um nicht alte Übel durch *„nouveaux holocaustes"* zu sühnen. Der allgemeine Wille fordere auf zu einem *„paix entre vous... et l'oubli de vos haines particulières – Frieden unter euch...und einem Vergessen der persönlichen Hassumstände"*. Mit dem 10 thermidor sei auch das Verbrechen der Tyrannei gesühnt und der, welcher sein Vaterland liebe, solle nicht nach Rache und neuen Schuldigen suchen[418]. Wir werden diesen gedanklichen Ansatz zwanzig Jahre später wieder finden.

1799 schiebt Carnot eine zweite, zwar deutlich kürzere, dafür umso angriffslustigere Denkschrift als *„Seconde Mémoire"* nach[419]. Auf knappen 23 Seiten aktualisiert Carnot seine „Réponse", weitet seine Angriffe sachlich, aber vor allem moralisch auf weitere Deputierte aus und verschärft die Tonart. Es mag ausreichen, hier nur für Letztere einige Beispiele im Original anzufügen, wie *„l'infame conduite des trois brigands; l'immoralité de leur caractère et la perversité de leur conduite; libertins scandaleux; société d'escroqueries; ces caméléons politiques; amalgame par base de l'hypocrisie"* – [das ehrlose Verhalten der drei Räuber, die Sittenlosigkeit ihrer Charaktere und die Lasterhaftigkeit ihrer Führung; skandalträchtige Lüstlinge; Gesellschaft von Betrügereien; diese politischen

---

[416] Ebda, I. 242. Siehe Anmerkung 294. Carnot gelingt es, mit seiner Rede die Angeklagten vor der Guillotine zu retten, sie werden dennoch zur Deportation nach Cayenne verurteilt.
[417] Ebda. 244 und 248.
[418] Ebda. 252.
[419] Lazare Carnot, Second Mémoire de Carnot, Hambourg 1799, als Kopie vom Original, La Vergne 2010.

Wendehälse; Verschmelzung von Scheinheiligkeit]. Er schließt mit einem „Stoßgebet"[420]:

„*O sagesse des dieux, je te crois très-profonde, Mais, à quels plats tyrans as-tu livré le monde?* – O Weisheit Gottes, ich glaube sehr tief an dich, aber welchen geistlosen Tyrannen hast du die Welt ausgeliefert".

Carnots nächste politische Schrift „*La Fusion des Partis: Mémoire adressé au Roi*" vom Juli 1814[421] ist eine Mischung aus Rechtfertigung der Vergangenheit, aus Mahnung zur Einhaltung von Versprechen und aus dem Vorschlag für die politische Zukunft mit dem Schwerpunkt – wie der Titel aussagt – die divergierenden Ideen und Parteien zum Wohle einer „*plus grande prospérité nationale*"[422] zusammen zu führen. Diese Erwartung habe die Rückkehr der „Lilie" bisher noch nicht erfüllt und daher müsse die „Wahrheit [über die innere Situation Frankreichs, der Verf.] in die Ohren des „*Souverain*" gelangen. Aus-

---

[420] Ebda., 23, ein Ausruf des Dichters von Ferney (Voltaire, der dort in der Nähe der Grenze zur Schweiz von 1759 bis 1778 gelebt hat).

[421] Lazare Carnot, La Fusion des Partis: Mémoire adressé au Roi, en Juillet 1814, Paris 1888. Nachdruck des Originals von 1888 bei Amazon Leipzig 2010. Diese Denkschrift wurde von Carnot zuerst anonym verfasst, dann von Fouché mit dem Ziel, Carnot zu diskreditieren [ggf. mit Zusätzen oder Veränderungen] veröffentlicht. Der ursprüngliche Titel lautete: „*Caractères d´une juste liberté et d´un pouvoir legitime*"(L. Carnot, in seinem „Expose´, a.a. O. 7,). Bei dem hier verwandten Text von 1888 scheint es sich um den Originaltext zu handeln, da die Text- und Seitenangaben bei Dhombres diesem entsprechen. Das Selbstbewusstsein Carnots, bzw. die innere Sicherheit nichts Unrechtes getan zu haben, lässt sich auch darin ablesen, dass er sowohl den noch am 16. 03. 1792 nach dem Anciennitätsprinzip verliehenen - königlichen - Orden "St.-Louis", die Ehrenlegion als auch die für Antwerpen erhaltene Beförderung zum Divisionsgeneral anführt. Nach H. Carnot, Mémoires, a.a. O., II. 372 ff. und Dhombres, Carnot, a.a. O., 559 ff. und 701 f. hatte der König dieser Schrift keine besondere Bedeutung zugemessen. Erst die durch den neuen Polizeidirektor Beugnot und Fouché angestoßene öffentliche Debatte gab diesem Text Brisanz, die sogar dahin führte, dass Carnot vorgeworfen wurde, sein Pamphlet hätte Napoleon zur Rückkehr von der Insel Elba veranlasst. Hippolyte Carnot, ebda., II, 376 f., untermauert die Bedeutung dieses Textes mit einer Bemerkung von Varnhagen von Ense, der dieses Mémoire als das Wichtigste, was nach der Rückkehr der Bourbonen geschrieben worden ist, bezeichnet. Interessanter ist hier noch das Urteil, welches er über Carnot fällt: Ein Bürger, der als aufrichtiger Patriot in aller Loyalität der neuen Regierung seine Erfahrungen und seine vernunftgeleiteten Ratschläge weitergibt.

[422] L. Carnot, Mémoire au Roi, a.a.O., 69.

gangspunkt von Carnots Denkschrift war die nicht unberechtigte Sorge, dass die im Anhang aufgeführten Versprechen des Königs Ludwig XIII. und seiner Brüder sowie die für die Verfassung vorgesehenen Artikel 8. (Presse- und Meinungsfreiheit) und insbesondere 11. über das Verbot der rückwirkenden Untersuchung von Taten bis zur Restauration nicht eingehalten würden[423]. Insbesondere die zurückgekehrten „Emigrés" drängten auf Zensur, Aufhebung der Religionsfreiheit[424] und Bestrafung der ehemaligen Revolutionäre. So sah sich Carnot veranlasst, so wie er Antwerpen nach außen verteidigt hatte, nun die positiven Errungenschaften der Revolution, und damit auch seine eigenen, nach innen zu schützen. An den Beginn seiner Denkschrift stellt Carnot eine historisch wie politisch geprägte These, dass der Gesellschaftsstaat nichts anderes darstellt, als den steten Kampf zwischen dem „*Verlangen zu beherrschen und dem Wunsch sich dieser Herrschaft zu entziehen*" – „*l´envie de dominer et le désir de se soustraire à la domination*". Die Realität dieses Dauerkonflikts aus sich fundamental gegenüberstehenden Gegensätzen von Meinungen und Ansprüchen sieht Carnot in Furcht und Hass durch die Unterdrückung der Freiheit, sich dabei auf Ciceros „de Officiis" berufend. Den Ausweg hieraus erkennt er in den moralischen und physischen Gesetzen der Natur und den soliden Prinzipien der Vernunft, die nur auf dem Weg des Lernens durch Erfahrung („*c´est l´experience ´qu´il appartient de nous en instruire*") aufgestellt werden können[425]. Carnot greift somit wieder einmal auf seine eigenen Thesen zurück. In der Weiterführung dieser Spannung zwischen absoluter Freiheit und absoluter Macht verfolgt Carnot die Idee, dass jede Seite einen Teil ihres Absolutheitsanspruchs opfern (*sacrifice*) muss. Erst in der Mischung aus eingeschränkter „*liberté sociale*" und reduzierter „*pouvoir temperé*" kann ein zivilisierter und umgänglicher (sociabile) Staat entstehen mit einer sozialen Ordnung, in der die Regierung in der Harmonie aller das wahre Ziel er-

---

[423] Ebda., 94, Art. 112.: „*Toutes recherches des opinions et votes émis jusqu´à la Restauration sont interdites* – alle Untersuchungen über Meinungen und Stimmabgaben bis zur Restauration sind untersagt".
[424] Mit dem Satz in einer Anmerkung, ebda., 84, bestätigt Carnot seine eingangs dargestellte bleibende Nähe zur Religion: „La bonne philosophie n´a jamais été opposée à la bonne religion – der gute Philosoph war niemals ein Gegner der richtigen Religion".
[425] Ebda., 51.

kennt, „*d'entretenir l'harmonie entre tous les corps*"[426]. Hierzu bedarf es weiterhin eines „*esprit national*", der durch Liebe für das Vaterland den Egoismus ablehnt, zwischen Ehre und Ehren unterscheidet und insgesamt durch freiwillige Gewaltenteilung zur notwendigen Gemeinsamkeit führt, die immer auf dasselbe Ziel abzielt. Dieser Nationalgeist muss sich jedoch erst aus den „*grandes passions*" bilden, und Carnot sieht wiederum die Erziehung als wichtige Voraussetzung, um den natürlichen Individualismus der Franzosen zum öffentlichen Wohl „*fortune publique*" zusammenzuführen[427].

Doch mit dieser politischen Sicht erschöpft sich das Thema nicht. Carnot geht vielmehr weiter und betrachtet die Revolution selbst. In einem bitteren, ja fast resignierenden Urteil muss er erkennen, dass die Patrioten, die glaubten, mit einer unbegrenzten Freiheit ohne Unordnung, mit einer Republik ohne Anarchie und einem perfekten System der Gleichheit ohne Interessengruppen *(factions)*, das Phantom der nationalen Glückseligkeit *(le fantôme de la félicité nationale)* gefunden zu haben, durch die Erfahrung grausam getäuscht wurden[428]. Im Übrigen auch einer Täuschung, der die Nation während der „Tyrannei Napoleons" durch dessen Übersteigerung des „*orgueil national*" erlegen ist[429]. Dieses ist der echte und jedes Extrem ablehnende, pflichtenbezogene Carnot. Mit dieser Erkenntnis der Täuschung leitet er über zu einer Forderung des Vergessens *(oubli)*, nicht des Verzeihens *(pardon)*[430], was ja auch durch die Bourbonen versprochen war.

---

[426] Ebda. 56. Interessanterweise kommt Carnot hierbei auf das mechanische Modell der Maschine zurück, in der alle Teile gleichwertig sind und zum Erhalt der Bewegung ineinander greifen müssen. Dieses Bild könnte Aragos Feststellung aus Anmerkung 99 stützen.

[427] Ebda. 60 – 64. Carnot vergleicht hier auch einen leidenschaftlichen französischen gegenüber einem pragmatischen, am Gemeinsinn orientierten, englischen Nationalcharakter. Vgl. auch Dhombres, Carnot, a.a.O., 364.

[428] Carnot, Mémoire, a. a. O., 10 ff.

[429] Ebda., 43. Man sieht, Carnot – auch hier Republikaner – schont auch Napoleon nicht.

[430] Ebda., 31. Es ist eine interessante Wendung, wenn Carnot hier wieder (siehe oben) von dem Vergessen spricht, welches das Herz erreicht, im Gegensatz zu dem Verzeihen, welches ein Geschwür hervorruft. Diese Idee einer gegenseitigen Versöhnung „reconciliation" aus der griechischen Antike heraus im Spannungsfeld von Vergessen, Erinnern und Verzeihen findet sich in einem aktuellen Diskussionsbei-

Dieses Vergessen sieht Carnot gegründet auf der Feststellung, dass alle in dieser Verbindung von Heroismus und Grausamkeit der Revolution Opfer gebracht haben, wobei es nicht sein dürfe, dass das Opfer der einen von den Anderen als Schande bezeichnet werde. Dann jedoch ändert er den Ton, wenn er weniger die Emigranten als eben die Mehrheit der Franzosen (fünfundzwanzig Millionen *révoltés* und damit echte Patrioten) hervorhebt, die im Lande verblieben und nicht vor der Gefahr geflohen ist. Stets sind es die Verteidiger des Mutterbodens, die den unvergänglichen Körper (*le corps impérissable*) der Nation bilden. Es dürfe nicht sein, dass diejenigen, die ihren König nicht pflichtgemäß verteidigt haben und die eben *„parricides"* sind, nun im Gefolge der *„bagages"* triumphierend zurückkehren und ein Frankreich von vor 1789 wiederfinden wollen. Und in diesem Zusammenhang begründet er den unvermeidlichen Untergang des Königs, der sein Schicksal selbst verschuldet habe und tatsächlich fast in vollkommener Einstimmigkeit durch das französische Volk verurteilt wurde, als er schon nicht mehr König war[431].

Als letzte Denkschrift bleibt sein *„Exposé de la conduite politique de M le Lieutenant-Général Carnot dépuis le 1er juillet 1814"* vorzustellen[432]. Diese bezieht sich auf den Zeitraum der „100 Tage", fasst jedoch auch wesentliche Entscheidungen Carnots seit Beginn der Revolution zusammen. Ausgangspunkt ist der Erlass vom 24. Juli 1815, in dem er das einzige Regierungsmitglied ist, welches zur Verbannung verurteilt wurde, was ihn zwingt, seiner Ehre zu Liebe schon am 12. September wieder zur Feder zu greifen. Einen Vorwand für den Erlass sieht er in seinem „Mémoire" des letzten Jahres, einen weiteren in dem Vorwurf, er sei für die Rückkehr des Kaisers verantwortlich. Und dieser Undank ihm – fast als Einzigem – gegenüber, der nichts anderes ge-

---

trag aufbereitet bei Christian Meier, Das Gebot zu vergessen und die Unabweisbarkeit des Erinnerns, München 2010.
[431] Ebda., 15, 79 f., Ergänzend hierzu weist Carnot auf historische Beispiele hin, nach denen ein Königs- oder Tyrannenmord notwendig und berechtigt sein kann. Hippolyte Carnot, Mémoires.., a. a. O., 390, zitiert seinen Vater aus einem dem „Mémoire" folgenden Briefwechsel, nachdem das *„régime de la terreur naquit système de l'émigration"* und nicht umgekehrt.
[432] Lazare Carnot, Exposé de la conduite politique de M le Lieutenant-Général Carnot dépuis le 1er juillet 1814, Paris 1815, Nachdruck des Exemplars der Michigan University, Amazon, Leipzig 2010.

macht hat, als *„assurer l'indépendence nationale et d'eviter l'effusion du sang – sicherstellen der nationalen Unabhängigkeit und verhindern von Blutvergießen"*. Damit verfolgt er eine Rechtfertigungspraxis für seine Handlungen, von deren inhaltlicher Richtigkeit er nach wie vor überzeugt ist[433]. Erneut geht er in einer ausführlichen Verteidigung seines „Mémoire" auf die Notwendigkeit des Rechts auf Meinungs- und Pressefreiheit ein, verweist auf das so feierlich versprochene *„oubli généreux – großzügige Vergessen"* und hebt die Ungleichheit in der Bewertung von Kritik gegenüber der Tyrannei Napoleons und des neuen ministeriellen Despotismus´ der Restauration hervor[434]. Seine Unterstützung Napoleons stellt Carnot unter die Pflicht zur Verantwortung in der *„Krise des Staates"*, in der *„Gefahr für das Vaterland"*, wie schon gegen Robespierre 1794 oder gegen Babeuf 1796/97, wie unter Napoleon 1800 und 1814 als Verteidiger Antwerpens, obwohl er ja im Tribunat gegen die Thronbesteigung gestimmt habe. Diese Notwendigkeit der Pflichterfüllung begründet er weiter mit dem Glauben an Napoleons ernsthaften Wunsch nach Frieden und nach einer guten Regierung[435], welcher durch die dann notwendige Verteidigung des Vaterlandes gegen die ausländischen Mächte zu Nichte gemacht wurde. Diese Notwendigkeit begründet er auch mit einem Verfliegen des Enthusiasmus über die Rückkehr der Bourbonen, einem Enthusiasmus, der vorab *„ in allen Gesellschaftsschichten lebte"* und ein Garant für eine *"réunion de tous les esprits"* gewesen war. Die Größe der Vaterlandsliebe zeigt sich erst in der Not, wogegen es einfach ist, in Zeiten des Erfolges ein hohes Amt zu übernehmen. Nochmals geht er auch in dieser Schrift auf die Vorwürfe der Unterschriftsleistungen während des Terrors ein. Diese Frage muss ihn trotz seiner Verteidigung des letzten Jahres doch weiter beschäftigt haben. Er weist auf seine allgemeine übergroße Arbeitsleistung (Führung von vierzehn Armeen) hin, aber führt auch die beiden geradezu klassischen Entschuldigungsgründe an: Um die für die Verteidigung des Vaterlands erforderliche Einheit und damit die gegenseitige Unterstützung im Wohlfahrtsauschuss und im Direktorium zu erhalten, habe er unterschreiben müssen, darunter auch Papiere, die nicht zu seinem Aufgabengebiet gehörten und die er

---

[433] Ebda., 5.
[434] Ebda., 15.
[435] Ebda., 22.

im Vertrauen auf die Rechtschaffenheit seiner Kollegen gezeichnet habe. Weiterhin führt er an, er habe dadurch auch Schlimmeres verhüten können mit den Worten: *„ Je crois avoir sauvé plus de monde au Comité de salut public, que Robespierre n'en a fait périr* – Ich glaube, vor dem Wohlfahrtsausschuss mehr Menschen gerettet zu habe, als Robespierre dort hat umkommen lassen"[436]. Auch diese Selbstsicht ist vom moralischen Standpunkt her durchaus kritisch zu hinterfragen, sie kann entschuldigen, aber kaum rechtfertigen.

Eine letzte, für Carnot die schwerwiegendste, Anklage mit dem Vorwurf durch eine erneute Volksbewaffnung das öffentliche Schulsystem *(l'instruction publique)* zerrüttet zu haben, kann er dagegen leicht widerlegen. Auch hier hat man ausgerechnet ihn angegriffen, den ausgemachten Förderer von einem öffentlichen Schulsystem und Gründer von Schulen. Er kontert mit dem Hinweis darauf, dass noch die königliche Regierung durch einen Erlass vom 11. März 1815 die ganze Nation zu einer *„levée en masse"* gegen Napoleon aufgerufen habe, er jedoch dann als zuständiger Minister des Inneren nur auf Freiwillige zurückgegriffen habe. Dies trotz der Erkenntnis, dass *„dans les dangers de la patrie tout citoyen est soldat* – in den Gefahren für das Vaterland ist ein jeder Bürger Soldat"*, eine Sicht, die Carnot ja schon 1793 verfolgt hatte[437]. Unerheblich ist hierbei, dass auch Napoleon selbst eine durchaus überlegte Neuauflage der Massenaushebung aus Angst vor revolutionären Auswirkungen gegen seine Regierung abgelehnt hatte[438].

Sein Exposé beendet er mit einer, wie er selbst formuliert, alle Parteien überraschenden Überlegung. Mit der ihm vorgeworfenen Verhinderung einer militärischen Verteidigung von Paris habe er nicht nur die Hauptstadt vor der Zerstörung bewahrt, sondern auch noch ohne weiteres Blutvergießen dem König eine gehorsame und der Nation eine kampfkräftige Armee erhalten[439]. Dieser unbestreitbare Aspekt, auch in der Niederlage noch eine positive Alternative zu finden, die über den Tag hinaus reicht, wurde bislang nicht entsprechend gewürdigt und ist als ein Beispiel für Carnots Unbedingtheit in Entschei-

---

[436] Ebda., 31.
[437] Ebda., 35 – 37.
[438] Jean Tulard, Napoleon, Paris ⁴1987, 432 f. Siehe hierzu auch oben III. 2.
[439] L. Carnot, Exposé, a. a. O., 47 f.

dungen, für sein Verantwortungsbewusstsein gegenüber der Nation und letztlich auch für seine patriotische Unabhängigkeit einem Regierungssystem gegenüber zu sehen.

Carnots Resümee, in einer Anmerkung unter der Überschrift „*la bizarrerie de quelques événements de ma vie politique – die Wunderlichkeit einiger Ereignisse in meinem politischen Leben*" versteckt, wird vom Verfasser dieser Studie als eine Art politisches Testament verstanden, zumal nach diesem Exposé auch keine weitere Schrift mit politischem Inhalt entstanden ist und er mit diesem Horaz-Zitat schließt: „*ille potens sui Laetusque deget, cui licet in diem Dixisse: vixi*"[440]. In zwölf Punkten über das Gute, was er für die Nation getan hat, aber dennoch verurteilt wurde, fasst er diese Absonderlichkeiten zusammen. Auszugsweise sollen vier von diesen ohne weiteren Kommentar im Originaltext aufgeführt werden:

–„ *J´ai toujours fait profession de me soumettre au gouvernement établi, et l´on me dépeint comme un factieux qui ne m´occupe qu´à marcher de révolution en révolution* – Ich habe mich immer dazu bekannt, mich der eingesetzten Regierung zu unterwerfen, und man schildert mich als einen *Aufrührer*, der sich nur damit beschäftig, von einer Revolution zu einer anderen zu eilen.

– *J´ai passé les jours et les nuits à seconder les opérations de nos armées, et l´on me représente comme occupé, pendant ce temps, à dresser des listes de proscription,* – Ich habe die Tage und Nächte damit verbracht, die Operationen unserer Armeen zu unterstützen, und man stellt mich hier dar, als hätte ich in dieser Zeit nur Listen der Proskription verfasst.

– *Je me suis constamment montré l´ennemi des conquetes; … et l´on assure que je ne respirais que guerre, invasion, bouleversement des états,* – Ich habe mich ständig als Gegner von Eroberungen erwiesen … und man versichert, dass ich nur Krieg, Invasion, Umsturz der Staaten verkörperte.

– *J´ai offert mes services au chef de l´État dans un moment où le salut de la patrie était presque désespéré, et l´on a dit que c´était par ambition* – Ich habe

---

[440] Ebda. 51. Horaz in seiner Maecenas-Ode (Carminum III, 29): "*Glücklich, ein freier Mann ist der allein, der täglich sich sagen darf: Ich habe gelebt*". Horaz, Sämtliche Werke. Lateinisch und deutsch, München[11] 1993, 168-169. Dieses Zitat zeigt Stolz, Selbstsicherheit und keine Resignation.

meine Dienste dem Staatschef in einer Zeit angeboten, in der das Wohl des Staates fast hoffnungslos war, und man sagt, dies sei nur aus Ehrgeiz geschehen"[441].

Für jede dieser oben dargestellten Schriften gilt, dass Carnot es vermeidet, seine eigenen Leistungen im Detail aufzuzählen; immer wieder geht er auf das Grundsätzliche seines Wollens und die politische wie moralische Notwendigkeit seiner Entscheidungen ein. Bislang wurde weder versucht, diese politischen Schriften in der geistigen Entwicklung Carnots gemeinsam zu betrachten, sie chronologisch den einzelnen Zeitabschnitten zuzuordnen, noch diese Schriften auch im Gesamtzusammenhang seiner fachlichen, militärischen Denkschriften zu sehen. In diesem hier versuchten Überblick ließ sich zeigen, wie sich bestimmte „Herzensbegriffe" nicht nur entwickelt haben, sondern wie diese Carnots Denken und seine politischen Vorstellungen bestimmen. Daher lassen sich in diesem Gesamtbild folgende Kernziele Carnots festhalten, die er immer wieder und wenig variiert fast appellhaft in diesen Schriften, aber auch darüber hinaus propagierte:

Die Verbindung von Erfahrung und nationaler Erziehung und deren Bedeutung, Mäßigung und Ausgleich in der Ausübung der politischen Praxis, unbedingte Pflichterfüllung zum Wohl der Nation, die Meinungsfreiheit und damit die Verteidigung freiheitlicher Strukturen nach innen wie auch des nationalen Bodens nach außen. Die nationale Souveränität wird daher zur einzig legitimen Grundlage der politischen Macht[442].

---

[441] L. Carnot, Exposé, a. a. O., 49 – 51. Auch diese zwölf Punkte bestätigen nur Carnots Sicht auf seine eigenen Leistungen, nicht aus Selbstgefälligkeit, sondern aus nationaler wie republikanischer Überzeugung heraus.
[442] H. Carnot, Mémoires, a.a. O., II. 383.

5. Carnot und Napoleon

„Monsieur Carnot, je vous ai connu trop tard"[443] – *"Carnot n'avait pas la moindre idée de la guerre – Carnot, ich habe Sie zu spät erkannt – Carnot hatte nicht die geringste Vorstellung vom Krieg"*[444].

Zwischen dem wesentlich älteren und auch konservativer sozialisierten Burgunder Carnot und dem korsischen Aufrührer und ehrgeizigem sozialem Aufsteiger Napoleon[445] hat es eine stets schwierige, häufig kontroverse und nur selten harmonische Beziehung auf allen ihrer drei Berührungsebenen, der militärischen, der politischen und auf der menschlichen, gegeben[446]. Die beiden Eingangszitate bestätigen allein von Napoleons Seite diese Ambivalenz. Für den Aufstieg Napoleons, in dem die politische und die militärische Seite nicht zu trennen sind, kann die blutige Niederschlagung der Rebellion gegen den Konvent in Paris als *„Général Vendémaire"* am 05. Oktober 1795 (13 vendémaire) als das entscheidende Ereignis gelten, auch wenn ihn seine entscheidende artilleristische Beteiligung an der Eroberung bzw. Befreiung von Toulon im Dezember 1793 bekannt gemacht hatte und ihm die Beförderung zum jüngsten Brigadegeneral einbrachte. Nach Paris hatte ihn Barras in seiner Eigenschaft als Kommandierender

---

[443] Ebda., II. 584.
[444] Feststellung Napoleons über Carnot, in diesem Zusammenhang auch über Moreau und Jourdan, auf St. Helena. Nach Serge Laroche, Lazare Carnot et Napoleon Bonaparte, in: Charnay, Carnot Savant, a. a. O., 143. Neben der republikanisch – monarchistischen Gegensätzlichkeit, gibt es auch eine besondere militärische, die auch in der Literatur häufig angeführt wird. Das klassische Werk "Die Heerführung Napoleons" von Freytag-Loringhoven aus dem Jahre 1910 erwähnt Carnot kein Mal trotz vieler Bezüge auf die die Revolutionskriege. Die Ablehnung technischer von Carnot eingeführter Errungenschaften wie der Ballonluftbeobachtung durch Napoleon ist mit der Realität bestätigt; eine Begründung im Hinblick auf Carnot ist nicht nachzuweisen.
[445] Diese Bewertung folgt weitgehend, André Maurois, Napoleon, Reinbek 1966, 10 ff. Der korsische Ursprung, ein daraus resultierendes Unterlegenheitsgefühl (in Brienne durch Kameraden noch gefördert) und damit ein mangelndes Verständnis für Frankreich als Vaterland werden, durchaus mit unterschiedlicher Unterlegung ihrer Bedeutung, bei fast allen Biographen angeführt.
[446] Nach Friedrich Cramer, Carnot, a.a. O., 145 ff., hat es eine tiefe und grundsätzliche Abneigung Napoleons gegenüber Carnot gegeben, die sich u.a. aus dessen Aussagen auf St. Helena erschließt.

General der Heimatfront und als Präsident des Direktoriums zu Hilfe geholt[447]. In den dem Aufstand folgenden Wochen, nun selbst Befehlshaber der Heimatarmee, hat er häufige dienstliche Kontakte zu Carnot als Beauftragtem für militärische Angelegenheiten. Allgemein wird berichtet, dass Carnot den jungen General zwar fachlich durchaus schätzte, aber keine persönliche Beziehung wie zu Hoche oder Moreau[448] entwickelte[449]. Dennoch hat Carnot und nicht Barras am 02. März 1796 die Weisung zur Übernahme des Kommandos der Italienarmee unterzeichnet, wobei die letztlichen Beweggründe hierfür unklar bleiben[450]. Der Feldzugsplan für Italien, nur als eine zweitrangige Diversionsoperation in einem Hauptstoß von insgesamt drei Armeen gegen Wien gedacht, wurde zwar in Carnots Büro ausgearbeitet, aber es gab eigene Vorstellungen Napoleons darüber, und Barras wollte diesem zwar danken, aber als möglichen Rivalen auch nicht in der Nähe haben[451]. Das unbestreitbare Genie und militärisches

---

[447] Napoleon schlug mit seiner Artillerie diesen royalistisch beeinflussten Aufstand gegen eine erwartete neue – möglicherweise radikalere - Verfassung in Paris blutig nieder.
[448] Jean-Victor-Marie Moreau (Morlaix 14. 02. 1763 – Laun/Böhmen nach schwerer Verwundung in der Schlacht von Dresden 02. 09. 1813), 1792 zum Bataillons-Kommandeur gewählt, 1796 Kommando über die Rhein- und Moselarmee mit zu Recht berühmten Rückzug von der Isar zum Rhein (September 1796 – Januar 1797). 03. 12. 1800 Sieg bei Hohenlinden. 1804 wegen – angeblicher – Mitverschwörung verhaftet, verurteilt und verbannt. Aufenthalt in den USA, 1813 Anschluss an den Zaren als Generaladjutant. Denkmal in Dresden.
[449] Schon 1994 entwickelt Napoleon vergeblich Pläne, hierin die Unterstützung Robespierres erhaltend, für eine Eroberung des – habsburgischen – Italiens über Piemont gegen Carnots Empfehlung, im April 1794, für eine Verstärkung der spanischen Front. Mit einer Denkschrift wendet sich Napoleon gegen diesen nach seiner Ansicht kostspieligen und lang andauernden Krieg – eine Sicht, die er dann 1808 vergessen wird. Diese Auseinandersetzung ist neben der fachlichen Gegensätzlichkeit Carnots zu Napoleon auch ein Beispiel für die wechselnden persönlichen Konstellationen unter den Revolutionären und ihren Generalen und für die große Rivalität der Generale untereinander. Vergl. hierzu Jean Tulard, Napoléon, Paris [4. durchges. und erw. Aufl.] 1987, 66-69, 72.
[450] René Reiss, Kellermann, Paris 2009, 296, verweist darauf, dass Carnot sehr wohl die Gefahr erkannt hat, den „Wolf in den Schafstall" zu lassen. So auch Carnot selbst in seiner „Réponse",a. a. O., 38, wo er seine Auswahl Napoleons bestätigt.
[451] Vergl. hierzu Jean Tulard, Murat [1983], Paris 1999, 40, 222-223. Ähnlich auch Franz Herre, Napoleon, München 2006, 53 f. Der Rücktritt des resignierenden bisherigen Kommandeurs der Italienarmee, General Scherer, am 04. 02. 1796 er-

Fortune waren es dann, die ausgerechnet die Italienarmee erfolgreich werden und Napoleon mit einem „rêve italien" zwei „Schwesterrepubliken" gründen ließen und zu dem selbständig verhandelten, jedoch in den Zielen gegen die Intentionen des Direktoriums verstoßenden Frieden von Campo Formio vom 17. Oktober 1797 verhalfen[452]. In der Pariser Öffentlichkeit führten diese Erfolge jedoch zu einer enthusiastischen Trunkenheit („*ivresse enthousiasme*[453]) nach Siegen. Seine weiterreichenden Ambitionen äußerte Napoleon zu dem Gesandten des Großherzogtums Toskana, Miot de Melito, „*was ich hier getan habe, ist noch gar nichts. Ich stehe erst am Anfang meiner Karriere. Glauben Sie, daß ich mir in Italien Siegeslorbeeren hole, nur um die Advokaten des Direktoriums, Carnot und Barras, großzumachen*"[454]. Dieser Satz bestätigt Carnots instinktive Vorsicht gegenüber Napoleon wie auch den zentralen inneren

---

zwang zudem die Neubesetzung. Nach den ersten Erfolgen wurde die Armee – Rivalitäten nutzend – kurzzeitig mit unterschiedlichen Angriffszielen unter Kellermann und Napoleon aufgeteilt. Vgl. hierzu Reiss, Kellermann, a. a. O., 15, 296-301, Cronin, Napoleon, a. a. O., 143.

Neben der Leistung Napoleons zeigte sich, dass Carnots Plan, mit drei Armeen - Jourdan entlang des Main, Moreau entlang der Donau und Napoleon entlang des Po - gleichzeitig gegen Wien vorzugehen, im Ansatz genial war, aber ihm letztlich die führungstechnische Möglichkeit zur Gesamtkoordination und damit zu schnellem Eingreifen für eine gegenseitige Unterstützung fehlte. Napoleons Siege wirkten sich nördlich der Alpen nicht aus, und beide Armeen dort mussten sich trotz Anfangserfolgen schließlich an den Rhein zurückziehen. In seiner" Réponse", a.a O., 39 sagt Carnot, „hätte Napoleon versagt, wäre er – Carnot – schuld gewesen, er hat triumphiert, also gilt das Lob Barras".

[452] Auch die „Überwachung" durch den nach Italien entsandten Protegé Carnots, den General Henri Clarke, konnte die Selbständigkeit Napoleons nicht einschränken, zumal die Erfolge dann auch für diesen in der Öffentlichkeit sprachen. Vgl. hierzu: Vincent Cronin, Napoleon, Gütersloh o.J., 127. Die Schwesterrepubliken, im Gegensatz zur batavischen „Tochterrepublik" waren die Cisalpinische und die Ligurische Republik. Ob Napoleon mit der Einführung der späteren Nationalfarben , grün – weiß – rot, tatsächlich die 1861 erfolgte "*ralliement des unitaires italiens*" begonnen hat, soll dahin gestellt bleiben [Jacques Godeshot in Jean Tulard, Murat, a. a. O., 223]. Noch am 17. 08. 1797 beschwört Carnot Napoleon in einem Brief, endlich den Frieden zu schließen. Dann erst könne er seine militärischen Leistungen krönen (Mathiot, pour vaincre, a. a. O., 160-161). Carnot wollte für einen frühen und vor allem dauernden Frieden, sowohl dass eroberte Mantua als auch Venedig wieder aufgeben, Tissot, a.a.O., 88 ff.

[453] Reiss, a.a.O., 300.

[454] Zitiert nach: Maurois, Napoleon, a. a. O., 33

und auch so gefühlten Gegensatz zwischen einem intuitiven und charismatischen militärischen Führer und einem nüchtern denkenden und systematisch wie auch bürokratisch arbeitenden politischen Kopf. Während Napoleon seine Armee führt, trennen sich die Wege wieder. Als er nach dem Staatsstreich vom 18 fructidor 1797 (siehe auch Kapitel III. 2.), in dem er seinen General Augerau[455] vorgeschickt, sich für Barras und gegen Carnot entschieden und sich selbst aus der direkten Verantwortung gezogen hatte[456], nach Paris zurückkehrt, ist Carnot schon im Exil. Nicht ohne Ironie ist hier anzumerken, dass ausgerechnet Napoleon, bislang ohne wissenschaftliche Meriten, dann den zwangsweise freigewordenen Platz Carnots im „Institut" schon im Dezember 1797 einnimmt. Hierüber schreibt Furet:

„Das ist ein eindrucksvolles Schauspiel. Der arme fleißige Pionierhauptmann Carnot hatte als Regierender ohne Uniform durch sein Wirken die Siege möglich gemacht. Er war gescheitert, weil er den Traum von einer Stabilisierung, für die Frieden sein mußte, zu früh geträumt hatte"[457].

Die Rolle Napoleons gegenüber Carnot zu Beginn dessen Exils bleibt unklar. Während Carnot überzeugt ist, dass Napoleon nichts mit seiner Proskription zu tun hätte, soll dieser versucht haben, ihn noch im Exil, aus welchen Gründen auch immer, auszuspähen[458]. Im Rahmen einer von Napoleon als nunmehriger Konsul nach dem Staatsstreich vom 18 brumaire an VIII (03. November 1799) veranlassten Amnestie wird auch Carnot Anfang 1800 nach Frankreich zurückkehren und erhält zunächst den wenig verantwortungsvollen

---

[455] François Augerau (Paris 11. 11. 1757 – La Houssaye-en-Brie 12. 06. 1816), Herzog von Castiglione, stieg in der Revolution vom einfachen Soldaten und Fechtmeister 1793 zum Divisionsgeneral auf. Eher tapferer und anmaßender Haudegen als operativer Führer. 1804 Marschall. Undurchsichtig während der „100 Tage" und in der Restauration. In seiner „Réponse", a.a.O., 155, bezeichnet Carnot den General als „einen Marius nach Außen und einen Räuber (brigand) nach innen", sowie einen "fier coquin".
[456] Napoleon am 14. Juli 1797 an die Truppe, gemäß Gaxotte, a.a O., 345: "*Die Armeen müssen Frankreich den* [inneren, der Verf.] *Frieden bringen*". Diese Art des Einsatzes der Armee wollte Carnot vermeiden.
[457] François Furet, Denis Richet, Die Französische Revolution, Nachdruck der Ausgabe von 1968, München 1981, 507.
[458] Geschildert u.a. in der zusammenfassenden Biographie von Dhombres, Carnot, a.a.O., 470 f.

Posten eines Inspekteurs für das „Revuewesen", welcher etwa einem Manövervorgesetzten entspricht. Damit erhält er zwar den Charakter eines Divisionsgenerals, eine echte Beförderung bleibt jedoch aus. Wenig später, auf Grund der desolaten inneren Struktur des Ausrüstungs- und Verpflegungswesens, wird Carnot als Nachfolger Berthiers am 02. April 1800 zum Kriegsminister ernannt. Doch Carnot zerreibt sich in dem Intrigengeflecht der Generale Napoleons und in dessen nach der Devise „divide et impera"[459] gebildeten politischen Systems, das ihm keinen Einfluss auf die Kriegsführung selbst gewährt. Es gelingt ihm nicht, modern ausgedrückt, „sein Haus in den Griff zu bekommen" und seine Strukturvorstellungen insbesondere hinsichtlich Logistik, Bewaffnung, Verwaltung und Kriegswirtschaft[460] durch- geschweige denn umzusetzen. Nachdem er sich auch den Unmut Napoleons wegen seiner vermeintlichen Ineffizienz im Amt zugezogen hat, erklärt er daher schon am 29. August 1800 seinen Rücktritt, der nach einer ersten Ablehnung am 08. Oktober des gleichen Jahres erfolgt[461]. Die Gerüchte um eine mögliche Nachfolge im Konsulat durch Carnot, falls Napoleon in Italien gefallen wäre, haben sicherlich auch nicht zu einem besseren Verständnis geführt[462].

Am 21. März 1802 statt in den Senat nur in das Tribunat gewählt votiert Carnot schon wenige Tage später gegen das Gesetz zur Einführung der Ehrenlegion[463] und in aller Konsequenz kurz darauf

---

[459] Kriegsministerium, Topographisches Büro, Armeeführung und Napoleons eigener Kriegsrat wurden derart getrennt, dass Carnot kaum Einflussmöglichkeiten hatte, bzw. gezielt von manchen Entscheidungen gar nicht informiert wurde. Vgl. Dhombres, Carnot, a. a. O., 498 ff. Ähnlich auch Watson, Carnot, a. a. O., 154 ff. Zusätzlich differierten Carnots Moralvorstellungen hinsichtlich der Bezahlung der zivilen Zulieferer erheblich von denen mancher Generale, wie Bernadotte, Masséna u.a.

[460] Tissot, a. a. O., 113.

[461] Siehe hierzu u. a. Jean Tulard, Carnot Ministre in: Charnay, Carnot Savant, a. a. O., 118 f. Dennoch war es Carnot, der organisatorisch die Reservearmee aufstellte, die Bonaparte im April über den St .Bernhard führte.

[462] Amson, Carnot, a. a. O., 225. Mit dem Sieg von Marengo am 14. Juni 1800, der im neuen nationalen Verständnis den Sieg der Republik von Valmy ablöste, war diese Alternative indes obsolet geworden.

[463] Carnot begründet die Ablehnung, zusammen mit 27 weiteren Tribunen, 1814 in seinem Mémoire adressé au Roi, a.a.O. 70, mit der Gefahr der Erweckung von Schmeichelei, Spionage und Unehrenhaftigkeit, dies jedoch mit einer gewissen Un-

auch gegen das lebenslange Konsulat Napoleons"[464]. Im Tribunat stellt der bislang „nur durch sein Schweigen aufgefallene Südfranzose" Jean François Curée[465] den Antrag, Napoleon zum Kaiser auszurufen. Am 01. Mai 1804 stimmt Carnot als einziger Tribun dagegen und gegen die Erblichkeit dieser Kaiserwürde, obwohl gerade die anderen „régicides" aus Angst vor einer möglichen bourbonischen Rückkehr lieber Napoleon auf einem Thron sahen. Auch hier zeigt Carnot unbeirrt seine republikanische und persönliche konsequente Haltung, die er mit einer Rede deutlich macht[466]:

Nach einer geschickten Einführung, in der er Napoleons Leistungen und Verdienste würdigt, kommt Carnot zur Sache. Es geht ihm um das Schicksal der Freiheit *(sort de la liberté)*, welche Napoleon nur kommissarisch anvertraut worden sei und die dieser nun unter dem Mantel der Freiheit selbst zu Grunde richte. Wenn der Stolz *(fierté)* auf die Republik durch lächerlichen Hochmut *(orgueil)* abgelöst würde[467], dann sieht er sich verpflichtet, wie gegen das Konsulat auch gegen eine Rückkehr der Monarchie zu stimmen. Er erinnert an die römischen Konsuln, die nach erfüllter Pflicht ihre Macht wieder abgaben – außer Caesar, der dadurch ihr Opfer wurde. Er beendet seine Rede mit der Warnung, dass eine neue Dynastie den erhofften Friedensschluss mit den anderen monarchischen Mächten nur behindern müsse. Im Interesse des gemeinsamen Vaterlandes *(la commune patrie)* und der Freiheit schließt er mit dem Satz: *„Je vote contre la proposition –* ich stimme gegen diesen *Vorschlag"*[468].

---

logik, hatte er doch selbst während seiner – wenn auch kurzen – Amtszeit als Kriegsminister Auszeichnungen vergeben. Eine Verleihung der ersten Stufe der Ehrenlegion 1804 nimmt Carnot zwar an, verweigert den damit verbundenen persönlichen Eid auf Napoleon und verzichtet auf die finanziellen Zuwendungen.
[464] Carnots schriftlicher Zusatz am 02. 08. 1802 *„Dussé-je signer ma proscription, rien ne saurait me forcer à déguiser mes sentiments. NON –* müsste ich selbst meine Proskription unterzeichnen, nichts würde mich dazu zwingen, meine Gefühle zu verstecken. NEIN" entspräche seinem Charakter, ist aber umstritten, da Lucien Bonaparte während der Abstimmung eine Seite herausnahm und eine neue Seite einfügte, auf die Carnot nur sein „Non" schrieb; so übereinstimmend die Biographen.
[465] Siehe hierzu und der Abstimmung Cronin, Napoleon, a, a. O., 296.
[466] „Discours au Tribunat sur la motion Curée relative à l'Empire héréditaire » in: Charnay, Carnot, Révolution et…, a. a. O., I. 298 – 303.
[467] Ebda. 300.
[468] Ebda. 302.

In den folgenden Jahren bleibt Carnot politisch indifferent, äußert sich nicht öffentlich, beteiligt sich aber auch nicht an den Verschwörungen von 1804, 1808 und 1812[469]. Spätestens mit der Auflösung des Tribunats (19. August 1807) hat es nur noch eine weitere persönliche Begegnung mit Napoleon gegeben, die am folgenden Tag zu einer Ansammlung von Bittstellern bei Carnot geführt haben soll[470]. Was bewegt Carnot dann, sich Anfang 1814 Napoleon zur Verfügung zu stellen, obwohl dieser auch seine tatsächliche Beförderung verhindert und sein Werk über die Verteidigung der Festungen abgelehnt hatte? Die ihm dann übertragene Aufgabe der Verteidigung Antwerpens wurde oben mit ihrem militärischen Aspekt dargestellt.

Für die politische Begründung muss es bei Carnot wiederum diese *„certaine idée de la patrie"*[471] gegeben haben, um sich ohne persönliche Not in der nationalen Not seinem Frankreich, und nicht Napoleon, erneut anzubieten. In diesem Sinn läßt sich sein Brief vom 24. Januar an Napoleon tatsächlich als ein Ausdruck von *„sentiments patriotiques"* interpretieren, um mit anderen seinem Vaterland zu dienen. Der ausdrückliche Wunsch am Schluss, endlich zu einem Frieden zu gelangen[472], unterstreicht diesen patriotischen Ansatz. Nur unter diesem Aspekt kann man seine nüchterne Bilanz verstehen, wenn er in dem Tagesbefehl vom 17. April 1814 formuliert: *„Wir sind Napoleon solange treu geblieben, bis er selber uns aufgegeben hat… und uns damit, aus seiner Sicht, vom Eid entbunden hat"*, um dann fortzufahren mit der Feststellung, dass *„il vient enfin de renoncer à un pouvoir dont il avait si longtemps abusé – endlich kommt er dazu, von der Macht abzutreten, die er so lange miss-*

---

[469] 1804 durch Cadoudal und Pichegru, beendet mit der Entführung und Erschießung des Herzogs von Enghien, sowie durch den General François de Malet (1754 – 1812 in Paris erschossen) 1808 und erneut 1812 unter dem Vorwand Napoleon sei in Russland gefallen).

[470] Am 30. 09. 1809. Napoleon soll zu Carnot gesagt haben, wann immer er wolle, könne er sich wünschen, was er wolle – *tout ce que vous voudrez, quand vous voudrez, et comme vous le voudrez"*. Dhombres, Carnot, a. a. O., 513, H. Carnot, Mémoires.., a. a. O., II. 273. Carnot selbst zitiert diesen Satz in einem Brief an den Kaiser vom 21. 06. 1810, in dem er um eine Dotation für seine Kinder und seinen Bruder bittet, in Charnay, Carnot Révolution et…, a. a. O.,I. 305.

[471] Unter diesen emotionalen wie historischen Ansatz stellte de Gaulle 1940 die Pflicht zum Widerstand und seinen Anspruch zur Führung des „Freien Frankreichs" auf. Vgl. Alain Griotteray, Une Idée Certaine de la France, Paris 1998, 8 f.

[472] Charnay, Carnot Révolution et…, a.a. O., I. 307.

braucht hat"[473]. Diese Feststellung über den Missbrauch von Macht entspricht ganz dem legalistisch und republikanisch denkenden Carnot.

Die Ernennung Carnots, diesmal von Napoleon ausgehend, am 21. März 1815 zum für diesen überraschenden Posten des Innenministers und nicht des Kriegsministers wird bei manchen Historikern mit dem Ziel „der Beruhigung der alten Republikaner" begründet[474]. Sein Handeln als Minister wurde unter III. 3. kurz beschrieben. Als Napoleons die Hoffnung ausdrückt, dass er und Carnot nun nicht mehr Gegner seien, antwortet Carnot mit einer für ihn typischen Feststellung: „*Nous ne l'avons jamais été quand il s'est agi des intérêts de la France – wir waren es niemals* [Gegner], *wenn es sich um die Interessen Frankreichs gehandelt hat*"[475], eine Aussage, welche die obigen Ausführungen unterstützt. So fügt es sich in das persönliche Spannungsfeld ein, dass dann ausgerechnet Carnot am 22. Juni 1815 in der Pairskammer den Text der Abdankung von Napoleon verliest und als provisorischer Regierungschef wieder versucht, die Legalität zu verteidigen[476]. Das letzte Treffen entbehrt dennoch nicht einer sentimentalen Bewegung, als Carnot – mit Tränen in den Augen – von Napoleon Abschied nimmt und ihm rät, in den Vereinigten Staaten Zuflucht zu suchen, eine Idee, die von Fouché hintertrieben, aber von Napoleon mit einer plötzlichen großen Unentschlossenheit auch nicht ernsthaft verfolgt wurde.

Im Zusammenhang mit der Verfolgung nationaler oder persönlicher Interessen stellt sich die Frage nach dem Vorrang von französischer Nation gegenüber einem Universalismus, die gut in den Gegensatz Carnot – Napoleon eingeordnet werden kann. Die Diskussion und Suche nach einer „identité de la France" besteht nicht erst seit dem Trauma von 1940 oder Fernand Braudels Werk von 1986. Trotz

---

[473] Amson, Carnot, a. a. O., 282.
[474] U. a. Maurois, a. a. O., 105.
[475] Zitiert nach Dominique de Villepin, Les Cent-Jours ou l'esprit de sacrifice, Paris 2001, 221.
[476] Serge Laroche, Lazare Carnot et Napoleon in: Charnay, Carnot Savant, a. a. O., 142. So auch Amson, Carnot, a. a. O., 327; Klitscher, Ney, a. a. O., 298.. Möglicherweise bezieht sich auch auf diesen politischen Abschluss Napoleons Bemerkung auf St. Helena: „*Carnot ne valait rien au ministère de l'intérieur - Carnot ist im Innenministerium nichts wert*".

Jeanne d´Arc, der politischen und sprachlichen Zentralisierung durch Franz I. oder des Glanzes von Ludwig XIV. hat diese Frage mit der Französischen Revolution eine neue Dimension erhalten. Ohne in Details einzudringen lässt sich feststellen, dass mit dem Ruf nach Menschenrechten, Freiheit und republikanischen Strukturen einerseits der Weg vom herrschaftlichen Staat (*état*) über die bewusst patriotische Nation (*patriotisme révolutionnaire*) zum affektiven Vaterland (*mère-patrie*) begonnen[477], sich andererseits aber auch eine universelle Verbreitung dieses Gedankenguts entwickelt hat[478]. Der Patriotismus wird ein Grundelement der Nation mit dem Selbstverständnis des Bürgers als dessen naturgegebenem Verteidiger in Verbindung mit dem hohen Gut persönlicher Freiheit und Gleichheit, eine Ideenkombination, die trotz einer mehr oder weniger langen Überlagerung durch die „Restauration"[479] nach 1815 für Europa richtungsweisend wird. Die Verbindung von Volk und Nation[480] mit dem das Einzelinteresse überla-

---

[477] Lucien Febvre, „Honneur et Patrie", Paris 1999, 36, 155. Febvre hat 1956 kurz vor seinem Tod seine Vorlesungen aus den Jahren 1945/6 über die Thematik Nation und Vaterland im Kontext von 1940 zusammengefasst. Auch unter diesem Verständnis [S. 9] von Vaterland (*question de tous les hommes*) vor Ehre (*question de tous les temps*) kann Carnots zweimalige Unterstützung Napoleons gesehen werden. Febvre stellt dem gesellschaftlich „einzementierten Staat" die zukunftsweisende und allen Bürgern bewusst werdende Nation gegenüber, die aber nur zu sich selbst findet, wenn im Sinne Rousseaus Vaterland und Republik zusammenfallen.

[478] Nach Furet gilt dies jedoch nur mit eurozentrischer Sicht, der Weltbürger bleibt Vision, vielleicht auch nur Utopie. François Furet, le destin d´une idée, in: Le Courrier de l´UNESCO (43), 1789, Une idée qui a changé le monde, Juni 1989, Paris 1989, 52. Monnier hebt in ihrer Studie auf den inneren Zusammenhang von – französischem – Patriotismus und Republikanismus mit der Revolution ab, und sieht den Enthusiasmus zur Verteidigung ihrer Errungenschaften durch neorömische Mythen (202, 13, 329) im patriotischen Diskurs gefördert. Monnier, Raymonde, Républicanisme, Patriotisme et Révolution française, Paris 2005. In diesem Kontext ist zu erwähnen, dass Carnot in ihrem Werk kein einziges Mal erwähnt wird.

[479] Auch wenn dieser Begriff in der neueren Forschung zu Recht umstritten ist, wird er hier verwand. In der Tat war diese „Restauration" nicht ein Überstülpen von vorrevolutionären Strukturen. Es handelte sich gerade hinsichtlich Pressefreiheit oder liberalen Verfassungsvorstellungen um neue restriktivere Verfahren.

[480] Vgl. den Beitrag von Koselleck, Volk, Nation in: Geschichtliche Grundbegriffe. Historisches Lexikon zur politisch-sozialen Sprache in Deutschland. Hrsg. von u.a. Reinhard Koselleck, Band 7, Stuttgart 1992, 147 ff. Koselleck weist auf die Gleichstellung von Volk und Nation durch die Fr. Revolution hin.

gernden Republikanismus steht somit zwischen dem Absolutismus mit der Nation und einer daraus abgeleiteten persönlichen Interessenlage des Herrschers (Ehre) und dem Bonapartismus mit dem persönlichen Interesse Napoleons auf der Grundlage eines Staates[481]. Analog lässt sich ein militärischer Weg von der Verteidigung über die Befreiung bis zur Eroberung aufzeichnen. Diese Aufteilung, etwas verkürzt, gilt in besonderer Weise für die Armee; sie kämpfte – gezwungenermaßen – für den Herrscher, dann – weitgehend freiwillig, überzeugt und mit Hingabe – für die Freiheit und das Vaterland[482] und anschließend – jedoch durchaus auch noch freiwillig – wiederum für einen Herrscher. *„Besessen um des Kaisers willen"* nennt General Foy diese personenbezogene Begeisterung[483]. Aus dem sich seit 1793 allmählich entwickelten Gegensatz zwischen französischer nationaler und universeller Republik[484] hat Napoleon nur den allgemeinen universellen Aspekt herausgegriffen, den klassischen Bereich der Ehre erhalten und damit auch die Republik selbst in den Bonapartismus umgeformt. Der Grundsatz „Französischer Bürger gleich Staatsbürger gleich Republikaner" mit den „Wirkprinzipien" der Liebe zum Vaterland und der Rechtsgleichheit Aller galt nur von 1792 bis 1804, jedoch durch-

---

[481] Vgl, Friedrich Sieburg, Robespierre Napoleon Chateaubriand, Stuttgart 1967, 453. Sieburgs Sicht wird auch von Mereschkowskij geteilt, wenn dieser Napoleon als „Mann ohne Vaterland" bezeichnet. Dimitri Mereschkowskij, Napoleon. Sein Leben — der Mensch, Leipzig / Zürich 1926, 14 f.
Der Jakobinismus als eine Zwischenbewegung wird hierbei nicht gesondert aufgeführt; dieser ist intensiv untersucht von Helmut Reinalter, Die Französische Revolution und Mitteleuropa. Erscheinungsformen und Wirkungen des Jakobinismus, Frankfurt/M. 1988.
[482] Jean-Paul Bertaud, Les volontaires de 1792 in: Revue Historiques des Armées, a. a. O., 54. Bertaud weist auf die Konnotation von Freiheit und Gleichheit mit der Nation hin und auf die emotionale Hingabe, die durch Lieder wie die Marseillaise ausgedrückt wird.
[483] Mereschkowskij, a. a. O., 242. Nach Bertaud waren noch ca. 80% der Soldaten der siegreichen Armeen Napoleons von 1800 bis 1804 die Überlebenden der enthusiastischen Freiwilligen und Ausgehobenen von 1792/93. Bertaud; Reichel, Atlas de la Révolution française, a. a. O., 21. Auf dieser mit Valmy gegründeten *«génération héroïque»* konnte dann Napoleon seine „grande armée" aufbauen, allerdings nicht mehr mit den alten Zielen, sondern mit einer Verfremdung der „*l'amour sacré de la patrie"* hin zu „*gloire et l'honneur".*
[484] Dhombres, Carnot, a. a. O., 314 ff.

aus nicht immer in seiner demokratischen Idealform[485]. Der wenig eindeutige, wechselhafte bis widersprüchliche Nationsbegriff Napoleons bedeutete mit dem konsequenten Übergreifen auf ein Europa jenseits der nationalen (natürlichen) französischen Grenzen damit eine Abkehr und eine Absage an den Patriotismus der Revolution und ihrer Republik[486]. Der neue Patriotismus wurde wieder zum klassischen (absolutistischen) Patriotismus des Ruhms, der wieder Ehre allein an die Stelle von Tugend, Freiheit und Gleichheit setzte. Das Vaterland wird nicht mehr um seiner selbst willen von dem Bürger geliebt, sondern von dem Untertan um des Herrschers willen[487]. So wertet auch der Sozialist Jaurès, wenn er darlegt, dass dadurch die großen Errungenschaft der Revolution, die Freiheit und die Menschenwürde als moralische Macht, die sich in dem Dienst des Volkes am Vaterland und an der französischen Nation wiederfinden, unterdrückt wurde[488]. Nicht von ungefähr standen die Schlüsselworte „*loi, peuple, liberté, nation*" und „*patrie*" an der Spitze des revolutionären politischen Sprachgebrauchs[489].

In diesen Differenzierungen also zwischen Staat *(état)*, Herrscher *(souverain)* und Ehre *(honneur)* und dem daraus abgeleiteten imperialen Machtanspruch bei Napoleon gegenüber Nation *(nation)*, Vaterland *(patrie)* und Republik *(république)* mit ihrer Freiheit in universellem geistigen Anspruch[490] bei Carnot scheinen die wesentlichen Gegensätze zu liegen und gehen weit über persönliche Animosität oder fachlichen Neid hinaus.

Ohne der abschließenden Bewertung vorzugreifen, lassen sich, um auf Plutarch zurück zu kommen, ergänzend zum oben gesagten

---

[485] Vgl. Mager, Heinz, Republik in: Geschichtliche Grundbegriffe. Band 5, Stuttgart 1984, 596 ff.
[486] Vgl. Lentz, Thierry, Welches Europa mit Napoleon? In: Napoleon und Europa . a. a. O., 41, 43.
[487] Aulard, Politische Geschichte der Französischen Revolution, a. a. O, II. 602-603.
[488] Jaures, a. a. O., 75 f.
[489] Monnier, a. a. O., 258, als Auswertung von Reden zwischen1789 und 1794.
[490] Joseph de Maistre bezeichnet die Französische Nation als das „sel d´Europe" und die „éducatrice des peuples", nach Valle, Alexandre delle, La France ou le „Sel de l´Europe" in: Griotteray, ebda. 161. Siehe auch A. Aulard, Politische Geschichte der Französischen Revolution, München-Leipzig 1924, II. 602.

im Vergleich einige Charakterzüge Carnots herausarbeiten. Neben den zahlreichen Biographien über Napoleon stützt sich der Verfasser hierbei auf den historisch fundierten, jedoch romanhaft ausgeschmückten Versuch Mereschkowskijs, Napoleon in einer Art Psychogramm zwar eigenwillig, aber doch nachvollziehbar zu erklären[491]. Wenn man Ähnlichkeit in einer strukturierten Arbeitsmethode, in einer extremen Arbeitsenergie und in der Wissenschaftsorientierung aufzeigt, können danach die eher dem Charakter zuzuordnenden Gegensätze kaum größer sein. Carnot und Napoleon werden im Folgenden mit einigen dieser Charakterzüge und politischen Vorstellungen gegenübergestellt:

Nüchternheit gegen Charisma, aber auch Schauspielerei[492] und den Hang zur (Selbst-) Inszenierung; Nutzen des Enthusiasmus gegen eigenen Enthusiasmus und des Spiels mit demselben, damit auch Enthusiasmus gegen Hybris; Nüchternheit gegen Phantasie; persönlicher Machtverzicht gegen Machtakkumulation; Humanismus gegen Menschenverachtung[493]; Geduld und Sachlichkeit gegen Ungeduld und Heftigkeit; Bodenständigkeit gegen Abenteuerlust; republikanische Tugend und Moral gegen caesaristische Übersteigerung; nationale Begrenzung gegenüber imperialer Dimension, Bescheidenheit gegenüber Ruhmsucht, strebsame Arbeit gegen geniale Lösungen und schließlich die Zurücknahme durch Dienen gegen persönlichen Ehrgeiz.

Carnots lyrisches Spätwerk aus Magdeburg, eine eigenwillige und eigenständige Version des „Don Quixotte", kann als eine Verarbeitung dieses Verhältnisses angesehen werden, wobei offen bleiben

---

[491] Mereschkowskij, a. a. O., 284, 318, 327, 355, 482 ff., 492. Auch der Reichsleiter der NSDAP, Philipp Bouhler lässt in seinem Werk Napoleon, Kometenbahn eines Genies; München 1942 psychologische Aspekte, allerdings häufig mit Bezug zu Hitler, einfließen. Trotz des emotionalen Titels: Napoleon und Europa. Traum und Trauma, bleibt die Bonner Ausstellung merkwürdig kühl. Die Auswertung des Katalogs und die Eindrücke der Ausstellung bestätigen dennoch die obige Darstellung.
[492] Vgl. die Förderung des Schauspielers Talma.
[493] Man denke nur an den Napoleon während seines Gespräches mit Metternich am 26. 06. 1813 in Dresden zugeschriebenen Satzes: „Un hommecomme moi se fout de la vie d´un million d´hommes – Ein Mann wie ich schert sich nicht um den Tod von einer Million Mann". Zitiert nach Günter Müchler, 1813 – Napoleon und das weltgeschichtliche Duell von Dresden, Darmstadt 2012, 221.

muss, ob er sich sowohl auf sich selbst, den am Exil leidenden Carnot, auf beide oder möglicherweise nur auf den an „Windmühlenflügeln" gescheiterten Napoleon bezieht[494]. Einige Verse mit zahlreichen versteckten Hinweisen auf Tugenden und Morallehren sowie die – fiktive – Grabinschrift[495] scheinen eher letzteres Bild zu bestätigen:
« *Ci-gît l'ami des vertus, de l'honneur; Il les poussa jusques au fanatisme; Et toujours bon, vaillant, plein de candeur, Il devint fou, par excès d'héroisme* ».
[Hier ruht der Freund der Tugenden, der Ehre, welche er bis zum Fanatismus trieb, und immer gutherzig, heldenhaft und voller Arglosigkeit wurde er dennoch wahnsinnig – durch Übertreibung des Heldentums].

Mereschkowskij setzt Napoleon als Romantiker und Träumer auf dem Thron in die Nähe Don Quixottes[496] und stellt damit einen Bezug her zu Napoleons möglicher Selbstbetrachtung seines Lebens als Roman[497]. Auch Carnots „Ecce Homo"-Analogie zu Beginn des Opus kann als Gegenbild zu Napoleons suggestiv einwirkender Herrschaftsikonographie gesehen werden und die Sicht des Verfassers stützen. Damit wäre Carnots Phantasiefigur Don Quixotte als ein phantastischer Held eine lyrische Antwort auf den realen Napoleon in

---

[494] Seinen schon zitierten Brief (Charnay, Carnot. Révolution et..., a.a. O., II. 301 - 303) vom 17. August 1797 eröffnet Carnot mit einem Hinweis auf „ l'*exaltation des nos folies de Don Quixotte*", die zum Schaden des Vaterlandes die Erwartung auf einen Frieden gefährden. Es muss offen bleiben, ob dies Carnot allgemein oder mit direktem Bezug auf Napoleon geschrieben hat. Zumindest hat ihn die Figur eines gegen Windmühlenflügel angehenden Menschen weiter beschäftigt. Ebenso bezeichnet er auch seine Gegner allgemein als „Don Quixottes" in seiner „Réponse" von 1798, a. a. O. 37. Daher kann sein Don Quixotte mit den sechs Gesängen einen über Selbstironie hinausgehenden einen anderen eben auf Napoleon hinweisenden Bezug erhalten. Weder Körte noch Hippolyte Carnot über die reine Information heraus weiter Angaben gemacht, daher muss die Sicht des Verfassers Spekulation bleiben. „Don Quixotte. Chant héro–comique" in Carnot, Opuscules, a. a. O., 121 – 186.
[495] Ebda., 186.
[496] Mereschkowskii, a. a. O., 284. Auf den Seiten 482 f. und 492 - 493 weist Mereschkowskij, die Figur Don Quixotte ansprechend, auf Napoleons Nähe zur Romantik, zum Traum, zur Schauspielerei und auf seinen Hang zur Selbstdarstellung hin, und bezieht sich auf den nicht bewiesenen Ausruf von Papst Pius VII. (1813): „Commediante".
[497] Etienne François, Nation und Emotion in: Napoleon und Europa, Bundeskunsthalle (Hrsg.), Ausstellungskatalog, 141.

dessen „ monströser Verblendung"⁴⁹⁸, kurz, eine persönliche Antwort auf „eine vielfältig zusammengesetzte Legende".

Alles in Allem eine durchaus emotionale Beziehung, die bei Carnot, ein wenig überspitzt formuliert, zwischen fachlich-militärischer Hochachtung, ja Bewunderung und politisch-moralischem Gegensatz bis hin zur Verachtung schwankt. Dennoch hat Napoleon die – europäische – Welt bewegt und die Phantasie hat sich seiner bemächtigt und tut es in vielerlei Variationen bis heute. Beides gilt nicht für Carnot. Dieser fasst seine Bewertung nach Napoleons Tod am 05. Mai 1821 in einem harten Urteil zusammen: *„Je ne les [les individus en politique] considère que sous le rapport du bien ou du mal qu'ils font à leur pays; et, sans parler de ses désastres militaires, peu d'hommes ont exercé une influence plus funeste que Napoléon sur le sort de leur patrie – ich betrachte die Menschen in der Politik nur unter dem Gesichtspunkt des Guten oder des Bösen, was sie ihrem Vaterland antun, und, ohne von seinen militärischen Zusammenbrüchen zu sprechen, nur wenige Menschen haben einen so verderblichen Einfluss auf das Schicksal ihres Vaterlandes ausgeübt wie Napoleon»*⁴⁹⁹.

---

⁴⁹⁸ Bénédicte Savoy, Symbolischer und leiblicher Tod, ebda., 323. Savoy zitiert hier Johannes Willms, ohne weiteren Beleg.
⁴⁹⁹ H. Carnot, Mémoires, a.a. O. II, 621. Geschrieben als persönlicher Nachruf in Magdeburg nach dem 5. Mai 1821.

V. Abschließende Bewertung

"Divination merveilleuse du patriotisme! Cet homme aima tant la patrie, il eut au coeur un désir si violent de sauver la France, que, devant cette foule où les autres ne distinguaient rien lui, par une seconde vue, il connut, sentit les héros – Wunderbare Vorahnung des Patriotismus! Dieser Mann liebte sein Vaterland so sehr; der Wunsch, Frankreich zu retten, lag ihm so brennend am Herzen, dass er vor dieser Menge, wo die anderen nichts bemerkten, er duch eine Eingebung die Helden spürte und erkannte" [500].

Zu Eingang seines Werkes über Lazare Carnot stellt Charnay[501] Wertungen aus allen historischen, politischen und literarischen Richtungen von der Revolution bis in unsere Zeit zusammen. Übereinstimmend, bei aller Differenzierung nach grundsätzlicher Gegnerschaft, politischem und historischem Standpunkt oder wissenschaftlichem Herkommen, wird Carnot ein unbeugsamer Patriotismus bezeugt. Die ihm von Engels[502] vorgeworfene Überlebensfähigkeit kann dagegen auch als Standfestigkeit, politische Unbeugsamkeit und ausgeprägtes Gefühl für Pflicht und Verantwortung gesehen werden und entspräche dem Leibniz zugeschriebenen Wort, dass alles Handeln politisch

---

[500] Michelet, zitiert nach Charnay, Carnot. Révolution et..., I. 41.
[501] Charnay, Carnot. Révolution et.. a. a. O., I. 15 – 78.
[502] Die besonders kritische Sicht von Engels soll hier nicht vorenthalten werden. In seinem Aufsatz "Bedingungen und Aussichten eines Krieges der Heiligen Allianz gegen ein revolutionäres Frankreich im Jahre 1852" beschreibt er Carnot folgendermaßen: *„Denn seine spätere Carrière, die Tugendritterei unter dem Consulat etc., ... Und seine Philisterei überhaupt, alles das spricht nicht sehr für Carnots Genie. Und dann, wo ist es vorgekommen, daß ein ordentlicher Kerl sich, wie er gethan, durch Thermidor, Fructidor, Brümaire etc. sich durchgepißt hätte"*. Zitiert nach Karl Marx, Friedrich Engels, Gesamtausgabe (MEGA), hrsg. vom Institut für Marxismus-Leninismus beim ZK der SED, Erste Abteilung, Band 10, Berlin (Ost) 1977, 516. Der Vorwurf des politischen aber auch persönlichen Überlebens wird Carnot häufiger gemacht; hierbei ist er aber im Vergleich zu Persönlichkeiten anderer Epochen durchaus kein Einzelfall.
Dennoch hat kein anderer Politiker – außer Barras – während der Revolution und vor Napoleon länger an den Schalthebeln der Macht gesessen als Carnot (März 1793 – September 1797). Gillespie, Lazare Carnot Savant, a.a.O., 23.
An anderer Stelle ordnet Engels im Zusammenhang der Erarbeitung eines Konversationslexikons mit Marx Carnot als Festungsingenieur jeweils Vauban und Montalembert (Erste Abteilung, Band 14, Berlin 2001, 1319) wie auch Alexander und Caesar zu (Dritte Abteilung, Band 8, Berlin 1990, 103).

motiviert sei. Diese Sicht kann dann auch, ohne die moralischen Aspekte, zumindest aus seinen vielfältigen und oben dargestellten Denkschriften herausgelesen werden. Diese Eigenschaft der Überlebensfähigkeit lässt sich besser mit dem Begriff einer der französischen Volksseele zugeschriebenen Fähigkeit der „Resilienz" oder innerer Widerstandsfähigkeit beschreiben[503]. Einer Resilienz, die erst in Zeiten der Krise hervortritt und sich dort bewährt. Carnot hat diese innere, fast stoische Widerstandsfähigkeit als seinem Charakter inhärente Gabe besessen. Nur so ist es erklärlich, dass er geistig, physisch wie psychisch die politischen Wechselbäder zwischen 1784 und 1816 nicht nur unbeschadet hat überstehen können, sondern sich auch historisch nachhaltig auswirken konnte. Harald Welzer sagt über diese Haltung in einer Mischung aus selbständigem Denken und autonomem Handeln, überlagert durch Verantwortungspflicht und Liebe für das Vaterland: *„Nicht der Charakter ist entscheidend, sondern ob jemand in einer bedrängten Situation Handlungsmöglichkeiten erkennen kann"*[504]. Der Verfasser ergänzt diesen Satz mit dem Vermögen, aus diesen Handlungsmöglichkeiten eine zu ergreifen und gegen Widerstände um- und durchzusetzen – das wiederum ist dann doch Charakter. Mehrmals wurde auf die enge geistige Verbindung zu Montaigne hingewiesen. Folgende Sätze könnte auch Carnot formuliert haben: *„Man kann die bessern Zeiten bedauern; aber den gegenwärtigen nicht entfliehen. Man kann andere Obrigkeiten wünschen; allein, man muß dem ungeachtet den dermaligen gehorchen. Und vielleicht ist es rühmlicher, bösen als guten zu gehorchen"*[505].

Hinzu tritt eine im Verständnis von Rousseau liegende „Leidenschaft der Freiheit"[506], die der in seiner Arbeit nüchterne, aber aus Sicht des Verfassers im Grunde seines Charakters gemütvolle Carnot

---

[503] Resilienz, besonders in Frankreich hochgeschätzter Begriff innerer Widerstandsfähigkeit der Nation und seiner Bürger gegen alle Art von Widerständen.
[504] Zitiert nach Natalie Knapp, Der Stoff, aus dem Helden sind – Was befähigt Menschen zum widerständigen Denken in: Die Zeit, N. 19 vom 28. 02. 2015, 40.
[505] Montaigne, Essais, a. a. O, III. IX. (Von der Eitelkeit), 1092.
[506] Leidenschaft der Freiheit, formuliert als *"Hauptgrundsatz jeglichen Staatsrechts, das sich die Völker Obrigkeiten zur Verteidigung ihrer Freiheit gegeben haben, nicht aber zur Unterwerfung"*, zitiert nach J. J. Rousseau, Über den Ursprung der Ungleichheit unter den Menschen, in: Zwei Diskurse. Hrsg. und Übers. K. Weigand, Hamburg 1955, 237, in: Jacques Guilhaumou, Sprache und Politik in der Französischen Revolution, Frankfurt/M. 1989, 113, 244.

mit zuweilen durchaus gedämpftem Enthusiasmus verfocht[507]. Ähnlich sieht ihn auch François Arago, wenn er ihn als *„vulcan couvert de neige"* beurteilt[508].

Hier ist es auch an der Zeit, einige allgemeine Bemerkungen über das in dieser Studie häufig verwendete Phänomen des Enthusiasmus einzufügen. Dieser religiös-sakrale wie philosophische aus der griechischen Antike stammende Begriff wurde in der Neuzeit wieder entdeckt und insbesondere durch Shaftesbury, die französischen Philosophen der Aufklärung, wie Holbach, den deutschen „Sturm und Drang und später durch Kant, Hegel und andere neu interpretiert. Die Bedeutung des Enthusiasmus kann in der Macht von durch Leidenschaft verbreiteten Ideen gesehen werden, also als Macht der Leidenschaft selbst. Mit gelöster Seele soll der Mensch sein Sein als Heiliges, Schönes und Wahres erfahren[509]. *„Nichts Grosses auf der Welt ist ohne Leidenschaft erschaffen worden"*, schreibt Hegel, und Kant bezeichnet den Enthusiasmus als *„die Idee des Guten mit Affekt…erhaben, weil er eine Anspanung der Kräfte durch Ideen ist, welche dem Gemüt einen Schwung geben, der weit mächtiger und dauerhafter wirkt als der Antrieb durch Sinnesvorstellungen"*[510] In Abgrenzung zu Schwärmerei oder Fanatismus kann der Enthusismus, mit der Vernunft als Korrektiv, durch Begeisterung wie Freude sich als die Triebkraft für die Suche nach Wahrheit, für die Poesie, für Pflichterfüllung, für Ordnung, Ebenmaß und Harmonie[511] oder auch als *"entflammtes schönes Feuer gegen Despotismus"*[512] auswirken, hier ganz im Verständnis von Carnot. Als direkte Reaktion auf die Erfolge der französischen Armee wurde der Begriff als „militärischer

---

[507] PH., J.-B.-J.-.I, dessen Namen der Verfasser nicht ausfindig machen konnte, kennzeichnet Carnot mit: *„une âme, du sens, un caractère – eine Seele, ein Verstand, ein Charakter"* in: Correspondance inédite de Carnot avec Napoléon, pendant les Cent Jours, Paris 1819, 7.

[508] François Arago, Œuvres complètes, Paris 1854, Band 1, 625.

[509] Max Müller, Alois Halder (Hrsg.), Herders kleines philosophisches Wörterbuch, Freiburg 1959, 49.

[510] Kant, KdU § 29 in: Arnim Regenbogen, Uwe Meyer (Hrsg.), Wörterbuch der philosophischen Begriffe, Hamburg 2005, 185.

[511] Jürgen Sprute, Shaftesbury. Philosophie der Harmonie und Schönheit in der Natur, in :Lothar Kreimendahl (Hrsg.), Philosophie des 18. Jahrhunderts, Darmstadt 2000, 41.

[512] César C. du Marsais Paul-Henry Thiry Baron d´Holbach, Essay über die Vorurteile, hrsg. und Nachwort von Winfried Schröder, Leipzig 1972, 386.

Enthusiasmus" im deutschen Sprachraum und in deutscher Ausprägung bald populär⁵¹³. So konnte Fichte 1807 schreiben: *„Nicht die Gewalt der Arme, noch die Tüchtigkeit der Waffen, sondern die Kraft des Gemüthes ist es, welche die Siege erkämpft"*⁵¹⁴, auch wenn die „moralischen Größen" hier mit einbezogen sind. Aber so kann das Seelische gerade auch für das Miteinander der Völker zumindest gleichwertig, wenn nicht bedeutender werden als das Materielle. Während Graf Friedrich von der Decken den Enthusiasmus für eine anormale fieberhafte Erkrankung hält und diesen dann als feste Energie in den *„esprit de corps"* einbinden will⁵¹⁵, erkennt Clausewitz dessen weiterführende Möglichkeiten. Für Clausewitz⁵¹⁶ bedeuten Leidenschaften, ohne selbst den Begriff des Enthusiasmus zu nutzen, Regungen, die im Rahmen der „wunderlichen Dreifaltigkeit" eher negativ dem „blinden Naturtrieb" im Gegensatz zum Gleichgewicht des Gemütes [für den Feldherrn] zugeordnet werden müssen mit der Notwendigkeit, deren Tendenz zum Äußersten eben durch diese in sich schwebende Dreifaltigkeit einzugrenzen. Insbesondere Scharnhorst hat die Bedeutung des Enthusiasmus des Soldaten für die Kriegsführung durchaus erkannt, welcher in der Verbindung mit Freiheit, Vaterlandsliebe und Gemeingeist, also der Gesinnung, nicht nur den soldatischen Elan stärkt, sondern auch die Bereitschaft erhöht, eigene Verluste in Kauf zu nehmen⁵¹⁷. Auch hier nimmt Scharnhorst bei den Franzosen gleich

---

⁵¹³ Reinhard Höhn, Scharnhorst. Soldat – Staatsmann – Erzieher, München 1981, 40. Im Übrigen ein Titel, der auch auf Carnot zutrifft. Ebenso Rainer Wohlfeil, Vom Stehenden Heer des Absolutismus zur Allgemeinen Wehrpflicht in: Deutsche Militärgeschichte 1648 – 1939, MGFA (Hrsg.), II. 96 ff.
⁵¹⁴ Johann Gottlieb Fichte, Reden an die deutsche Nation, Werke Band 7, 1971, 390. Zitiert nach Wolf Kittler, Die Geburt des Partisanen aus dem Geist der Poesie. Heinrich von Kleist und die Strategie der Befreiungskriege, Freiburg 1987, 256.
⁵¹⁵ Höhn. Scharnhorst, a. a. O., 33, 52.
⁵¹⁶ Carl von Clausewitz, Vom Kriege, a. a. O., 213, 245. Clausewitz hat als erster militärischer Denker dieses Phänomen im Hinblick auf den Krieg und die Kriegsführung untersucht.
⁵¹⁷ Paret, Clausewitz und der Staat, Bonn 1993, 50. Zusammenfassung Parets von Scharnhorsts Aufsatz: „Entwicklung der allgemeinen Ursachen des Glücks der Franzosen in dem Revolutionskriege" aus dem Jahre 1797. Diese Bereitschaft gipfelt dann in Ausrufen wie „Sieg oder Tod" oder in dem vielfach instrumentalisierten Vers von Hölderlin *„Dir ist, Liebes ! nicht Einer zuviel gefallen"* [Schlußvers des Gedichts "Der Tod fürs Vaterland". Friedrich Hölderlin, Gedichte, hrsg. von Gerhard

mehrfach Anleihe, wenn er in dem schon oben angesprochenen Mémoire deutlich hervorgehoben schreibt: *„Sowohl in Frankreich als in England hat erst die Formierung der Nationalmiliz den militairischen Geist der Nation geweckt und einen ENTHOUSIASMUS für die Unabhängigkeit des Vaterlandes erzeugt, der nicht so lebhaft in anderen Ländern sich zeigt".* In demselben Text schreibt er weiter: *„Religiöse Schwärmerei, oder enthousiastische Verehrung eines ausgezeichneten Anführers, oder die Liebe für die Freiheit und Haß gegen Unterjocher, waren meistens die Quellen der ungewöhnlichen moralischen Stärke, des Muths und der Ausdauer, durch welche die Völker sich auszeichneten",* um dann allerdings diese Feststellung mit der Forderung nach geschickter und weiser Leitung der leidenschaftlichen Massen einzuschränken[518]. Durch gute Behandlung und gebildete Offiziere muss der Enthusiasmus als dosierter Enthusiasmus gelenkt werden und bringt mit Rücksichtslosigkeit und Härte gegen sich selbst als sittliches Ausleseprinzip die römischen „Tugenden der Entsagung" hervor[519]. Den Gesamtkomplex des Enthusiasmus ordnet Scharnhorst am französischen Beispiel dem *„psychologischen Teil der Kriegführung"* zu, da die Franzosen nicht nur für sich, sondern *„für das Glück der ganzen Menschheit"* stritten[520]. An anderer Stelle schreibt er, dass der „Enthousiasmus" des grantösischen Volkes verbunden mit dem „despotischen Charakter der Regierung" *„den Armeen eine Kraftäußerung gab, welche weit über ihre innere, ihre eigentümliche Stärke hinausging"*[521]: „Damit ist er gar nicht weit von Carnot entfernt. Für die Generale der Freiheitskriege, insbesondere Gneisenau oder Clausewitz, geht der Enthusiasmus dann über in den Bereich der „moralischen Größen" oder „hehren

---

Kurz, Stuttgart 2000, 156], siehe auch Ernst Schulin, Die Französische Revolution, München 1988, 219. Vgl. hierzu auch mit Bezug auf Carnot, Kunisch, Johannes, Die Denunzierung des Ewigen Friedens in: Johannes Kunisch, Herfried Münkler, Die Wiedergeburt des Krieges aus dem Geist der Revolution, Berlin 1999, 65 f., 70 – 73.
[518] Colmar von der Goltz, Roßbach und Jena, a. a. O., 42 und 40.
[519] Höhn, Scharnhorst, a. a. O., 95-99. Aus dem Aufsatz Scharnhorsts von 1797: Ueber die Uebung und Bildung einer Armee in Friedenszeiten, 2 ff. [Nachlaß Scharnhorst B, 146, Heeresarchiv Potsdam].
[520] Ebda., 47, 56, 78 f. Auch Höhn zitiert aus Scharnhorsts oben angeführten Aufsatz.
[521] Scharnhorst, Übersicht des Feldzuges von 1793 in den Niederlanden, Militärischer Kalender auf das Gemeinjahr 1805, 131. Zitiert nach Reinhard Höhn, Vielvölkerheere und Koalitionskriege, Auslandsforschung, Heft 1, Darmstadt 1952, 93.

Gefühle", ohne die sie ihre Kräfte nicht hätten mobilisieren können. Von „herrlichem Enthusiasmus" berichtet Gneisenau am 14. März 1813 aus Breslau an den Grafen zu Münster[522]. Schon früher hatten der spätere Feldmarschall von dem Knesebeck festgestellt, dass das absolutistische Heer nicht wegen eines geringeren Mutes verloren habe, sondern „*weil seine Seele seinen Körper nicht so antreibe wie jenen, den der Enthusiasmus entflamme*" oder Heinrich von Berenhorst erklärt, dass „*ohne Begeisterung alle Taktik auf Krücken geht, das Feuer, aber physisches mit moralischem verbunden, bereitet den Sieg*"[523].

Für Höhn ersetzt der Enthusiasmus sogar die Religion[524], einer Sicht, der insofern nicht zuzustimmen ist, da die hohe Religiosität gerade bei den preußischen Freiheitskämpfern fast sprichwörtlich geworden ist; für Jomini ist der Enthusiasmus dagegen nur die Grundlage eines guten Soldatengeistes[525].

Leidenschaften können in vielerlei Art auftreten: als „Verwirrung im Dauerzustand"[526], als überreizte Einbildungskraft generell oder als Wahn nach Freiheit (*délire de liberté*[527]) und des allgemeinen Glücks, als patriotisches Fieber, aber auch als Leidenschaft aus Furcht, Hunger, Lust am Krawall oder aus einem Dauerzustand der

---

[522] Neidthardt von Gneisenau, Ausgewählte militärische Schriften, hrsg. von Gerhard Förster und Christa Gudzent, Berlin (Ost) 1984, 251. Vgl. auch Xenophon, Anabasis, Stuttgart 1979, III. 85: „*Ihr wisst doch; nicht die Masse und die Stärke führen im Krieg zum Sieg, sondern wer…mit großem Mut* [Kraft der Seele, der Verf.] *den Feinden entgegengeht, dem halten die meisten Gegner nicht stand*".

[523] Von dem Knesebeck, Betrachtung über den jetzigen Krieg und die Ursachen seiner falschen Beurtheilung, 1794, 57; G. H. Berenhorst, Betrachtungen über die Kriegskunst und ihre Fortschritte, ihre Widersprüche und ihre Zuverlässigkeit, 1. Abt. 1797, 107. Zitiert nach Höhn, Vielvölkerheere und Koalitionskriege, a. a. O., 93 f.

[524] Reinhard Höhn, Armee als Erziehungsschule der Nation, a. a. O., 178.

[525] Jomini, a. a. O., I. 143.

[526] Hippolyte Taine, Die Entstehung des Modernen Frankreich, Berlin- Frankfurt/M: 1954, 86 ff., 93 und 107. Der große Kritiker der Revolution analysiert auf diesen Seiten den Enthusiasmus und bewertet ihn als Anzeichen ungesunder Ausbrüche weitgehend negativ.

[527] Dhombres, Carnot, a. a. O., 419.

Überspannung oder als kollektive Hysterie[528]. Der damalige deutsche Bundespräsident Wulf bezeichnet im Juli 2010 den Enthusiasmus als eine *„beeindruckende, befreiende und Freude schaffende Eigenschaft"*[529]. Elmar Stolpe stellt die Ströme der Leidenschaft, die bislang als „Grundübel in Gesellschaft, Staat und Armee" galten, als eine „Errungenschaft" der Revolution dar[530], wobei die Leidenschaft des Einen von dem Anderen oft als Hass gebrandmarkt wird. In der Tat lassen sich mit der französischen Revolution Leidenschaften als die Hervorhebung des Enthusiasmus zum *„enthousiasme pour la liberté"* herausfiltern, der dann die Grundlage für die politischen Soldaten mit *„plein d´ardeur et de patriotism – voller Glut und Vaterlandsliebe"* wird, die an die Grenzen Frankreichs eilen, um dort *„repandre leur sang pour la patrie – ihr Blut für das Vaterland zu vergießen"*[531]. Mit dem Bild eines Enthusiasmus des „Volkes in actu", mit der „Leidenschaft der Freiheit" zur Verteidigung derselben hat Jaques Guilhaumou die emotionale Überhöhung dieses Begriffs während der Revolution aktuell herausgearbeitet[532]. Danach wurde mit Hilfe „patriotischer Missionare" [der Kommissare und Abgesandte der Legislative oder des Konvents] zur Erweckung des Patriotismus dieser Leidenschaft durch den Gesetzgeber eine beständige Aussageform gegeben, wodurch der „Instinkt der Leidenschaft" in geregelte Bahnen gelenkt werden konnte[533]. Dieser Bewertung könnte auch Carnot zugestimmt haben. Diese geregelte Hingabe zeigte und bewährte sich – trotz innerer Widerstände wie z. B. in der

---

[528] Daniel Reichel, Davout et l´Art de la Guerre, Neuchâtel – Paris 1975, 196. So lassen sich auch Ereignisse wie die Septembermorde etc. zumindest ansatzweise erklären.
[529] Fernsehinterview am 10.07. 2010 nach dem Fußballspiel im ZDF, um 23 Uhr 10.
[530] Elmar Stolpe, Wildes Feuer, schöner Schrecken. Die Ästhetisierung des Krieges in: Die Zeit, 24/1989, Hamburg 1989, 49. Der „leidenschaftliche Soldat" betritt die Bühne der Geschichte.
[531] Bonnal de Ganges, a. a. O., 55 – 57. Bericht Carnots vom 17. August 1792 aus dem Hauptquartier der Rheinarmee bei Weissembourg, der diesen Aspekt der Leidenschaften im Zusammenhang mit der Vereidigung auf die Republik heraushebt. Auch H. Carnot, Mémoires, a. a. O., I.153 sieht diese Leidenschaft für die Freiheit als besonderes Kennzeichen der Revolution. Siehe auch Tissot, a. a. O., 1237 und XIV. Neben diesem Enthusiasmus für die Freiheit als *„liberté sans licence"* schildert Tissot Carnot als „Seele der vierzehn Armeen".
[532] Jacques Guilhaumou, a.a. O., 113, 121.
[533] Ebda., 118 f., 221.

Vendée – u. a. in den drei Stufen des Massenaufgebotes aus der ganzen Bevölkerung[534] und einer nur von wenigen Friedensjahren unterbrochenen Kriegführung bis 1815.

Carnots mathematisch-rationales Denkvermögen ermöglichte ihm die Zügelung der eigenen Leidenschaften, sein Charakter dafür zwar weniger die Erweckung, als vielmehr die Nutzung von Leidenschaften anderer[535], insbesondere des „patriotischen Enthusiasmus". Carnot hat den Enthusiasmus nicht nur als Kraftquelle gespürt, sondern es auch verstanden diesen in der Praxis über die Begeisterung im Schützenschwarm hinaus zu nutzen. So schreibt Carnot nach dem Sturz Robespierres am 10 thermidor an II. an die Generale, nun erst recht ihre Wachsamkeit zu verdoppeln, damit *„l'enthousiasme des troupes s'exalte de plus en plus – der Enthousiasmus der Truppen steigert sich von Tag zu Tag"*[536]. Dies ist deshalb besonders bemerkenswert, wenn übereinstimmend berichtet und in dieser Studie dargestellt wird, dass Carnot weder ein begnadeter charismatischer Redner noch ein in größerer Runde übersprühender Gesellschafter war und erst in kleinem Kreis seine Wortkargheit ablegte. Seine persönliche Sicht des Enthusiasmus hat er wiederholt in seinen Schriften wie in der „Défense des Places Fortes" als *„cet amour de la patrie"*[537] dargelegt. Noch in Magdeburg hat er den Enthusiasmus als „Flügel der Seele" in der Verbindung von persönlichem Glück und Weltverbesserung, aber auch als Auslöser von negativen Leidenschaften in einer bemerkenswerten Ode lyrisch verarbeitet, hier in Auszügen vorgestellt[538]:

«Sublime essor des grandes ames / Enthousiasme, amour du beau Principe des plus nobles flammes / Éclaire-moi de ton flambeau O rayon d'essence divine! / C'est à ta celeste origine

---

[534] Taine, a. a. O., 218. Erst 100 000 Freiwillige 1791, dann 300 000 im Februar 1793 bis zur „Levée en masse".
[535] *"Meine Aufgabe ist es, die Leidenschaft der Menschen zu wecken,... nur eine große Passion ist die Seele eines großen Ganzen"*, Jacques Cheminade, „Ein Bürger aller Länder und Zeitgenosse aller Zeiten", in: Ibykos, 21/81, Wiesbaden 2002, 19 – 20.
[536] Tissot, a. a. O., 377-378.
[537] Carnot, De la Défense…, a. a. O., 60.
[538] Carnot, Opuscules, a. a. O., 61 – 65, "Ode à l'Enthousiasme".

Que je voudrais puiser mes chants / Déjà ma voix s'est élancée Épure, agrandis ma pensée / Donne la vie à mes accens.»
«Tu changeas en flamme épurée / L'amour qui n'était qu'un besoin; Il devint la source sacrée / Du bonheur, notre unique soin».
«Tu fuis l'horrible fanatisme, La licence, le despotisme, - Et tous les sentiments haineux».

Bei allem Lob beendet er die Ode dann jedoch durchaus kritisch, indem er die Übersteigerung oder Fehlleitung des Enthusiasmus als Gefahr aufzeigt:

« L'honneur, l'amour et la patrie / En passions sont érigé Tu créas la chevalerie / Et toléras ses préjugés»
«Mais bientôt seul le roi de la terre, / L'homme à lui-même fait la guerre Et détruit ses propres travaux».

[Erhabener Schwung der großen Seelen, Enthousiasmus, Liebe zum Schönen, Quelle der edelsten Begeisterung, erleuchte mich durch deine Fackel. O Strahl göttlichen Wesens, dank deines himmlischen Ursprungs möchte ich meine Gesänge ausschöpfen. Schon hat sich meine Stimme aufgeschwungen, gib meinen Tönen Leben.

Du verwandelst die Liebe zu gereinigter Flamme, die nur ein Bedürfnis hat, sie wird die geheiligte Quelle des Glücks, unserem einzigen Bemühen. Du entfliehst dem schrecklichen Fanatismus, der Ausschweifung und allen gehässigen Gefühlen.

Ehre, Liebe und Vaterland sind durch Leidenschaft erschaffen, du begründest die Ritterlichkeit und erträgst dessen Dünkel. Aber bald führt allein der Herr der Erde, der Mensch, Krieg gegen sich selbst und zerstört seine eigenen Werke.]

Analog zu Fernand Braudels Theorie der „longue durée"[539] in der geschichtlichen Entwicklung, die sich auch auf Carnots Entwicklung und Unwandelbarkeit in seinen Überzeugungen selbst beziehen lässt, haben die Wertungen über Carnot die Jahrzehnte überdauert und werden bis in den modernen Forschungsstand hinein aus den

---

[539] Fernand Braudel (Luméville 24. 08. 1902 – Cluses 28. 11. 1985), Hauptvertreter der fr. Annales-Schule mit seinen Hauptwerken über die Geschichte des Mittelmeerraumes, der Französischen Identität und der Zivilisation des XVI. bis XVIII. Jahrhunderts.

unterschiedlichen Ecken der Betrachtung jeweils bestätigt. Einige Aspekte jedoch lassen sich übergreifend festhalten: Im Unterschied zu zahlreichen Revolutionären wie Danton, Roland, Tallien oder Barras, letztlich auch indirekt zu Robespierre, hatte Carnot keine Frauengeschichten; im Gegenteil, er pflegte ein enges Familienleben jenseits der Tagespolitik im Verborgenen; er kannte auch keine Korruption wie Barras oder Reubell und auch keine Intrigen wie Fouché oder Talleyrand, um nur einige zu nennen. Damit verbinden sich eine konsequent republikanische Haltung gegen jede Art von Wendepolitik und in ausgeprägter Verfassungstreue die Ablehnung von jeglicher Art von Umsturzversuchen wie bei Baboef, Pichegru oder Malet, von Hochverrat wie bei Ludwig XVI., Dumouriez oder Lafayette, aber auch von freiwilliger Emigration, vor allem wenn diese mit der Bekämpfung des eigenen Vaterlandes – als Verrat – verbunden ist. Das immer offene Visier in der politischen Auseinandersetzung machte ihm nicht nur Freunde, machte ihn selbst, wie gezeigt, unfähig für eigene Intrigen, aber auch unfähig zum frühzeitigen Erkennen der Intrigen anderer, trotz eines weitverzweigten wissenschaftlichen wie politischen Netzwerkes. Damit beweist er eine doch erstaunliche Schwäche in der Menschenkenntnis, so dass Napoleons Bemerkung *"Carnot est très facile à tromper – Carnot ist sehr leicht zu täuschen"* durchaus zutreffend ist[540]. Andererseits erliegt Carnot weder den politischen Lockungen eines persönlichen Ehrgeizes in der Revolution, erst recht nicht den materiellen des Napoleonischen Systems[541], trotz des, zumeist jedoch nicht genutzten, Grafentitels, noch der Selbstsucht mit dem Denken und Handeln auf einen Nachruf hin.

Kritisch zu bewerten ist seine Teilnahme, wenn auch nicht die Billigung, am „Terreur", den er in Einzelfällen durch persönliche und auch für ihn selbst nicht ungefährliche Einflussnahme zu lindern versuchte. Die legalistische Begründung für seine Beteiligung in einer gegebenenfalls auch gewalttätigen Bekämpfung jeglicher Anarchie, wie u. a. gegen Robespierre oder Babeuf und wie in seinen oben dar-

---

[540] Dhombres, Carnot, a. a. O., 684, Anmerkung 51. Siehe auch Gaxotte, a. a. O., 251.
[541] Siehe hierzu Hippolyte Taine, a.a.O., 470. Taine zählt hier die Menge an unterschiedlichen Belohnungen, Beförderungen, Ämtern, Titeln oder Zuwendungen auf, die Napoleon großzügig unter seiner Familie und seiner Gefolgschaft verteilt hat.

gestellten Verteidigungsschriften betont, halten einer heutigen moralischen Würdigung nicht stand. Ebenso können seine Weisungen über den Kunstraub mit einer möglichen Rettung vor Vernichtung oder mit der universellen Revolutionsidee und der neuen Identität Frankreichs zwar begründet, aber nicht akzeptiert werden. Auch seine human unterlegten, eigene Verluste ersparenden Vorstellungen über den Verteidigungs-Krieg stellen zwar mit seinen ersten Denkschriften beginnend ein „Leitmotiv"[542] Carnots dar, müssen aber an der blutigen Realität der dann doch auf Eroberungen hinzielenden Revolutionskriege gemessen werden. So bietet sich eben ein auch zwiespältiges *(ambigu)* und spannungsvolles Bild Carnots, eines Mannes, der letztlich ein Mann der Ordnung[543] war. Trotz allem war Carnot überzeugt, dass der Schlüssel für das Wohlergehen einer Nation, in einen universellen Anspruch weitergehend, in der Kontinuität (Gewohnheit als sozialer Wert) der Erziehung zur moralischen und patriotischen Pflicht ihrer Bürger und ihrer Führungspersönlichkeiten gegenüber ihrem Gemeinwesen liegt. Dieses hat er für sich selbst überzeugend in Anspruch genommen und mehrmals, häufig von Erfolg gekrönt, auch gegen Widerstände durchgesetzt. Diese Haltung ist mit dem modernen Begriff der „Zivilcourage" aussagekräftig umrissen, und letztlich „*steht die Wirklichkeit über der Idee*"[544]. In diesem Gegensatz stellt sich die Frage nach einem sich entwickelten und durchgängigen Standpunkt als widerspruchsfreie Grundlage aller seiner Urteile und Handlungen, gemäß der Forderung von Clausewitz[545], welche sich für Carnot bejahen lässt. Daher konnte Carnot sich selbst treu bleiben, „*cohérent avec lui-même*", wie es Tulard ausdrückt[546]. Carnots Lebensweg gerecht werdend, hätte das Dichterwort des Horaz „*si fractus illabitur*

---

[542] Charnay, Carnot, Révolution et.., a. a. O., I. 149.
[543] Tissot, a. a. O. IV., stellt neben dem „*patriote sincère*" besonders die „*amour de l'ordre*" heraus."
[544] Papst Franziskus in seiner „evangelii gaudium", zitiert nach Jochen Zenthöfer in FAZ Nr. 155 vom 08. 07. 2015, N 3.
[545] Clausewitz, Vom Kriege, a. a. O., 992. Clausewitz schreibt: „ *Es ist überhaupt nichts so wichtig im Leben, als genau den Standpunkt auszumitteln, aus welchem die Dinge aufgefaßt und beurteilt werden müssen, und an diesem festzuhalten, denn nur von einem Standpunkte aus können wir die Masse der Erscheinungen mit Einheit auffassen, und nur die Einheit des Standpunktes kann uns vor Widersprüchen sichern*".
[546] Jean Tulard, Carnot Ministre, in Charnay, Carnot Savant, a. a. O., 120.

orbis, impavidum ferient ruinae – wenn geborsten der Erdball zerspringt, werden die Trümmer einen Unerschrockenen treffen" auf einem Grabstein stehen können.

Hier lässt sich eine von fast allen Biographen zu Beginn ihrer Darstellungen angeführte Anekdote einfügen, die Carnots militärischen Instinkt, seine Beharrlichkeit und seinen Mut als sich durch sein Leben ziehende Charaktereigenschaften belegen sollen. Als etwa Zehnjähriger soll er während einer Theatervorstellung in Dijon aufgestanden sein und unter dem Beifall wie des Gelächters des Publikums den Schauspielergeneral lauthals darauf hingewiesen haben, dass seine Kanonen ungedeckt stünden und daher die Kanoniere unnötig dem feindlichen Feuer ausgesetzt seien[547].

Die positiven Bewertungen, wie teilweise vorgestellt und selbst von Gegnern wie Dumouriez[548] vorgenommen, sind zahlreich und überwiegen in der Literatur. Sie erstrecken sich vom Mathematisch-wissenschaftlichen über ein allgemein Politisches hin zu einer militärpolitischen Bewertung wie durch Keegan, der den Ruhm Carnots mit dem Trotzkis[549] wie folgt vergleicht: *„Ruhm, weil sie ihrer jeweiligen Revolution disziplinierte* [und leidenschaftliche] *Soldaten verschafft haben, die sich aus eben den Mobs rekrutierten, die die alte Ordnung zerschlagen hatten"* und ebenso an gleicher Stelle *„die schiere Umwandlung einer bloßen Masse in eine Armee bringt einem Soldaten Anspruch auf immerwährenden Ruhm"[650]*. Es muss also doch eine starke Energie, ein zwingender Wille und eine Faszination von Carnot ausgegangen sein, wenn es ihm gelang, Wissenschaft und Bevölkerung auf ein nationales Ziel hin zu animieren, zeitweilig vierzehn Armeen mit ihren gut einer Million an Generalen, Offizieren und Mannschaften nicht nur „im Zaum" zu halten, son-

---

[547] Beispielsweise außer Hippolyte Carnot selbst, bei Culp, a. a. O., 23 oder Dhombres, Carnot a. a. O., 22.
[548] Dumouriez, Lebenserinnerungen des Generals Dumouriez, aus dem Französischen übersetzt und erläutert von Dr. Karl Fischer, Leipzig 1912, 107. Dumouriez sieht das Genie Carnots als Grundlage für die späteren Siege. So auch nach Tissot, Carnot, a. a. O., 232.
[549] Leo Trotzki [Bronstein] (Jonowka/Ukraine 16. 10. 1779 – Coyoacán 21. 08. 1940, ermordet), marxistischer Theoretiker, dann Revolutionär und Politiker, u. a. Volkskommissar für das Kriegswesen, und Organisator der Roten Armee. 1929 von Stalin entmachtet, Exil in Mexiko.
[550] John Keegan, Das Antlitz des Krieges, Düsseldorf – Wien 1978, 203.

dern diese auch für ihren Einsatz zum Sieg zu „enthusiasmieren", und damit auch noch Erfolg zu haben. Dies ist mehr als nur eine organisatorische Leistung. Carnot kann in die kleine Gruppe von neuzeitlichen Heeresreformern und Politikern eingereiht werden, wie Wilhelm von Oranien, in militärischer Hinsicht Scharnhorst, aber eben auch Trotzki und Mao, deren Handeln mit politisch-sozialen Erschütterungen und Umwälzungen ihres Staates verbunden war. Darüber hinaus stellt Carnot in sich eine nicht alltägliche Verbindung von denkendem Militär, technisch orientiertem Mathematiker, gefühlvollem lyrischen Dichter sowie philosophisch gelenktem, aber gleichzeitig legalistisch handelndem Politiker dar, der jederzeit bereit war, seine Macht wieder abzugeben und als einfacher Bürger zu leben. Hierin erinnert er, und dies unterscheidet ihn wieder von Napoleon und passt zu der zeitbezogenen und auch seiner Verehrung der Antike, an römische Patrioten wie Cato oder Cincinnatus[551]. Und noch eine in der Politik seltene Eigenschaft Carnots muss angesprochen werden. Während seines gesamten privaten, militärischen, wissenschaftlichen oder politischen Handelns konnte er sich nicht nur seine eigene Würde bewahren, sondern er hat diese auch bei aller Heftigkeit mancher perönlicher Auseinandersetzungen und Angriffen bei Gegnern wie Mitstreitern geachtet. Allein diese Tatsache hebt ihn im Kreis seiner Zeitgenossen hervor.

Abschließend bleibt festzustellen, dass sich die Verehrung Frankreichs dem „Organisator des Sieges" in den Revolutionskriegen gegenüber dennoch in Grenzen hält[552]. Zwar allgemein positiv bleibt der Tenor, aber mit deutlicher moralischer Kritik gegenüber seiner Innenpolitik wie bei Gaxotte und dem von ihm zitierten Albert Sorel: *„Er verschanzt sich hinter seiner Aufgabe und legt sich in einer Art Stoizismus einen Verzicht auf Menschlichkeit, als Pflicht seiner Aufgabe gegenüber auf: Er*

---

[551] Siehe Anmerkung 26. Als letzte Inkarnation der Republik und als moderner Cincinnatus wird er bezeichnet bei: Dominique de Villepin, Les Cent-Jours ou l'esprit de sacrifice, Paris 2001, 220.

[552] Dieser Bewertung entspricht auch die Tatsache, dass es in dem so sprach- und literaturenthusiasmierten Frankreich seit 1820 keine Neuauflage der sprachlich wie inhaltlich durchaus bemerkenswerten Gedichte Carnots gegeben hat, bzw. diese sich in keiner Anthologie wiederfinden. Michel Huvet, Lazare Carnot. Général…poète, Manuskript, Dijon 2000. Huvet ordnet Carnot den großen französischen Lyrikern wie Rameau oder Lamartine zu.

läßt die Terroristen ruhig guillotinieren, wenn sie ihn nur Frankreich verteidigen lassen."[553]. Sein Enkel Sadi Carnot wurde noch nach Clemenceau unter dem „*portrait d´un nom républicain*" in einem Gefühl des gemeinsamen „mémoire de la République" zum Präsidenten gewählt[554]. Der historischen Person Carnot gelang es dagegen langfristig jedoch nicht, als Figur eines "Retters" in das *„Panoptikum einer vorpolitischen Mythologie"*[555] Frankreichs einzudringen. Zwischen Jeanne d`Arc, dem „bon roi" Henri IV., ja selbst Napoleon und zeitweilig sogar dessen Neffen Napoleon III., oder zuletzt Charles de Gaulle scheint es für Carnot keinen Platz zu geben; immerhin wurde er nicht wie der Marschall Petain aus dem nationalen Gedächtnis getilgt. Dennoch gehört er mit seiner in dieser Abhandlung dargelegten Ablehnung von Chaos und Anarchie, mit seiner Verteidigung von Freiheitsrechten, der Hervorhebung von Volks- und Staatserziehung und dem eigenen Beispiel von beständig gelebter patriotischer Pflichterfüllung zum Wohl der Französischen Nation in diesen Kreis. Seine pragmatische Antwort an Napoleon am 21. April 1815 bestätigt diese Bewertung: „*„l´intérêt de la France domine chez moi toute autre consideration* – *das Interesse Frankreichs überragt für mich jede andere Betrachtung"*[556]. Es entbehrt nicht einer weiteren historischen Ironie, dass ausgerechnet ein deutscher Historiker, Georg Niebuhr, der nicht gerade als großer Franzosenfreund ausgewiesen ist, 1829 in seinen Vorlesungen zu folgender Aussage gelangt[557]: *„Car-*

---

[553] Gaxotte, a. a. O., 252. Gleichzeitig bescheinigt Gaxotte aber Carnot eine große organisatorische Leistung als „Techniker in Reinkultur" und stellt ihn charakterlich und von den Fähigkeiten her mit Vauban gleich, verweist aber auch auf seine mangelnde Menschenkenntnis (s. o.) und auf politische „Scheuklappen", um bestimmte Dinge nicht wahrnehmen zu müssen.
[554] Odile Rudelle, Lieux de mémoire révolutionnaire et communion républicaine, in: Vingtième siècle. Revue d´histoire, No. 24 (Oct.-Dec. 1989), Sciences Po University Press, Paris 1989, 9. [www.jstor.org/stable/3769122 vom 08. 04. 2020.]. Auch im Vergleich zu Bewertungen anderen Persönlichkeiten der Revolution und im Verständnis von Pierre Noras Untersuchungen über die „Lieux de Mémoire" findet Lazare Carnot – heute – keinen Platz.
[555] Willms, Frankreich, a. a. O., 77.
[556] Amson, Carnot, a. a. O., 317. Im Zusammenhang mit der kontroversen Diskussion über Napoleons neue Verfassung.
[557] Georg Niebuhr (1776 – 1831), Geschichte des Zeitalters der Revolution. Vorlesungen an der Universität Bonne im Sommer 1829 gehalten, Hamburg 1845, Bd. 2, 5. Zitiert nach Dieter Elsner, Carnot. Patriot – Revolutionär – Organisator? In:

not ist in gewisser Hinsicht der größte Mensch dieses Jahrhunderts. Seine Tugend ist von einer herausragenden Art. Meine politischen Ideen unterscheiden sich von seinen und meine Liebe zu ihm könnte man eine Anomalie nennen. Aber diese Liebe existiert. Wenn mir auf der Welt noch ein Stück Brot bliebe, wäre ich stolz, es mit Carnot zu teilen".

Unter den Begriffen, die sein Leben bestimmen wie Erfahrung und Gewohnheit, Humanität und Erziehung, Begeisterungsfähigkeit und Selbstzucht, Vaterlandsliebe und Nation, Republik und Freiheit, kann Carnot daher als Weltbürger, wenn auch nationaler französischer Provenienz, angesehen werden[558]. Trotz mancher Irrungen in ihrer Umsetzung verdient die leidenschaftliche und selbstbewusste Verteidigung von Menschen- und Freiheitsrechten, von Bildungsmöglichkeiten für alle und damit des Rechtsstaats letztlich tiefen Respekt und Anerkennung. Die spät formulierte Forderung *"la morale consiste dans la connaissance et l'accomplissement de nos devoirs - die Moral besteht aus dem Erkennen und der Erfüllung unserer Pflichten*»[559]] hat Carnot an sich selbst erfüllt. Dieser Sicht zu Carnots Charakterbild tut auch der diese Aufzählung ergänzende wesentliche Anteil Krieg keinen Abbruch. In diesem Verständnis kann das Lebensbild Lazare Carnots mit einem der letzten und trotz vielen Undanks dennoch positiven Gedanken von ihm selbst abgeschlossen werden[560]:

«*J'ai vécu dans un siècle de lumières; j'ai vu poindre l'aurore de la raison humaine et l'éternelle vérité triompher des vieux préjugés – Ich habe im Jahrhundert der Aufklärung gelebt, ich habe die Morgenröte der menschlichen Vernunft anbrechen und die ewige Wahrheit über alte Vorurteile siegen gesehen".*

Wissenschaftliche Zeitschrift der TU „Otto von Guericke", Magdeburg 33 (1989), 29.

[558] Damit verkörpert Carnot die fünf Hauptfelder jeder politisch-kulturellen Entwicklung: Die Arbeit, die Beziehung Mensch – Maschine, die Familie, die Erziehung und die Kommunikation. Ricardo Petrella, Nouvelles technologies et changement culturel in: Françoise Castro (Hrsg.), L'Identité Française, Paris 1985, 189. Die Franzosen Paul Souchon und Jean Tild ordnen Carnot 1920 als „*Grande Figure de l'Humanité*" historischen Personen wie Perikles, Columbus, Cervantes, Michelangelo, Shakespeare oder Livingstone zu, aber auch Vercingetorix oder Napoleon. Paul Sochon, Jean Tild, Les Grandes Figures de l'Humanité, Paris 1920.

[559] Charnay, Carnot. Révolution et.., a.a. O., 423. Von Charnay nach dem Familienarchiv in Nolay zitierter Satz.

[560] H. Carnot, Mémoires, a. a. O., II. 626.

VI. Anlagen

1. Chronologischer Lebenslauf von Lazare Nicolas Marguerite Carnot.

13. 05. 1753	Geburt in Nolay (Côte-d`Or/Bougogne), Sohn des Anwalts und Notars Claude Carnot und seiner Ehefrau Marguerite (geb. Pothier)
1761 – 1769	Schulbildung im Collège und Seminar der Oratorier in Autun
1770 – 1771	Vorbereitungsausbildung in Paris
01. 01. 1771	Unterleutnant und Aufnahme an der „École du Génie" in Mézières
01. 01. 1773	Leutnant und Ingénier ordinaire du Roi, Garnison Cherbourg
14. 12. 1783	Hauptmann im „Corps Royal du Génie"
03. 04. 1789	Inhaftierung in der Zitadelle von Béthune (bis 29. 05. 1789)
07. 05. 1791	kirchliche Hochzeit mit Sophie du Pont (1764 – 1813)
31. 08. 1791	Wahl als Deputierter (Pas-de-Calais) in die gesetzgebende Nationalversammlung ab 01. 10. 1791
20. 04. 1792	Votum für den Krieg gegen die Koalition
17. 05. 1792	Auszeichnung mit dem „Croix de Saint-Louis" (Ablegung am 30. 08.)
25. 07. 1792	Rede über den „Einsatz der Piken" (22. 07. "La Patrie en Danger")
31. 07. 1792	Kommissar der Legislative bei der Reservearmee in Soissons, bis 06. 08.
11. 08. 1792	Kommissar bei der Rhein-Armee, bis 04. 09.
06. 09. 1792	Wahl in den Konvent
23. 09. 1792	Kommissar des Konvents bei der Pyrenäen-Armee, bis 12. 12.
16. 01. 1793	Votum für den Tod Ludwig XVI.
01. 02. 1793	Wahl Carnots in das „Comité de défense générale"

09. 03. 1793	Rede zum Einsatz der 92 Kommissare
10. 03. 1793	Bürgerrechtserklärung mit Erklärung einer Allgemeinen Wehrpflicht
12. 03. 1793	Kommissar bei der Nord-Armee, bis 13. 08.
31. 05. 1793	Gefecht bei Furnes
14. 08. 1793	Wahl in den Wohlfahrtsausschuss (Einrichtung am 06. 04. 1793)
23. 08. 1793	Dekret der „Levée en Masse"
17. 10. 1793	Schlacht bei Wattignies
02. 02. 1794	Entwicklung des „Système général des opérations de la campagne prochaine"
01. 04. 1794	Einrichtung von 12 Kommissionen und Abschaffung der Ministerien
05. 05. 1794	Präsident des Konvents, bis 20. 05.
12. 05. 1794	Rede über Rousseau, bei der Überführung in das Pantheon
28. 07 1794	Verhaftung Robespierres (9 thermidor)
24. 09. 1794	Gründung der späteren „École Polytechnique"
31. 10. 1794	Gründung der „École Nationale d`Aerostation"
21. 03. 1795	Ernennung zum Chef de Bataillon (vergleichbar Major/Oberstleutnant) durch den Wohlfahrtsausschuss
04. 04. 1795	Carnots Bericht an den Konvent über die militärischen Erfolge
05. 04. 1795	Friede zu Basel, Frankreich erhält das linke Rheinufer
28. 05. 1795	Niederschlagung der Anklage gegen Carnot wegen Despotismus und Terror, Carnot wird als „Organisator des Sieges" proklamiert
30. 10. 1795	Wahl in die Legislative (Rat der Alten)
04. 11. 1795	Wahl in das Direktorium als Ersatz für Sieyès
30. 04. 1796	Präsident des Direktoriums, bis 29. 07.
	01. 06. 1796 Geburt des Sohnes Sadi (1796 – 1832) mit folgender christlicher Taufe
01. 08. 1796	Wahl (erstmalig) in das „L`Institut de France" (25. 12 1797 gestrichen)

27. 02. 1797	Prozessbeginn (bis 26. 05) gegen Baboef
28. 05. 1797	Präsident des Direktoriums, bis 26. 08.
04. 09. 1797	„Staatsstreich" vom 18 fructidor V, Verurteilung zur Deportation, Flucht und erstes Exil in der Schweiz, dann Augsburg und Nürnberg
26. 12. 1799	Genehmigung zur Rückkehr durch Entscheidung der Konsuln
19. 01. 1800	Rückkehr nach Paris
07. 02. 1800	Generalinspekteur für „Revuen", Divisionsgeneral (nur Titel)
02. 04. 1800	Kriegsminister (Rücktritt am 14. 09. bzw. am 08. 10. 1800)
20. 04. 1800	erneute Wahl in das „l´Institut" [auch 26. 03.]
06. 10. 1801	Geburt des Sohnes Hippolyte in St. Omer
27. 03. 1802	Berufung in das Tribunat, dessen Auflösung am 19. 08. 1807
09. 05. 1802	Votum gegen die Einführung der Ehrenlegion
01. 05. 1804	Carnot stimmt – als Einziger – gegen Napoleons Kaiserproklamation
15. 02. 1813	Tod seiner Ehefrau
25. 01. 1814	Divisionsgeneral und Gouverneur von Antwerpen (Kommandoübernahme am 02. 04. und Öffnung der Stadt am 03. 05. 1815 nach dem Rücktritt Napoleons)
21. 03. 1815	Innenminister während der „100 Tage", Pair von Frankreich am 02. 06. 1815
22. 06. 1815	Mitglied und Chef der provisorischen Übergangsregierung
24. 07. 1815	Carnot fällt unter das Proskriptionsgesetz, Flucht aus Frankreich
12. 01. 1816	Exil nach dem „Régicide"-Gesetz, Aufenthalte in Brüssel, Krakau, Warschau, Frankfurt/Oder und Breslau
21. 03. 1816	Zweite Streichung aus dem „l´Institut"
03. 11. 1816	Ankunft Carnots in Magdeburg

14. 09. 1822	Hegel besucht Carnot auf der Durchreise
02. 08. 1823	Tod in Magdeburg
10. 07. 1889	Beschluss des französischen Parlaments zur Überführung nach Paris
05. 08. 1889	nach ehrenvoller Überführung in Paris die Beisetzung im Pantheon

2. Carnots Schema über die Strukturen der Wissenschaften

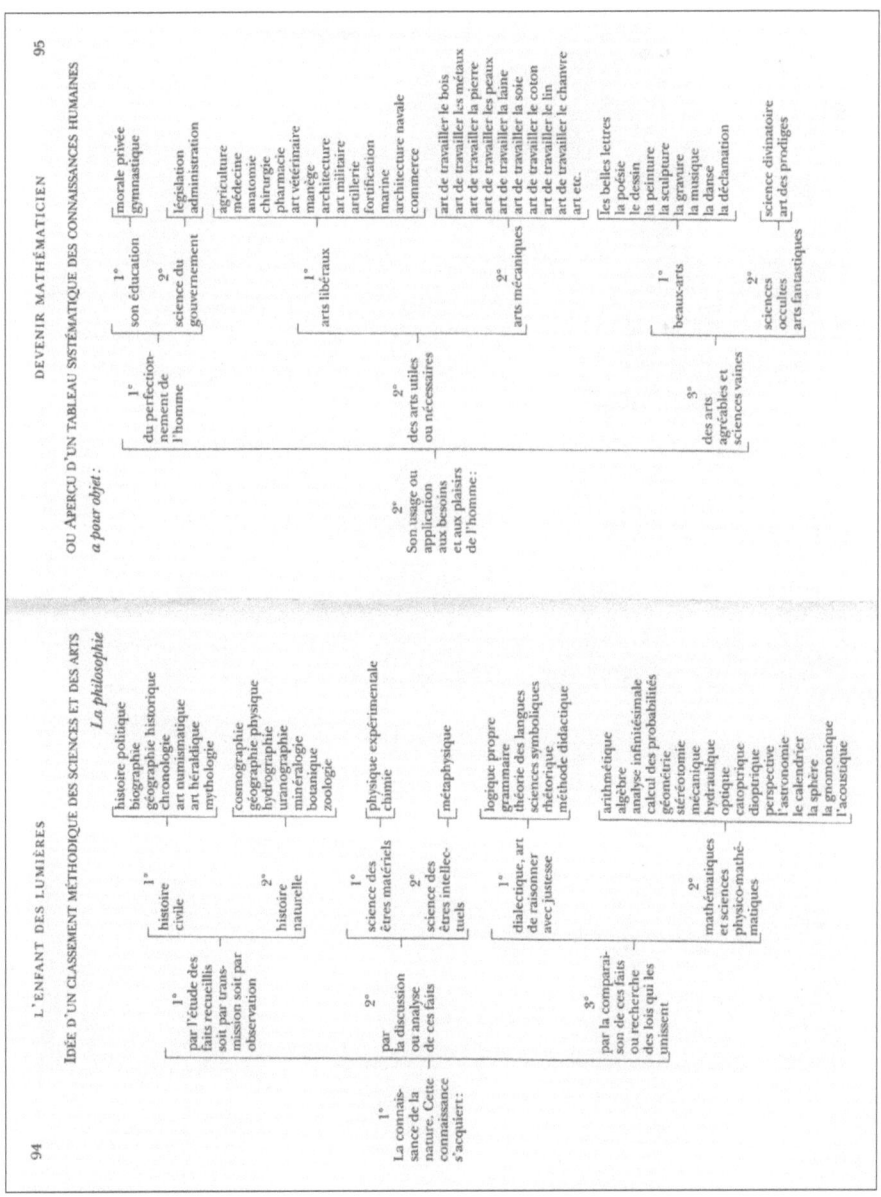

Carnots Notiz an Julius Schmidt vom 04. Juli 1816.

note pour Monsieur Schmidt.   11

Si je quittais Varsovie sans motif évident, on ne manquerait pas de dire et de faire imprimer dans les gazettes, surtout dans les journaux français, que je m'en suis fait chasser par mes intrigues, d'autant qu'on a déjà imprimé que j'étais un des agens de la conspiration qui a éclaté dernièrement à Grenoble et à Paris. Ce mensonge ridicule prendrait alors un air de vraisemblance, d'autant plus qu'on sait que je suis parfaitement bien accueilli dans toutes les maisons de Varsovie excepté chez le grand-duc. il ne convient donc pas que je m'en aille comme un fugitif, qui ne fait que changer d'asyle, après avoir abusé de celui qui m'avoit été accordé par S.M. l'empereur de russie, ce dont je suis assurément bien éloigné.

je ne vois qu'un moyen d'éviter cet inconvénient majeur: c'est que S.M. le Roi de Prusse qui veut bien témoigner de la bienveillance pour moi, m'accorde la faculté d'arriver dans ses états avec les mêmes titres que ceux dont je jouissais en france, qui étaient ceux de Comte, lieutenant-général, grand-officier de la légion d'honneur, chevalier de St Louis. et de porter les mêmes décorations. je demanderais que S.M. voulût bien me conférer en prusse le grade correspondant à celui de lieutenant-général que j'avais, en y ajoutant la promesse que je ne serois jamais obligé de porter les armes contre la france ma patrie.

alors mon départ de Varsovie serait bien motivé, puisque je serais censé ne quitter cette ville, que pour passer au service de S.M. le Roi de prusse.

Le titre seul du grade correspondant à celui de lieutenant-général que j'avais en France me suffit; je ne demande ni emploi effectif ni traitement surtout s'il s'agissait de prendre la place d'un autre, et cependant, je suis disposé à rendre à S.M. tous les services qui dépendront de moi, et je crois pouvoir lui procurer des gens éclairés et instruits, particulièrement dans l'arme du génie, si S.M. en a besoin, comme si elle voulait établir quelques nouvelles places fortes. S.M. mes se refuserait pas sans doute, à leur promettre comme à moi qu'ils ne seraient jamais contraints à porter les armes contres leur patrie.

VII. Literaturverzeichnis

1. Quellen

Carnot, Lazare, Éloge de M. le Maréchal de Vauban. Dijon 1784.

Carnot, Lazare, Le Pouvoir de L'Habitude, Arras 1787.

Carnot, Lazare, Exploits des Français depuis le 22 Fructidor an I. jusqu'au 15 Pluvoise an III. de la République française, 8 Septembre 1793 – 3 Février 1795, Basel 1796.

Carnot, Lazare, Discours Prononcé par le Président du Directoire Executif, à la fête de la Reconnaissance et des victoires, célébrée au Champs-de-Mars, le 10 Prairial, l'an quatrième de la Republique, Paris 1796 [Reproduktion über http://gallica.bnf.fr/ark: vom 03. 11. 2010].

Carnot, Lazare, Géometrie de Position, Paris 1803.

Carnot, Lazare, Réponse de L N M Carnot au Rapport sur la Conjuration du 18 Fructidor, au Conseil des Cinq Cents, par J. Ch. Bailleul, au Nom d'une Commission Speciale, London 1799.

Carnot, Lazare, Second Mémoire, Hamburg 1799.

Carnot, Lazare, Exposé de la Conduite Politique de M le Lieutenant-Général Carnot depuis le 1er Juillet 1814, Paris 1815.

Carnot, Lazare, La Fusion des Partis: Mémoire Adressé au Roi, en Juillet 1815, Paris 1888.

Carnot, Lazare, De La Défense Des Places Fortes, Paris ^{3}1812.

Carnot, Lazare, A Treatise on the Defence of Fortified Places, translated from the French by Baron de Montalembert, London 1814, Nachdruck von Original, LaVergne 2010.

Carnot, Lazare, Anweisung zur Vertheidigung der Festungen. Nach der dritten Auflage aus dem Französischen übersetzt von F. von Bressendorf, Stuttgart 1820.

Carnot, Lazare, Opuscules Poétiques du Général L.-N.-M. Carnot, Paris 1820, Nachdruck, LaVergne (USA) 2010.

Carnot, Lazare, Von der Vertheidigung fester Plätze; Auf Befehl seiner kaiserlichen und königlichen Majestät für den Unterricht der Zöglinge im Ingenieurkorps angefertigt durch M. Carnot. Aus dem Französischen übersetzt mit Anmerkungen und einem aus Virgin, Montalembert, Andreas Böhm, Belidor, Bousmard, Mandar, Belair und anderen entlehnten Anlage vermehrt durch R. v. L. [Rühle von Lilienstern], zweite wohlfeilere Ausgabe, Dresden 1816.

Carnot, Lazare, Carnot und neuere Befestigung; oder ausführliche Darstellung und unpartheiische Beurtheilung aller von diesem Ingenieur gemachten Vorschläge über Festungsbau und Festungskrieg und Einfluß derselben auf die neuere Befestigung, Leipzig 1841.

Carnot, Lazare, Mémoire sur la Fortification Primitive, Paris 1823. (Übersetzung von Intertext Fremdsprachendienst der DDR in: Technische Universität "Otto von Guericke" Magdeburg 33(1989), Heft 2, Carnot-Ehrung der DDR, Magdeburg 1989, 91-108).

Charavay, Etienne, Correspondance Générale de Carnot, Tome I. (Août 1792 - Mars 1793), Paris 1892, Tome II. (Mars – Août 1793), Paris 1894, Tome III. (Août-Octobre 1793), Paris 1897, Tome IV. (Novembre 1793 – Mars 1795), Paris 1907.

Geheimes Staatsarchiv Preussischer Kulturbesitz (GSTAPK), Berlin, Ermittlungen über den Generalleutnant Carnot 1816 – 1832 (II. HA, Ministerium der auswärtigen Angelegenheiten I. Nr. 8820), Aufenthalt des Generals Carnot in Preußen (Brandenburg-Preußisches Hausarchiv (BPH), Rep. 192, Nachlass Wittgenstein, V Nr. 2, 3).

Magdeburg, Stadtarchiv, Sign.: Rep 41 615, Akte zur Vorbereitung und Durchführung der Carnot-Ehrung 1989, Band 1, 4, 7, 9.

PH., J.-B., J.I., Correspondance inédite de Carnot avec Napoléon pendant les cent jours, Paris 1819.

Règlement concernant L´Exercice et les Manoevres de L´Infanterie, Du premier août 1791, Metz 1791.

2. Literatur

Alembert, Jean LeRond d`, Einleitung zur Enzyklopädie, durchges. und mit einer Einl. hrsg. Von Günther Mensching, Hamburg 1997.

Allert, Tilman, Weihnachten ist Zumutung und Entlastung zugleich, in: FAZ Nr. 299 vom 23. 12. 2010, Frankfurt/Main 2010, 4.

Amson, Daniel, Carnot, Paris 1992.

Andreas, Willy, Das Zeitalter Napoleons und die Erhebung der Völker, Heidelberg 1955.

Arago, François, Œuvres complètes, Band 1., Paris 1854.

Assis Neto, Fernando Raul de, "Géométrie de position". Eine Studie zum Werk von Lazare Carnot (1753-1823), Bielefeld 1992.

Aulard, A., Politische Geschichte der Französischen Revolution. Entstehung und Entwicklung der Demokratie und der Republik 1789-1804.Berechtigte Verdeutschung von Friedrich von Oppeln-Bronikowski, eingeleitet von Dr. Hedwig Hintze, Band I. und II., München – Leipzig 1924.

Banaschik-Ehl, Christa, Scharnhorsts Lehrer: Graf Wilhelm von Schaumburg-Lippe, in Portugal. Die Heeresreform 1761-1777, Osnabrück 1974.

Barthélemy, Guy, Les Savants sous la Révolution, Le Mans 1988.

Bély, Lucien, Histoire de France, Paris 1998.

Benoit, Bruno, les grandes dates de la Révolution française, Paris 1988.

Berneck, K. G. von, Geschichte der Kriegskunst, Berlin[3] 1867.

Bertaud, Jean-Paul; Reichel Daniel, L´armée et la guerre, Atlas de la Révolution française, 3., Paris 1989.

Blätter für literarische Unterhaltung, Brockhaus, Heinrich (Hrsg.), Jahrgang 137, 2. Band, Juli bis Dezember, Leipzig 1837.

Bonnal, Edmond de Ganges, Carnot: D´Après les Archives Nationales, le Dépot de la Guerre et les Séances de la Convention, Paris 1888, Nachdruck bei Bibliobazaar, Amazon, Leipzig 2010.

Bor, Peter, Gespräche mit Halder, Wiesbaden 1950.

Bouhler, Philipp, Napoleon. Kometenbahn eines Genies, München 1942.

Braudel, Fernand, L´identité de la France, Paris 1986.

Bret, Patrice, L´État, l´armée, la science, L´invention de la recherche publique en France 1763- 1830, Rennes 2002.

Bülow, Dietrich Heinrich von, Geist des neuern Kriegssystems, Hamburg 1799.

Castro, Françoise (Hrsg.), L´Identité Française, Paris 1985.

Carlyle, Thomas, Die Französische Revolution. Neue Illustrierte Ausgabe, Band 2, hrsg. Von Theodor Rehtwisch, Leipzig o.J.

Carnot, Hippolyte, Mémoires sur Carnot, 2 Bände, Nouvelle Édition, Paris 1907.

Charnay, Jean-Paul, Lazare Carnot, Révolution et Mathématique, 2 Bände, Paris 1984.

Charnay, Jean-Paul (Hrsg.), Lazare Carnot ou Le Savant-Citoyen [Colloque tenu en Sorbonne les 25.-29. Janvier 1988], Paris 1990.

Clausewitz, Carl von, Vom Kriege, herausgegeben von Werner Hahlweg, Bonn[18] 1973.

Cochenhausen, Friedrich von (Hrsg.), Schöpfer und Gestalter der Wehrkraft, Berlin 1935.

Conelly, Owen, A critique of John Lynn`s "Toward an Army of Honor: The Moral Evolution of the French Army, 1789 – 1815", French Historical Studies, 16, 1/1989, Duke University 1989, 174 – 179 [http://www.jstor.org/stable/286438 vom 08. 04. 2010].

Come, Donald R., French Threat to British Shores, 1793 – 1798, in: Military Affairs, 16, No. 4 1952, 174 – 188.

[http://www.jstor.org/stable/1982368 vom 08.04. 2010].

Cooper, Duff, Talleyrand, München 1962.

Corvisier, André (Hrsg.), Armées et Révolution. Revue historique des Armées, Nr. 175, Paris 1989.

Coutau-Bégarie, Hervé, Traité de Stratégie, Paris^2 1999.

Cramer, Friedrich, Lazare Nicolas Marguérite Carnot [Leipzig 1824], Rat der Stadt Magdeburg (Hrsg.) am 14. Juli 1989, mit einer Einleitung von Ernst-Joachim Gießmann, Berlin (Ost) 1989.

Crépin, Anne, Soldats et citoyens. Naissance du service militaire en France et en Prusse in: Annales historiques de la Révolution française, 348, 2007, Nancy 2007, 209 – 211.

Cronin, Vincent, Napoleon, Gütersloh o. J.

Culp, William Maurice, The work of Lazare Nicolas Marguerite Carnot as a member of the Committee of Public Safety in France, 1793 – 1794, Breinigsville 2010.

Delbrück, Hans, Geschichte der Kriegskunst. Die Neuzeit. Vom Kriegswesen der Renaissance bis zu Napoleon, Sonderauflage der Neuausgabe des Nachdrucks von 1962 der 1. Auflage 1920, Hamburg 2003.

Deschard, Bernard, L`armée et la Révolution, Paris 1989.

Deutsche Militärgeschichte 1648 – 1939, MGFA (Hrsg.), München 1983.

Dhombres, Jean et Nicole, Lazare Carnot, Paris 1997.

Dhombres, Nicole, Lazare Carnot l´encyclopédiste; théologie, morale et politique de la tolérance, in: Études littéraires, 32 No. 1-2, Quebec 2000, 211-220.

Dupre, Huntley, Carnot: republican patriot, Philadelphia 1975.

Easum, C.V., Prinz Heinrich von Preussen. Bruder Friedrichs des Großen [1942], Göttingen u. a. 1958.

Ebrand, Friedrich Clemens; Liebmann, Louis, Johann Konrad Friederich. Ein vergessener Schriftsteller, Frankfurt/Main 1918.

Febvre, Lucien, "Honneur et Patrie", Paris 1996.

Fink, Karl, Lazare-Nicolas-Marguerite Carnot. Sein Leben und seine Werke nach den Quellen dargestellt, Tübingen 1894.

Flake, Otto, Die Französische Revolution, Gütersloh 1967.

Foerster, Roland G. (Hrsg.), Die Wehrpflicht. Entstehungsformen und politisch-militärische Wirkung, München 1994.

Freytag-Loringhoven, von, Die Heerführung Napoleons in ihrer Bedeutung für unsere Zeit, Berlin 1910.

Friederich, Johann Conrad, „Der Deutsche Casanova". Vierzig Jahre aus dem Leben eines Toten, hrsg. von Friedemann Berger, mit einem Vorwort von Eckart Klessmann, Dritter Band, Frankfurt/M. – Leipzig 1991.

Friedrich, II. König von Preußen, Militärische Schriften, erläutert und mit Anmerkungen vers. durch v. Taysen, Berlin 1882.

Fritzsche, Karl, Lebenserinnerungen des Generals Dumouriez, Leipzig 1912.

Furet, Francois, Richet, Denis, Die Französische Revolution, München [Nachdruck der Ausgabe von 1968] 1981.

Galitzin, N.S., Allgemeine Kriegsgeschichte der Neuesten Zeit. Aus dem Russischen ins Deutsche übersetzt von Streccius, Erster Band, Kriege der I. Französischen Revolution und der Republik (1792-1801), Cassel 1887.

Gaxotte, Pierre, Die Französische Revolution, München 1949.

Gillispie, Charles Coulston, Lazare Carnot Savant, Princeton 1971.

Gillispie, Charles Coulston, Science and Polity in France: The Revolutionary and Napoleonic Years, Princeton 2004.

Giessmann [auch Gießmann], Ernst-Joachim, Lazare Carnot und die preußischen Militärreformer, in: Militärgeschichte 4/86, 25. Jg., Potsdam 1986, 310 – 319.

Giessmann, Ernst-Joachim, Lazare Carnots Weg nach Preußen oder: Ein Exilant in der beginnenden Krise der Regierung Hardenberg 1815/16, in: Akademie der Wissenschaften der DDR, Jahrbuch für Geschichte, 34, Berlin (Ost) 1987, 6 – 38.

Giessmann, Ernst-Joachim, Lazare Carnot in Magdeburg, in: Magdeburger Blätter, Jahresschrift für Heimat- und Kulturgeschichte im Bezirk Magdeburg, Magdeburg 1987, 38 – 49.

Giessmann, Ernst-Joachim, Geschichte um Carnot nach seinem Tode. 100 Jahre Überführung des Leichnams von Lazare Carnot in das Pantheon zu Paris, in: Magdeburger Blätter, Jahresschrift für Heimat- und Kulturgeschichte im Bezirk Magdeburg, Magdeburg 1988, 4 – 24.

Glagau, Hans, Die Französische Legislative und der Ursprung der Revolutionskriege 1791 – 1792, Berlin 1896.

Goltz, Colmar von der, Das Volk in Waffen, Berlin^2 1883.

Goltz, Colmar von der, Roßbach und Jena, Berlin 1883.

Griotteray, Alain (Hrsg.), Une Idée Certaine de la France, Paris 1998.

Groote, Wolfgang von, Müller, Klaus-Jürgen (Hrsg.), Napoleon I. und das Militärwesen seiner Zeit, Freiburg 1968.

Guilhaumou, Jaques, Sprache und Politik in der Französischen Revolution, Frankfurt/M. 1989.

Guillon, E., Les Généraux de La République, Paris o. J.

Hegel, Georg Friedrich Wilhelm, Sämtliche Werke. Jubiläumsausgabe in zwanzig Bänden, neu hrsg. Von Hermann Glockner, Vierter Band, Wissenschaft der Logik, Stuttgart^4 1965.

Herre, Franz, Napoleon, München 2006.

Herzfeld, Hans, Die moderne Welt 1789 -1945. I. Teil, Die Epoche der bürgerlichen Nationalstaaten, Braunschweig 1966.

Heuser, Beatrice, Den Krieg denken. Die Entwicklung der Strategie seit der Antike, Paderborn [u. a.] 2010.

Heyck, Hans, Clausewitz. Ein Lebens- und Zeitbild, Leoni (Starnberger See) 1968.

Hinrichs, Ernst, Ancien Régime und Revolution. Studien zur Verfassungsgeschichte Frankreichs zwischen 1589 und 1789, Frankfurt/M. 1989.

Höhn, Reinhard, Sozialismus und Heer, Band I, Heer und Krieg im Bild des Sozialismus, Bad Homburg u. a.^{2}1961

Höhn, Reinhard, Die Armee als Erziehungsschule der Nation. Das Ende einer Idee, Bad Harzburg 1963.

Hölderlin, Friedrich, Gedichte, hrsg. von Gerhard Kurt in Zusammenarbeit mit Wolfgang Braungart, Stuttgart 2000.

Holzapfel, Kurt, Lazare Carnot – Politik und Kriegführung in der Französischen Revolution (1792 – 1794), in: Militärgeschichte, 18, Heft 2, Potsdam 1979, 172 – 183.

Horaz, Sämtliche Werke. Lateinisch und deutsch, hrsg. von Karl Bayer u. a., München ^{11}1993.

Hundt, Michael, Frieden und internationale Ordnung im Zeitalter der Französischen Revolution, in: Wie Kriege enden: Wege zum Frieden von der Antike bis zur Gegenwart, Paderborn [u.a.] 2002, 121 – 160.

Huvet, Michel, Lazare Carnot, général…poète, Manuskript, Dijon 2000 [an den Verfasser übersandt].

Ibykus, Zeitschrift für Poesie, Wissenschaft und Staatskunst, hrsg. von Elisabeth Hellenbroich, 21. Jahrgang Heft 81, Wiesbaden 2002 und 24. Jahrgang, Heft 92, Wiesbaden 2005.

Jaurès, Jean, Die neue Armee, Jena 1913.

Jomini, Antoine-Henri, Précis de L´Art de la Guerre, 2. Bände, Paris 1838.

Jullian, Marcel, Les Grands Hommes De La Révolution (d´après L´Album du Centenaire), Paris 1988.

Keegan, John, Das Antlitz des Krieges, Düsseldorf – Wien 1978.

Keegan, John, A History of Warfare, New York 1993.

Kieselbach, Andreas, Das Französische Militärwesen zwischen Absolutismus und Revolution, in. Militärgeschichte 5/1988, 27. Jg., Potsdam 1988, 486 – 490.

Klein, Thomas, Moderner Staat und Demokratie in der Französischen Revolution, Hannover 1965.

Klitscher, Ernst, Michel Ney. Soldat der Revolution – Marschall des Kaisers, Saarbrücken[2] 1995.

Körte, Wilhelm, Das Leben L. N. M. Carnots, Leipzig 1820.

Koselleck, Reinhart u.a. (Hrsg.), Geschichtliche Grundbegriffe. Historisches Lexikon zur politisch-sozialen Sprache in Deutschland, Band 5, Stuttgart 1984, Band 7, Stuttgart 1992.

Kriegsministerium, K. u. k. (Hrsg.), Leitfaden der Allgemeinen Kriegsgeschichte, Wien 1896.

Krockow, Christian, Graf von, Die preußischen Brüder. Prinz Heinrich und Friedrich der Große. Ein Doppelportrait, München[4] 2001.

Kroener, Bernhard R., Kriegerische Gewalt und militärische Präsenz in der Neuzeit. Ausgewählte Schriften, Paderborn u. a. 2008.

Kropotkin, Peter, Die Französische Revolution 1789 – 1793, 2 Bände, Leipzig o.J.

Kruse, Wolfgang, Die Erfindung des modernen Militarismus. Krieg, Militär und bürgerliche Gesellschaft im politischen Denken der Französischen Revolution 1789 – 1799, München 2003.

Kube, Hanno, Freiheit vor dem Steuerstaat, in: FAZ Nr. 304/2010, Frankfurt/M. 2010, 6.

Kunisch, Johannes; Münkler, Herfried, (Hrsg.), Die Wiedergeburt des Krieges aus dem Geist der Revolution. Studien zum bellezistischen Diskurs des ausgehenden 18. und beginnenden 19. Jahrhunderts, Berlin 1999.

Landauer, Gustav, Briefe aus der Französischen Revolution, II. Band, Frankfurt/M. 1919.

Langewiesche, Dieter, Europa zwischen Restauration und Revolution, München 2007.

Les institutions militaires de la France: Louvois, Carnot, Saint-Cyr, N.N., Paris 1867.

Liman, Paul, Die Revolution. Eine vergleichende Studie über die großen Umwälzungen in der Geschichte, Berlin 1906.

Loomis, Stanley, Ein Jahr, zwei Wochen und ein Tag – Paris 1793/94, Tübingen 1964.

Magdeburg, Rat der Stadt (Hrsg.), 200 Jahre Große Französische Revolution. Carnot-Ehrung der DDR. Magdeburg 1989, Festkolloquium, Teil 1 und 2, Magdeburg 1990.

Magdeburg, Technische Universität „Otto von Guericke" (Hrsg.), Wissenschaftliche Zeitschrift, (33), Heft 2, 1989 und (34) Heft 3, 1990.

Mager, Wolfgang, Frankreich vom Ancien Régime zur Moderne. Wirtschafts-, Gesellschafts- und politische Institutionsgeschichte 1630 – 1830, Stuttgart u. a. 1980.

Mai, Bernhard, Mai, Christiane, Festung Magdeburg, Dössel 2005.

Marcu, Valeriu, Das Grosse Kommando Scharnhorsts. Die Geburt einer Militärmacht in Europa, Leipzig 1928.

Martin, Marc, Les journaux militaires de Carnot. In: Annales historiques de de la Révolution francaise. No. 229, 1977, 406 – 428.

Marx, Karl; Engels, Friedrich, Gesamtausgabe (MEGA). Hrsg. vom Institut für Marxismus-Leninismus des ZK der SED, Erste Abteilung, Band 1, Berlin (Ost) 1975 und Band 10 1977, Band 14, Berlin 2001 und Vierte Abteilung, Band 2, Berlin (Ost) 1981.

Mathiot, Charles, Pour Vaincre. Vie, Opinions et Pensées de Lazare Carnot, Paris 1916.

Maurois, André, Napoleon, Reinbek 1966.
McNeill, William H., Krieg und Macht. Militär, Wirtschaft und Gesellschaft vom Altertum bis heute, München 1984.
Meier, Christian, Das Gebot zu vergessen und die Unabweisbarkeit des Erinnerns, München 2010.
Mehring, Franz, Zur deutschen Geschichte von der Zeit der Französischen Revolution bis zum Vormärz (1789 – 1847), Gesammelte Schriften Band 6, hrsg. von Prof. Dr. Thomas Höhle u. a., Berlin (Ost) 1979.
Mehring, Franz, Zur Kriegsgeschichte und Militärfrage, Gesammelte Schriften Band 8, hrsg. von Prof. Dr. Thomas Höhle u. a., Berlin (Ost) [2., durchges. Aufl.] 1973.
Michelet, Jules, Bilder aus der Französischen Revolution, München 1989.
Monnier, Raymonde, Républicanisme, Patriotisme et Révolution française, Paris 2005.
Montaigne, Michel de, Essais, 3 Bände, hrsg. von Daniel Ménager, Tours 1985.
Montaigne, Michel de, Essais, nach der ersten deutschen Gesamtausgabe von Johann Daniel Tietz, Frankfurt 2010.
Moreau, René, Lazare Carnot (de Nolay ...au Pantheon), Dijon 1988.
Napoleon und Europa. Traum und Trauma, Katalog der Ausstellung der Bundeskunsthalle , 17. 12. 2010 bis 25. April 2011, München u. a. 2010.
Nicolas, Général, Vauban, sa vie – son oeuvre, Saint-Léger-Vauban 1998.
Paoli, Dino de, Lazare Carnot´s grand strategy for political victory, in: Executive Intelligence Review, 20. Sep. 1996, http://american_almanac/carnotdp.htm vom 15.01. 2004.
Perrin, Jean-Pierre, Valmy – 1re victoire de la Nation, Paris 1989.
Planert, Ute, Der Mythos vom Befreiungskrieg. Frankreichs Kriege und der deutsche Süden. Alltag – Wahrnehmung – Deutung 1792-1841, Paderborn 2007.

Planert, Ute, Die Kriege der Französischen Revolution und Napoleons. Beginn einer neuen Ära der europäischen Kriegsgeschichte oder Weiterwirken der Vergangenheit, in: Beyrau, Dietrich, Hochgeschwender, Michael, Langewiesche, Dieter (Hrsg.), Formen des Krieges. Von der Antike bis zur Gegenwart, Paderborn [u.a.] 2007, 149 – 162.

Plutarch, Alexander – Caesar, übersetzt und herausgegeben von Marion Giebel, Stuttgart, 2004.

Preusse, Wilhelm (Hrsg.), Die Französische Revolution in Wort und Bild, Hamburg o. J.

Pujo, Bernhard, Vauban, Paris 1991.

Puhle, Mathias; Petsch, Peter (Hrsg.), Magdeburg. Die Geschichte einer Stadt, 800 – 2005, Dössel 2005.

Reichardt, Rolf; Schmitt, Eberhard (Hrsg.), Die Französische Revolution – zufälliges oder notwendiges Ereignis? Akten des internationalen Symposions an der Universität Bamberg vom 4. – 7. Juni 1979, München – Wien 1983.

Reichs-Kriegs-Ministerium [k. u. k.], (Hrsg.), Leitfaden der Allgemeinen Kriegsgeschichte, Wien 1896.

Reinalter, Helmut, Die Französische Revolution und Mitteleuropa. Erscheinungsformen und Wirkungen des Jakobinismus; seine Gesellschaftstheorien und politischen Vorstellungen, Frankfurt/M. 1988.

Reinhard, Marcel, Le Grand Carnot, Paris [1951] 1994.

Reiss, René, Kellermann, Paris 2009.

Riemeck, Renate, 1789. Heroischer Aufbruch und Herrschaft des Schreckens, Stuttgart 1988.

Roßband, Frank, Lazare Carnot – eine der großen Persönlichkeiten der französischen bürgerlichen Revolution von 1789 [Diplomarbeit], Halle 1987.

Rothenberg, Gunther, Die Napoleonischen Kriege, Berlin 2000.

Rudelle, Odile, Lieux de mémoire révolutionnaire et communion républicaine, in : Vingtième siècle. Revue d´histoire, No. 24 (Oct. – Dec. 1989), Sciences Po University Press, Paris 1989, 3 – 15 [www.jstor.org/stable/3769122 vom 08. 04. 2010].

Sauerteig, Eva, Völker in Waffen – Zur allgemeinen Wehrpflicht in Frankreich und Deutschland (1793 – 1914), Norderstedt 2005.

Savinel, Pierre, Moreau, Rival Republicain de Bonaparte, La Guerche-de-Bretagne 1986.

Schaumburg-Lippe, Wilhelm, Graf zu, Schriften und Briefe II, Militärische Schriften, hrsg. von Curd Ochwadt, Frankfurt/Main 1977.

Schotte, Michael, Die Schlacht von Fleurus 1794, in: Militärgeschichte 6/87, 26. Jg., Potsdam 1987, 548 – 552.

Schulin, Ernst, Die Französische Revolution, München 1988.

Sieburg, Friedrich, Robespierre- Napoleon – Chateaubriand, Stuttgart 1967.

Souchon, Paul; Tild, Jean, Les Grandes Figures de l'Humanité, Paris 1920.

Stadelmann, Rudolf, Scharnhorst. Schicksal und Geistige Welt, Wiesbaden 1952.

Taine, Hippolyte, Die Entstehung des modernen Frankreichs, Berlin – Frankfurt/M. 1954.

Thiers, M. Adolphe, Histoire de la Révolution Française. 2 Tomes, Bruxelles [22] 1844.

Tissot, Pierre-François, Mémoires historiques et Militaires sur Carnot, Paris 1824.

Tulard, Jean, Napoléon ou Le Mythe du Sauveur, Paris [4. durchges. und vervollständigte Ausg.] 1987.

Tulard, Jean; Fayard, Jean-Francois; Fierro, Alfred, Histoire et dictionnaire de la Révolution française 1789 – 1799, Paris 1987.

Uhle-Wettler, Franz, Höhe- und Wendepunkte Deutscher Militärgeschichte, Mainz 1984.

UNESCO, le Courrier de, UNESCO (Hrsg.), 42, 1789. Une Idée qui a changé le monde, Paris 1989.

Vagts, Alfred, A history of militarism [1937], Neudruck der überarbeiteten Ausgabe von 1959, Westport 1981.

Villepin, Dominique de, Les Cent-Jours ou l'esprit de sacrifice, Paris 2001.

Warschauer, Robert, Studien zur Entwicklung der Gedanken Lazare Carnots über Kriegführung 1784 – 1793, Berlin 1937.

Watson, S. J., Carnot, London 1954.

Willms, Johannes, Frankreich, München 2009.

Wolter, F. A., Geschichte der Stadt Magdeburg von ihrem Ursprung bis zur Gegenwart, Magdeburg 1901, Nachdruck Magdeburg 1996.

Zastrow, Alexander von, Geschichte der beständigen Befestigung oder Handbuch der vorzüglichsten Systeme und Manieren der Befestigungskunst, Neudruck der 3. Auflage Leipzig 1854. Mit einer Einleitung von Rudolf Schott, Osnabrück 1983.

Carola Hartmann Miles-Verlag

Politik, Gesellschaft, Militär

Uwe Hartmann, *Innere Führung. Erfolge und Defizite der Führungsphilosophie für die Bundeswehr*, Berlin 2007.

Hans Joachim Reeb, *Sicherheitskultur als kommunikative und pädagogische Herausforderung – Der Umgang in Politik, Medien und Gesellschaft*, Berlin 2011.

Hans-Christian Beck, Christian Singer (Hrsg.), *Entscheiden – Führen – Verantworten. Soldatsein im 21. Jahrhundert*, Berlin 2011.

Eberhard Birk, Winfried Heinemann, Sven Lange (Hrsg.), *Tradition für die Bundeswehr. Neue Aspekte einer alten Debatte*, Berlin 2012.

Angelika Dörfler-Dierken, *Führung in der Bundeswehr*, Berlin 2013.

Cornelia Fedtke, Kai-Uwe Hellmann, Jan Hörmann, *Migration und Militär. Zur Integration deutscher Soldaten mit Migrationshintergrund in der Bundeswehr*, Berlin 2013.

Wolf Graf von Baudissin, *Grundwert Frieden in Politik – Strategie – Führung von Streitkräften*, hrsg. von Claus von Rosen, Berlin 2014.

Wolf Graf von Baudissin, *Der Widerstand. „… um nie wieder in die ausweglose Lage zu geraten…"*, hrsg. von Claus von Rosen, Berlin 2014.

Marcel Bohnert, Lukas J. Reitstetter (Hrsg.), *Armee im Aufbruch. Zur Gedankenwelt junger Offiziere in den Kampftruppen der Bundeswehr*, Berlin 2014.

Arjan Kozica, Kai Prüter, Hannes Wendroth (Hrsg.), *Unternehmen Bundeswehr? Theorie und Praxis (militärischer) Führung*, Berlin 2014.

Angelika Dörfler-Dierken, Robert Kramer, *Innere Führung in Zahlen. Streitkräftebefragung 2013*, Berlin 2014.

Eberhard Birk, Heiner Möllers (Hrsg.), *Luftwaffe und Luftkrieg*, Berlin 2015.

Phil C. Langer, Gerhard Kümmel (Hrsg.), *„Wir sind Bundeswehr." Wie viel Vielfalt benötigen/vertragen die Streitkräfte?*, Berlin 2015.

Jahrbuch Innere Führung

Uwe Hartmann, Claus von Rosen, Christian Walther (Hrsg.), *Jahrbuch Innere Führung 2009. Die Rückkehr des Soldatischen,* Eschede 2009.

Helmut R. Hammerich, Uwe Hartmann, Claus von Rosen (Hrsg.), *Jahrbuch Innere Führung 2010. Die Grenzen des Militärischen* Berlin 2010.

Uwe Hartmann, Claus von Rosen, Christian Walther (Hrsg.), *Jahrbuch Innere Führung 2011. Ethik als geistige Rüstung für Soldaten,* Berlin 2011.

Uwe Hartmann, Claus von Rosen, Christian Walther (Hrsg.), *Jahrbuch Innere Führung 2012. Der Soldatenberuf zwischen gesellschaftlicher Integration und suis generis-Ansprüchen,* Berlin 2012.

Uwe Hartmann, Claus von Rosen (Hrsg.), *Jahrbuch Innere Führung 2013. Wissenschaften und ihre Relevanz für die Bundeswehr als Armee im Einsatz,* Berlin 2013.

Uwe Hartmann, Claus von Rosen (Hrsg.), *Jahrbuch Innere Führung 2014. Drohnen, Roboter und Cyborgs – Der Soldat im Angesicht neuer Militärtechnologien,* Berlin 2014.

Uwe Hartmann, Claus von Rosen (Hrsg.), *Jahrbuch Innere Führung 2015. Neue Denkwege angesichts der Gleichzeitigkeit unterschiedlicher Krisen, Konflikte und Kriege,* Berlin 2015.

Einsatzerfahrungen

Kay Kuhlen, *Um des lieben Friedens willen. Als Peacekeeper im Kosovo,* Eschede 2009.

Sascha Brinkmann, Joachim Hoppe (Hrsg.), *Generation Einsatz, Fallschirmjäger berichten ihre Erfahrungen aus Afghanistan,* Berlin 2010.

Artur Schwitalla, *Afghanistan, jetzt weiß ich erst... Gedanken aus meiner Zeit als Kommandeur des Provincial Reconstruction Team FEYZABAD,* Berlin 2010.

Uwe Hartmann, *War without Fighting? The Reintegration of Former Combatants in Afghanistan seen through the Lens of Strategic Thought,* Berlin 2014.

Rainer Buske, *KUNDUZ. Ein Erlebnisbericht über einen militärischen Einsatz der Bundeswehr in AFGHANISTAN im Jahre 2008,* Berlin 2015.

Standpunkte und Orientierungen

Daniel Giese, *Militärische Führung im Internetzeitalter – Die Bedeutung von Strategischer Kommunikation und Social Media für Entscheidungsprozesse, Organisationsstrukturen und Führerausbildung in der Bundeswehr,* Berlin 2014.

Dirk Freudenberg, *Auftragstaktik und Innere Führung. Feststellungen und Anmerkungen zur Frage nach Bedeutung und Verhältnis des inneren Gefüges und der Auftragstaktik unter den Bedingungen des Einsatzes der Deutschen Bundeswehr,* Berlin 2014.

Uwe Hartmann (Hrsg.), *Lernen von Afghanistan. Innovative Mittel und Wege für Auslandseinsätze,* Berlin 2015.

Fouzieh Melanie Alamir, *Vernetzte Sicherheit – Quo Vadis?,* Berlin 2015.

Hartmut von Schubert, *Integrative Militärethik. Ethische Urteilsbildung in der militärischen Führung,* Berlin 2015.

Uwe Hartmann, *Hybrider Krieg als neue Bedrohung von Freiheit und Frieden. Zur Relevanz der Inneren Führung in Politik, Gesellschaft und Streitkräften,* Berlin 2015.

Klaus Beckmann, *Treue.Bürgermut.Ungehorsam. Anstöße zur Führungskultur und zum beruflichen Selbstverständnis in der Bundeswehr,* Berlin 2015.

Erinnerungen

Blue Braun, *Erinnerungen an die Marine 1956–1996,* Berlin 2012.

Harald Volkmar Schlieder, *Kommando zurück!,* Berlin 2012.

Reinhart Lunderstädt, *Aus dem Leben eines Hochschullehrers. Persönlicher Bericht,* Berlin 2012.

Wulf Beeck, *Mit Überschall durch den Kalten Krieg. Mein Leben für die Marine,* Berlin 2013.

Jan Becker, *Aufgewühltes Wasser,* 3 Bde., Berlin 2014.

Klaus Grot, *So war's, damals. Dienstchronik eines Pionieroffiziers im Kalten Krieg 1954–1991,* Berlin 2014.

Gustav Lünenborg, *Bürger und Soldat. Innere Führung hautnah 1956–1993, 1993–2015,* Berlin 2015.

Monterey Studies

Donald Abenheim, *Soldier and Politics Transformed,* Berlin 2007.

Michael G. Lux, *Innere Führung – A Superior Concept of Leadership?,* Berlin 2009.

Ingo Wittmann, *Auftragstaktik,* Berlin 2012.

Michael Hanisch, *On German Foreign und Security Policy. Determinants of German Military Engagement in Africa since 2011,* Berlin 2015.

www.miles-verlag.jimdo.com